日本宗教民俗学叢書 9

呪縛・護法・阿尾奢法

—説話にみる僧の験力—

小田悦代 著

岩田書院

目次

引用史料凡例

一、東京大学史料編纂所「古記録データベース」「大日本史料データベース」、及び「ＳＡＴ大正新修大蔵経テキストデータベース」を利用した。

二、引用にあたっては、以下のようにした。

・漢文史料を読み下しで引用した場合は、（原漢文）と記した。

・漢字の旧字体・異体字は原則的に通用字に改めた。

「〆」は「シテ」、「ヿ」は「コト」、「𠀋」は「トモ」に改めた。

・細字は〈　〉で示し、校訂注記などは原則として〔　〕で示した（一部原典表記のままとしたものがある）。なお、「大正新修大蔵経」の場合は、補字は（　）、別字は〔　〕で示した。

・返り点・送り仮名は引用史料のままとした。

・傍線、数字・記号などは、引用者による。

三、大正新修大蔵経所収のものは「大正」と略し、巻・番号・頁数・行数を示した。

序章

一 本書の目的

本書で扱う内容は、説話等にみられる僧の超自然的な力、そして呪術である。霊的存在が原因によって起こる病気の治療や、それに付随する護法、及び、阿尾奢法などについて述べる。本書の目的は、往生伝を含む説話記述を中心とした、平安・鎌倉期における密教僧による呪術の理解[1]、解明のごく一端であると思っていただきたい。

憑霊あるいは霊的存在が原因の病気治療といった分野に関しての嚆矢は、一九七〇年代の山折哲雄氏「憑霊と除祓」[2]と小松和彦氏の一連の論考[3]である。小松氏が「護法信仰論覚え書き —治療儀礼における「物怪」と「護法」—」[4]において霊的存在が原因による病気治療のプロセスと護法の役割を提示して以来、酒向伸行氏による一連の研究[5]や、部分的に小松説を訂正する論が出ている[6]ものの、最近までまとまった形での研究はみられなかった。小松氏・酒向氏は説話やあるいは歴史学で用いる史料を扱っているが、基本的には前者は文化人類学的な、後者は歴史民俗学的な立場や視点に基づいている。それに対して近年に至り、小山聡子氏[7]・上野勝之氏[8]による歴史学（日本中世史）の立場からのまとまった研究成果が出されるようになった。

従来、モノノケ・邪気（説話や文学作品においては「もののけ」「物気」と言い、古記録など漢文史料においては「邪気」

と言う(9)が原因の病気治療に関する研究は、日本文学・歴史学を問わず、『源氏物語』『紫式部日記』『枕草子』『小右記』といった文学作品や史料が残る摂関期に集中している感があった。それに対して、小山氏は鎌倉前期にまで、上野氏は摂関期・院政期から鎌倉前期・鎌倉後期、そして南北朝期・室町期まで視野を広げている。

二〇一三年には上野勝之氏の『夢とモノノケの精神史 ―平安貴族の信仰世界―』、小山聡子氏の『親鸞の信仰と呪術 ―病気治療と臨終行儀―』、そして一九八〇年代から直近までの論文を収録した酒向伸行氏の『憑霊信仰の歴史と民俗』という三冊の著作が出版された。そういった状況を受けて、二〇一五年四月には説話文学会において、宗教史の小山聡子氏、歴史学の上野勝之氏、日本文学の森正人氏の三者による「モノノケの宗教・歴史・文学」と題するシンポジウムが開かれるに至った。以上の如く、近年研究の気運は盛り上がってきている。

小山氏・上野氏の登場以前より、歴史学においては、病気治療における加持と修法の問題、例えば、加持と修法の差異や、加持と修法を行う僧侶の身分差など(10)といった、古記録等の記述により検証可能な事象について、新たな史料記述の提示により山折氏・小松氏の論に訂正が加えられるなど、地道な研究の進展を認めることができた。

阿尾奢法に関しては二〇〇二年、森本仙介氏の「天皇の出産空間 ―平安末・鎌倉期―」(11)が出された。森本氏の論考は、「阿尾捨行」としてヨリマシを用いる加持の次第を記した史料「験者作法」を取り上げたもので、歴史学の立場から聖教を用いて、ヨリマシを用いる加持と阿尾奢法の関係を論じた初の試みと言ってよいであろう(12)。その後、「験者作法」及びその他の聖教を用いての研究が、小山聡子氏(13)・上野勝之氏(14)によっても進められている。

こうした同じ基盤を有する歴史学の手法においては、古記録や聖教からの解明が進み、出産時における呪術や、阿尾奢法を含む病気治療呪術に関しては、さまざまな新事実が提示され、かなりの部分が明らかとなってきている。

しかし説話に関しては、先に記した「モノノケの宗教・歴史・文学」のシンポジウムが、説話文学会という場で開かれたこと自体が画期的であるほど、研究は緒に就いたばかりである。小山聡子氏や森正人氏によって、新日本古典文学大系や新編日本古典文学全集の注釈における誤りの指摘や訂正といった作業が続けられているものの、未解明な点が多く残されている状況である。[15]阿尾奢法に関して言えば、上記の如く「験者作法」という史料の詳細な記述によってその内容が明らかにされつつも、説話において唯一「阿比舎之法」(阿尾奢法)の語句が登場する相応の伝記の解釈[16]については、さらなる検証が必要と思われる。

説話にはさまざまな呪術やそれに類する記述が登場するが、その解釈は極めて難解である。説話の著者や編者、当時の人々にとっては自明のことであったがゆえに、省略されるなどして断片的な記述に終始している場合もあろう。あるいは、当時の人々ですら判然としないままに記述されている部分もあるかもしれない。それらは現代の我々にとっては全く不明で理解に苦しむ記述として現前しており、各研究者が各々の判断や推測によって補いながら解釈していかざるを得ない。

そして、研究分野や研究者個人における見地の違いから、同じ事象を扱いつつも、時に議論が成立しないと思われる場合も見受けられる。

例えば、護法童子に関する研究から一例をあげてみよう。護法童子に関しての研究には、二〇〇三年に歴史学の立場においてはじめて正面から護法童子信仰に取り組んだ小山聡子氏の『護法童子信仰の研究』[17]が出された。これは護法の病気治療における役割に特化した論ではなく、従来曖昧な形でしか捉えられてこなかった護法童子を史料に基づいて明確に規定し、護法童子信仰の形成と成立の過程や背景を詳細に論じたものである。[18]小山氏以前における論考としては、酒向伸行氏の「護法信仰の変容と機能―奉仕型・守護型護法から使役型護法へ―」[19]をあげることができる。[20]酒向氏の論と小山氏の論は、信仰の成立と変遷過程において共通する部分もみられ、またいずれも不動信仰の重要性を論じるものであるにもかかわらず、「奉仕型護法」「守護型護法」「使役型護法」といった言葉によってカテゴライズして理解しようとし、かつ普賢菩薩や毘沙門天をも「護法」と定義する酒向氏と、史料上にみる「護法」と「童子」という用語の差異から、当時の人々の認識を厳密に探ろうとする小山氏の、両者のスタンスには相容れない部分がある。こういった差異は、歴史民俗学と歴史学というスタンスの違いが大きいと思われるが、「護法」という存在が古記録には登場せず、説話記述を中心として解明せざるを得ないという点も大いに関係していると思われる。

そして、説話・往生伝に記される呪術の世界は病気治療呪術のみに限られず、さらに多彩である。

本書においても説話記述から断定的に言えるものは、正直何も持ち合わせてはいない。しかし、説話の構造分析という手法も含め、類似の話型を持つほかの説話と比較することにより、より蓋然性の高いと思われる呪術形態を提示することは可能であると考える。呪術は基本的に一定の形式をもって行われる儀礼であり、偶発的に超自然的な現象が起きる場合においても、何らかの形式をそこに見出すことができる場合がある。それゆえ本書では複数の章において「話の基本構成パターン」という独自の構造分析の型を用いることとする（その内容については本序章の第三節に提示する）。「話の基本構成パターン」はあくまでも本書における論述理解を助けるためのものであり、必ずしも一般化されるものではなく、このパターンに当てはまる話が一部存在するといったものである。但し、この「話の基本構成パターン」は説話の構造を示すだけでなく、そこに記述された呪術の手順・流れのパターンをも示しているということができる。

当然のことながら、説話記述のみから呪術の全容を知ることは無理がある。そこで本書では、説話・往生伝を中心とした上で、古記録の記述及び古記録から導き出された諸研究の成果も積極的に参照することとする。説話と古記録の両者を照らし合わせてみることで補い理解できる場合も多い。さらに漢訳密教経典の記述を参照するという視点を加えることを、本書独自の方法論として提示したい。

従来、漢訳密教経典の記述は現実の信仰とは乖離しているとして、殆ど顧みられてこなかった。無論、漢訳密教経典から説話記述に、というダイレクトな影響関係は想定できない。但し、平安期・鎌倉期に行われていた呪法や儀礼、あるいは説話・往生伝における呪術の記述には、漢訳密教経典の記述と一致するものが少なからず存在する。かなり変質した状態ではあっても、漢訳密教経典記載の呪法の影響を受けているのではないかと思われる部分が見受けられる。それゆえ、説話の文面からは不明な箇所を、漢訳密教経典のさまざまな呪法記述を参照することにより類推することは可能なのである。

護法童子研究に関しては、『法華経』「安楽行品」に説かれる「天諸童子　以為給使」、及び、不動明王経典の制多迦童子・矜羯羅童子を説く部分などの、極めて限られた経典部分のみが用いられるに過ぎなかった。確かに漢訳密教経典には、日本のいわゆる護法童子に相当するような、病気治療の場において悪しき霊的存在を痛めつける役割を持つ童子の記述はみられない。しかし、本書第五章で論じる如く、行者の命を受けて使役に応じるという点で護法童子と共通する役割を持つ、霊的存在である「使者」や「童子」を出現させる呪法は、不動明王経典のみならず、ほかの経典にも散見できる。さらに、漢訳密教経典においては、行者がそういった霊的存在である使者を使役する法が、阿尾奢法と関連して説かれている場合がある。

その阿尾奢法は漢訳密教経典に明確に説かれる法である。そこでは多くの場合、聖なる霊的存在を用いて三世一切の事を知る予言の法である。(21) しかし、日本では遅くとも鎌倉時代初期には、阿尾奢法とはヨリマシを用いる病気治療加持であると認識されていた。このように、漢訳密教経典の記述は現実に行われていた儀礼にそのままの形で用いられているわけではない。但し、儀礼の変容には何らかの意味や必然（あるいは偶然の重なり）があると思われる。平安・

鎌倉期に現実に呪術を執行していた密教僧の知識の中には、漢訳密教経典の記述や、あるいは経典解釈に関する師からの口伝といった情報が組み込まれているはずであり、軽視はできない。先に呪術は一定の形式をもって行われる儀礼であると述べたが、その一定の形式は漢訳密教経典の記述が原点にある可能性がある。そこで、説話記載の呪術を考える上で参照した漢訳密教経典記述については、「話の基本構成パターン」に一部変更を加えた「呪術の構成パターン」を用いて示した。それにより、説話と漢訳密教経典の記述が、呪術の次第や流れにおいて、意外にも近似した世界を描き出していることが理解できる。

本書第三章で論じる如く、説話における病気治療の最終段階としての「辟除」という放逐儀礼の性質などは、漢訳密教経典の記述から裏付けることができる。そして、より注目すべきことは、本書第四章で論じる如く、漢訳密教経典の記述では予言の阿尾奢法と病気治療呪法は密接に関わりあっているということである。つまり、漢訳密教経典記述においては、予言の阿尾奢法が、病気治療呪術とも、霊的存在である使者を使役する法とも関連を有することとなる。この点は日本における護法を用いる病気治療を考える上で重要な示唆を与えるだろう。

以上のような点を総合すると、説話記述や日本で行われた病気治療呪術を考察する上で漢訳密教経典を参照することが、決して無意味ではないことが理解できるであろう。

二　本書で使用する用語の概念・表記

本書では「モノノケ」「ヨリマシ」といった語はカタカナ表記とする。これらは複数の漢字表記を持つものや、時代や史料の性質によって呼び方が異なっているものである。(22) 但し「阿尾奢法」に関しては、漢訳上さまざまな漢字表記がなされ、研究者によっても用いる表記が異なるが、本書においては原則として予言の阿尾奢法を最も詳しく説く『速疾立験魔醯首羅天説阿尾奢法』に用いられている「阿尾奢」の表記を用いることとする。

次に、本書で用いる「呪術」という語について述べる。繁田信一氏は上杉富之氏の言を引用し、「上杉富之「呪術と社会」の言うように「善悪にかかわらず何らかの目的のために、超自然的存在(霊魂や精霊など)や超自然的力(呪力)の助けを借りて、種々の現象を起こさせようとする行為」を「呪術」と呼ぶならば、験者の加持祈禱や陰陽師の祭祓を「呪術」と見做すことには、十分な妥当性が認められるだろう。平安時代中期の貴族層において、験者や陰陽師の治療は、加持祈禱や祭祓により神仏や霊鬼を制御することによって成り立つものとして認識されていたと考えられる」[23]として、陰陽師の祭祀も「呪術」と捉えている。本書においても、呪術を広義に捉え、加持や修法のみならず、読経や神仏に働きかけてその力を引き出そうとする祈願、そして祈りの言葉(これはある種、呪文に相当する効果をもたらす)をも含めて考えるものとする。

本書では、説話中において呪術などにより奇跡的な事象を起こす僧を、「密教僧」あるいは「密教僧・修行者」と呼ぶこととする。あまり適切であるとは思えないこれらの名称を用いるには理由がある。史料上にみえる「験者」という語の使用例を検討した徳永誓子氏は、平安から鎌倉時代の「験者」とは呪を用いた治療である加持(印契・真言・観想により仏の力を他者に及ぼそうとする行為)治療の能力を持つ者を指すとした。[24]その徳永説を受けて上野勝之氏は、「験者」の意味を、より限定的に、霊による病＝邪気・瘧などを加持で治病する者としている。[25]本書では、病気治療にあたり奇跡的な事象を起こす僧だけでなく、日常の中で僧自身が危険な目に遭った場合や、強盗などの悪人を痛めつける場合にも奇跡的な事象を起こす例を対象とする。広義において「験を現す僧」が対象となるが、徳永氏・上野氏の定義に従えば、「験者」という用語では本書で扱うさまざまなケースの全てを包括することができない。奇跡的な事象を起こす僧たちは密教系の僧侶であったり、密教の呪や真言を用いたりする場合が大多数（無論そうでない場合も存在する）であるため、「密教僧・修行者」と呼んでおく。

そして、平安時代以降盛んに行われた、病気原因の悪しき霊的存在をあらかじめ用意したヨリマシに移して調伏する病気治療法については、「憑祈禱」の語が一般的に用いられているが、これは修験道における用語であるため、本書では「ヨリマシを用いる加持」もしくは「ヨリマシを用いる病気治療加持」とする。(26)

三　僧の験力を示す説話の基本形態

第一章以下に取り上げる説話は、ある種、特殊で特徴的なものである。そして、細部の記述が重要な論点となるものも多い。そこで、第一章に入る前に、ここで僧の験力を示す説話、特に「護法」や「縛」「呪縛」に関するものの基本形態とそのバリエーションの若干の具体例をあげて確認し、以下の章への導入部としたい。なお、阿尾奢法については「護法」や「呪縛」と関わるものではあるものの、説話には「阿尾奢法」という文言が出るものが極めて例外的であり、かつ、何を阿尾奢法と捉えるかという点も問題になるため、ここでは措き、第四章・第五章・第六章に譲ることとする。

「呪縛」は病気治療の場において、病気原因である悪しき霊的存在に対して起こる場合がよく知られている。密教僧や修行者が呪術（加持、呪を唱える、経典読誦などの行為を含む）を行うことによって超自然的な力が発動し、病気原因の霊的存在（邪気やモノノケ、狐・天狗といった類）が、病者自身の体内、あるいはヨリマシの体内に「縛」される。その時に活躍すると考えられていたのが、護法あるいは護法童子と呼ばれる霊的存在である。

但し、「呪縛」は病気治療の場だけでなく、僧や修行者を悩ませたり害したりする悪人（強盗や盗賊といった単純な動機のものもあるが、仏教を信じない人間あるいは天狗等の悪しき霊的存在が憑いた人間など、相手が僧であるからこそ害を加える場合が多い）に対して起こる場合がある。盛んに行われている病気治療呪術に関する研究に比べ、こちらのケースは殆ど顧みられていない。しかし、病気治療呪術の場と悪人を痛めつける場面では、「縛」は勿論のこと、投げ出される、打ちつけられる、狂ったようになるといった、基本的に共通の現象が起こっており、病気治療の場のみならず、悪人を懲らしめる場面においても護法が関与している場合があるのである。ゆえに本書では、病気治療場面と悪人を痛めつける場面の双方を取り上げ、投げ出される、打ち責められるといった現象を、「呪縛」のバリエーションと捉えることとする。

これらの僧の験力を記す説話には一定のパターンを持つものがある。そこで、以下の章にも用いる「話の基本構成パターン」を提示しておく。第一節でも述べたが、このパターンを用いることによって、説話の構造及びそこに記された呪術の流れと法則の理解を助けるものとする。

「話の基本構成パターン」

（a）事件の発端。

（b）呪術A（僧・修行者の呪術的行為）。

（c）呪術Aの結果（「縛」などの異常な状態が起こる）。

（d）悪しき存在の救いを求める言葉・行動。

（e）呪術B（「縛」や異常な状態を、平常の状態に戻すための呪術的行為）。

（f）呪術Bの結果（異常な状態の終結）、もしくは、呪術全体の結果（病気の快癒など）。

(g) 僧の験力の称賛、褒美の授与、仏教の賛嘆。

なお、本節の以下に例示する病気治療、及び、僧の敵対者である強盗や悪人に対する、護法の「縛」「投げ出す・打ち責める」といった働きは、病者自身もしくはヨリマシ、あるいは悪人の身体に起こっている外面的事象であり、傍観者である通常の人間に見えている可視の世界である。悪しき霊的存在や護法が当事者である、不可視の霊的存在の世界（病者自身が夢中でその様子を見る場合もある）を描いた説話記述では、天狗や鬼などが童子形をした護法に楚などで打ちのめされる場合がままみられる。(27) このようなケースでは、病者もしくはヨリマシの身体に外面上どのような変化が起こっているのかといった記述がない。病者が夢中で霊的存在の世界を見ている場合は、少なくとも病者自身の外見には何の変化も見られないようである。

それでは、以下に「投げ出す等」「縛」の二種類に分類した僧の験力を示す説話記述を掲げ、それを「話の基本構成パターン」に当てはめて示すこととする。第一章以下の論述に用いる説話に関しては本文引用は省いたが、形態の類似を示すために「話の基本構成パターン」については、重複するが掲げておいた。

〔事例1〕投げ出す等【病気治療。護法の関与(28)】

『法華験記』巻中第六十六「神明寺の睿実法師」（原漢文）

肥後守某、この聖人を誹謗して、その財物を奪ひ取りたり。これ破戒無慚の法師なり、親近すべからずといふ。乃至、守の妻重き病に沈みて、万死一生なり。仏神の祈禱、医方の療治も、更にその験なし。守歎きを懐きて、起居に憂へ悲ぶ。目代、申して云はく、睿実の君を請じて、試みに、当に法花経を読ましむべしといふ。（中略）聖人守の館に到りて、法華経を誦するに、いまだ一品に及ばざるに、護法北の方に付きて、屏風を投げ越し、睿実の君の前にして、数百反打ち逼めたり。病悩除き癒えて、飲食を受け用ゐ、起居軽利にして、本の心現前す。長官合掌して、聖人を頂礼し、先に作せしところを愧羞ぢて、奪ひ取れるところの物をもて、皆悉くに返し送りぬ。聖人請け納れず。

「話の基本構成パターン」

(a) 睿実を誹謗して財物を奪い取った肥後守の妻が病気になる。

(b) 睿実が法華経を読誦する。《呪術A》

(c)-1 護法が病人につく。

(c)-2 屏風の向こうから投げ出され、数百回打ち責められる。

(d) なし。

(e) なし。《呪術B》

(f) 病が癒え、病者が「本の心」(平常の状態)になる。(但し、呪術Bの結果ではなく、呪術全体の結果)

(g) 肥後守が後悔し、睿実を頂礼する。

(備考) 基本的と思われる病気治療の様子をよく示している例。但し、「縛」の記述なし。法華経読誦が呪に相当する。

〔事例2〕投げ出す等・縛(「聊以神呪。[29]不幾呪縛」)【病気治療】

『拾遺往生伝』巻下第一話「相応和尚」(原漢文)

天安二年、西三条の女御良相右大臣の女、已に重き病に嬰りて、殆に死門に及びぬ。右大臣丁寧に和尚を請ぜらる。(中略）和尚麁布破衣にて、謙下るの心を懐きて、廂の辺の座に陪りて、聊かに神呪をもて、幾ならずして呪縛せり。かれもこれも雷同して、いまだ誰の験なるかを知らず。而る間几帳の上を超えて、和尚の前に投り、踊り躃れて喚ひ叫ぶ。和尚言をもてこれを制して、帳の裏に帰らしむ。数剋の後、霊気屈伏せり。大臣感歎して、緇素瞿然たり。これ顕験の初なり。

「話の基本構成パターン」

(a) 西三条女御が病気になる。

(b) 相応が「神呪」を唱える。《呪術A》

(c)-1 女御が「呪縛」状態となる。

(c)-2 女御が几帳の上から投げ出され、踊り叫ぶ（「踊り」とは舞踊することではなく、飛び上がり、跳ね上がり、身体が激しく動揺することであろう）。

(d) 「霊気」が屈伏する。

(e) なし。《呪術B》

(f) なし。

(g) 周囲の人々は相応の「験力」に眼を見張った。

（備考） 基本的と思われる病気治療の様子をよく示している例。但し、「護法」の関与は記述なし。

〔事例3〕縛（「童子自縛云」）【病気治療。護法の関与】

『後拾遺往生伝』巻上第三話「入道二品親王」[30]（史料略。本書第二章参照）

「話の基本構成パターン」

(a) 延禅の童子が「鬼狂」に悩む。

(b) 延禅が性信の施食をもらい受け、童子に与える。《呪術A》

(c)-1 童子が「縛」状態になる。

(c)-2 (「神狐」が「護法」に責められる)。

(d) 「神狐」が、「護法」に責められて逃げられないので、以後来ることはないと言う。

(e) なし。《呪術B》

(f) (「神狐」が去り)数年来の病が快癒する(但し、呪術Bの結果ではなく、呪術全体の結果)。

(g) なし。

(備考) 不可視の霊的存在の世界で「神狐」が「護法」に責められている。童子の「縛」の外面的な状態は不明。

〔事例4〕投げ出す等・縛(「二ノ肱ヲ捧テ、天縛ニ懸テ」)【悪人・敵対者を懲らしめる】

『今昔物語集』巻第二十第六話「仏眼寺仁照阿闍梨房託天狗女来語」[31](史料略。本書第一章参照)

「話の基本構成パターン」

(a) 天狗の託いた女が仁照を誘惑する。

(b) 仁照は「仏」の前へ行き、不動尊に助けを求めて祈る。《呪術A》

(c) 女が「天縛」にかかる。

(d) 天狗が正体を明かし、仁照に助けを求める。

(e) 仁照が「仏」に向かって礼拝し、女を許す。《呪術B》
(f) 女が本心にもどる(縛が解かれ、天狗が女から離れ、逃げ去った)。
(g) 仁照はその後ますます修行に励む。
(備考)「護法」の関与は記述なし。

〔事例5〕投げ出す等【悪人・敵対者を懲らしめる。護法関与の可能性が高い】
『十訓抄』四ノ五[32](史料略。本書第一章参照)
「話の基本構成パターン」
(a) 文範民部卿が余慶僧正を誹謗する。
(b) 余慶が「しからば投げ出せ」と言って加持をする。《呪術A》
(c) 文範が屏風の上から投げ出され、まどいくるめく。
(d)及び(e) 文範は子供二人を余慶に奉る。《悪しき存在の救いを求める行動》及び《呪術B》(『古事談』では、「名簿」を提出した、とする[33])。
(f) 文範の命が助かる(d)及び(e)の結果)。
(g) なし。
(備考)「縛」の記述なし。「護法」の語は記されていないが、僧の「投げ出せ」と何者かに命じる言葉によって、僧を誹謗した人物が投げ出されており、護法が関与していると考えられる[34]。

〔事例6〕投げ出す等【悪人・敵対者を懲らしめる】

『今昔物語集』巻第二十第四話「祭天狗僧、参内裏現被追語」(35)

長文にわたるため、内容を要約しておく。円融院が病悩の時、「世ニ験シ有ト聞ユル僧」たちが加持をしたにもかかわらず、全く験がなかった。東大寺の南の高山という山で修行している法師が召されて加持をしたところ、すぐに病が癒えた。これを怪しんだ五壇の御修法を行っていた広沢の寛朝僧正、余慶律師たちが力を合わせて高山の法師に向かって加持したところ、高山の法師は投げのけられ、打ち責められて、天狗を祭る者であることを白状する。以下、法師が投げのけられ、打ち責められる部分を記す。

加持参ル次デニ、此法師ノ居タル所ニ向テ、諸心ニ皆心ヲ励マシテ、一時許加持スルニ、此高山ノ僧ノ居タル所ニハ、几帳ヲ立廻カシテ、其内ニナム被居タリケル。其レニ、此ノ止事無キ人々ノ、心ヲ至テ此ク加持スル間、此僧ノ居タル几帳ノ内ニ、物ノハタリ〳〵ト鳴ケレバ、「何ノ鳴ゾ」ナド思ヒ合ヘリケル程ニ、俄ニ狗ノ屎ノ香ノ、清涼殿ノ内ニ満テ臭カリケレバ、候ヒト候フ人、「此ハ何ナル事ヲ」ト云ヒ喤ケルニ、此ノ加持スル人々ハ、「然レバコソ。此ハ様有ル事ゾ」ト思ツルニ、此ク怪キ事共有レバ、弥ヨ心ヲ励マシ、各年来ノ行ヲ憑テ加持ス。而ル間ニ、此法師俄ニ帳ノ外ニ仰様ニ投被伏ヌ。上達部・殿上人此レヲ見テ、「此ハ何ニ」ト怪シブ。天皇モ驚キ給ヌ。此法師投ゲ被伏テ、吉ク打テ被責テ後、云ク、「助ケ給へ。今度ノ命ヲ生ケ給へ。我年来高山ニ住シテ、天狗ヲ祭ルヲ以テ役トシテ、「一切レ人ニ貴バセ給へ」ト祈リシ験シニ、此ク被召テ参タル也。此レ大キナル理也。今ニ至テハ大ニ懲リ候ヒヌ。助ケ給へ」ト、声ヲ挙テ叫ビ喤ケレバ、此加持スル人々、「然レバヨ」ト云テ、各喜ケリ。(中略)

此レニ付テモ、此ク加持シ現ハカシタル人々ヲゾ、世ノ人皆貴ビケル。(後略)

「話の基本構成パターン」

(a) 円融天皇の病気を治した高山で修行している僧を、高名な僧たちが怪しむ。

(b) 高名な僧たちが力を合わせて高山の僧に向かって加持をする。《呪術A》

(c) 高山の僧が投げのけられ打ち責められる。

(d) 天狗を祭る僧であることを明かし、助けを求める。

(e) なし。《呪術B》

(f) なし。

(g) 世の人々が高名な僧を貴ぶ。

（備考）「護法」の関与は記述なし。

〔事例7〕投げ出す等【悪人・敵対者を懲らしめる。護法の関与】

『宇治拾遺物語』巻三ノ四「山伏、舟祈返事」[36]

長文にわたるため、以下に内容を要約し、引用は省略す。「越前国かふらきの渡り」にて「けいたう房」という山伏が渡ろうとした時、渡し守が山伏を舟に乗せずに漕ぎ出した。山伏は数珠を砕けんばかりに激しくもんで、「護法」に命じて「召返せ、〳〵」、「うちかへせ、〳〵」などといって、渡し舟をひっくり返して乗っている二十数人を海に投げ出した。

「話の基本構成パターン」

(a) 渡し守が山伏を乗せずに舟を出す。

(b)-1 山伏が「召返せ、〳〵」、「護法、召返せ、召返さずは、ながく三宝に別奉らん」と叫ぶ。《呪術A》
(c)-1 風も吹かないのに舟が戻ってくる。
(b)-2 山伏が「寄るめるは、〳〵。はやう出おはせ、〳〵」、「さて、今はうちかへせ、〳〵」などと叫ぶ。《呪術A》
(d) 見ている者たちが「無慙の申やうかな。ゆゝしき罪に候。さておはしませ、〳〵」と言って、山伏の行為を止めようとする(当事者ではないが、救いを求める言葉に相当)。
(b)-3 山伏が「はや、打返し給へ」と叫ぶ。《呪術A》
(c)-2 舟がひっくり返って乗客が海に投げ出される。
(e) なし。《呪術B》
(f) なし。
(g) なし(但し、「世の末なれども、三宝おはしましけりとなむ」という話末評語が付加されている)。
(備考) 説話構成要素部分に「悪人・敵対者を懲らしめる」としたが、舟の乗客まで被害に遭っており、どちらが悪人かわからない。

〔事例8〕 縛(「賊人束手。眼前見縛」)【悪人・敵対者を懲らしめる。護法関与の可能性が高い】
『後拾遺往生伝』巻中第十二話「潮海寺住僧」[37](史料略。第一章参照)
「話の基本構成パターン」
(a) 盗賊が馬を盗む。

(b) 聖が本尊に祈る。《呪術A》
(c) 盗賊が「縛」の状態になる。
(d) なし。
(e) 聖が盗賊を許すように「仕者」に命じる。《呪術B》
(f) 「縛」が解け、盗賊が許される。
(g) なし。
(備考) 賊の「縛」を許す時、「仕者ニ命シテ」とあるため、護法が関与していると考えられる。

〔事例9〕縛(「縛除解脱」)【悪人・敵対者を懲らしめる】
『拾遺往生伝』巻中第一話「大法師浄蔵」(38)(原漢文)
また天暦年中、大法師八坂寺に住せり。強盗数十忽ちにもて入り来る。大法師音をもてこれを叱ふ。強盗等徒然として立ち、木のごとくに強はりて動かず。夜更已に明けたるに、縛除きて解け脱がれ、強盗等礼を作して去れり。

「話の基本構成パターン」
(a) 数十人の強盗が八坂寺に押し入る。
(b) 浄蔵が声を出して強盗を叱る。《呪術A》
(c) 強盗の身体がこわばって動かなくなる。
(d) なし。

(e)　なし。《呪術B》
(f)　夜が明けて強盗の「縛」が解ける。
(g)　強盗たちが浄蔵に礼をして去る。

(備考)『大法師浄蔵伝』では(b)の「呪術A」部分で「守護者無歟」と呼び、(e)の「呪術B」部分で浄蔵が「願善神速可レ免二捨之一」と言っており、護法が関与していると考えられる。[39]

以上、「縛」とそのバリエーションによって僧の験力を示す説話の一部を例示した。説話中には「呪術B」がみられない場合が多いにもかかわらず、あえて「呪術A」と「呪術B」に分けた理由は、本書第一章・第三章において「呪術B」が重要なポイントとなるためである。「呪術B」は「縛」を解く、あるいは悪しき霊的存在を放逐するなどの、異常な状態を終結させるものであり、一連の呪術の終了儀礼ということができる。また、この「呪術B」は、後日談になるなどして、「呪術A」と「呪術B」が一連でない場合もある。

以上の説話例によって、護法関与の可能性と、ある程度の説話形態、さらに呪術形態の類似が理解できたことと思う。本序章では、その点を確認していただければ十分である。

四　本書の構成と概要

序章の最後に、以下の各章の概要を示しておく。

第一章　『北野天神縁起』霊験譚における仏教説話的要素

『北野天神縁起』霊験譚である「仁俊潔白」は、鳥羽院の女房に「そらごと」を言われた仁俊が北野天神に祈ると、鳥羽院の女房が、仁俊にそらごとを言った「報い」だと言いながら狂い舞い、仁俊が不動明王の慈救呪を唱えることでおさまるという話である。仁俊に「そらごと」を言った鳥羽院の女房の狂い舞いは北野天神の神罰（古代における突発的な「祟り」ではなく、中世における神に対する信・不信による「神罰」）ということになろう。

但しこの話は、仁俊が異常な状態を終結させるために鳥羽院の女房に向かって「慈救呪」用いたり、神に救われた側である仁俊が鳥羽院から褒美をもらったりするといった、神の霊験譚を構成する上で不可欠ではないと思われる要素が入り込んで成立している。さらに、鳥羽院の女房の狂い舞いが「神罰」や「お咎め」といった語ではなく、「報い」という仏教の言葉で表現されている。

「仁俊潔白」と同内容の話は建長四年（一二五二）成立の『十訓抄』にも収録されている。その前後の説話配列によると、「仁俊潔白」は僧を誹謗した人物が報いを受ける話の一角を占めており、少なくとも『十訓抄』は「仁俊潔白」をそういった話として捉えているといえる。仁俊の祈りによって鳥羽院の女房の狂いが始まり、仁俊の慈救呪によってそれが治まるという話の構造は、僧や修行者の呪術的行為によって、僧に対立する存在が狂ったり投げ出されたりするなど異常な状態を示し、再び僧の祈りなどの行為によって異常な状態が治まるという仏教説話の構造と同様である。一見北野天神の神罰を示している記述は、実は仏教説話的要素であることが理解できる。

さらに、「報い」に関する説話を多く収録する『日本霊異記』に目を向けてみると、①僧に対する悪行（暴力や誹謗）を行う、②僧が何らかの対抗措置をとったことによって「報い」が現れる、という「仁俊潔白」と共通項を持つ話が四例ある。僧のとった対抗措置とは、霊威のある仏教的存在を動かす呪文に相当するような言葉を発する、呪によって「縛」す、などであり、これら『日本霊異記』の話には僧による対抗措置に密教呪術の様相が現れている。「悪しき報い」の話としながらも、自然に起こった現象ではなく、僧は自分に害をなす人物に対して呪術で対抗し、その呪術の結果として、呪術をかけられた側は苦痛・病・死といった異常状態を呈するのである。これらの話型との共通からも、「仁俊潔白」が仏教説話の要素から成り立っていることが理解できる。

第二章　神を「縛」する話 ―病気治療における仁和寺性信と住吉大明神―

仁和寺性信に関する説話の中に、性信が病気治療呪術において住吉大明神を「縛」した状態のまま放置していたと考えられる話がある。治療を受けた人物の母に、後日、住吉大明神が憑依して、性信が加持をした後に「辟除」（悪しきものを放逐すること）をしていないと語り、それに応じて性信が「縛」を解くという話である。繁田信一氏や谷口美樹氏の研究成果によると、邪気によってもたらされた病には密教僧が対処（調伏）するが、神によってもたらされた病には密教僧は対処できないといわれるが、この説から考えると、これは非常に興味深いエピソードである。

当該説話は、『後拾遺往生伝』巻上第三話「入道二品親王」（一一一三年頃から一一三九年八月までの間の成立）、『御室相承記』二「大御室」（平安後期から鎌倉中期成立）、『真言伝』巻第六「入道二品親王」（一三二五年成立）に収録されている。このうち、『御室相承記』と『真言伝』には、性信が加持した際の呪文の種類と、さらに性信が住吉明神を「辟除」した後に経典読誦の「法楽」を行ったことを記しており（『後拾遺往生伝』には記述がない）、一つのエピソードに「縛」と「法楽」（神仏を楽しませること）という、霊的存在に対する全く逆の対応が示されている。

最も古い形を示す『後拾遺往生伝』では、性信が類まれなる験力を持つことを知ることができるものの、性信が病気原因を見極められずに加持を行い、病気原因が判明しないまま、加持の場で病状が治まったため病気治療を終了したと考えられ、その意味では性信の加持の失敗を想起させる。後代の『御室相承記』『真言伝』においても、基本的にその点は変わらない。但し、性信の用いた呪（薬師・孔雀明王・不動呪）の名称を具体的に記すことによって、神を「縛」するという点が強調される結果となっている。さらに『御室相承記』と『真言伝』には、性信の『理趣経』読誦という「法楽」の記述があることによって、「縛」「解縛」「辟除」、さらに「法楽」までが一連の呪術の流れとなる。すると、性信は病気原因が住吉大明神であることを知った上で、住吉大明神が音を上げるまで「縛」状態で放置し、霊威が弱りきって現れた住吉大明神を『理趣経』読誦の法楽によって賦活した、という話として読める可能性を示唆する。

第三章　「解縛」と「辟除」—異常な状態を終結させる呪術—

近年、上野勝之氏が「平安貴族の邪気概念」（『夢とモノノケの精神史』）において、院政期・鎌倉前期のヨリマシを用いる加持における変化を論じ、邪気を渡し（邪気あるいは物気を「渡す」とは、悪しき霊的存在をヨリマシに移して入り込ませることである）、呪縛した邪気を一定期間ヨリマシに留めた後に、邪気を放つ、追うという「追物之儀」という儀礼が確立し、邪気を追った時点でヨリマシ加持が終了することを明らかにしている。この儀礼に対応するものとして、説話中ではこの行為を「辟除」という語で記している場合があり、密教僧の呪術によって呪縛状態となった病気原因の霊的存在が、屈伏の言葉を述べるとともに、「辟除」あるいは「追う」という行為を懇願する例がみられる。

「辟除」は漢訳密教経典に頻出する語で、好ましからざるものを除去したり、結界などを行うことによって入らせないようにしたりすることである。そして漢訳密教経典では、通常は儀礼を行う時に勧請した神仏を儀礼終了後にもとの世界に送り返すことをいう「発遣」の語を、病気原因の悪しき霊的存在（鬼神・瘧鬼など）を去らせる場合、つまり「辟除」と同様の意味として用いる場合がある。

また、漢訳密教経典に説かれる病気治療には、病気原因の「鬼神」などを呪術によって「縛」して痛めつけ、病気原因が命乞いをして去らせてほしいと懇願するという、日本の病気治療説話と同様の構造がみられるものがある。病気治療呪術終了時の記述では、古記録・日本の病気治療説話・漢訳密教経典のいずれも、「解縛」を記すものは少なく、「辟除」（「発遣」「追う」「放つ」）が非常に重要視されているという点で共通している。以上のような点から、病気治療説話における霊的存在を呼び寄せたり去らせたりする方法に、漢訳密教経典が影響を与えている可能性があると考える。

第四章　阿尾奢法の日本的受容 ―予言の法から病気治療呪法へ―

漢訳密教経典における阿尾奢法は、基本的には聖者を童男・童女あるいは鏡などに入り込ませ、人間がうかがい知ることのできない三世一切の吉凶を知る法である。しかしながら日本においては、阿尾奢法とは悪しき霊的存在が原因の病気の場合に行う病気治療加持であると考えられていた。本章では漢訳密教経典に説かれている病気治療呪法の記述を中心に、本来的には予言の法であった阿尾奢法が、日本においては病気治療加持と認識されるようになった理由について、漢訳密教経典における予言の法と病気治療呪術の親近性などから推測する。

従来阿尾奢法に関する考察は、漢訳密教経典にみえる予言の阿尾奢法が童男・童女に霊的存在を入り込ませることから、ヨリマシを用いる病気治療加持との関係や影響のみに関心が払われていた感がある。しかし、鎌倉時代初期の醍醐寺座主成賢（一一六二～一二三一）の『作法集』「験者作法」の記述によれば、少なくとも鎌倉前期においては、ヨリマシを用いない加持とヨリマシを用いる加持の二種類の方法が、いずれも阿尾奢法であると認識されていたということになる。

この点に注意して漢訳密教経典をみると、ヨリマシに病気原因を入り込ませる病気治療法は殆どみられないものの、ヨリマシを用いない病気治療法と類似した呪法が少なからず見受けられる。そして病気治療呪法と予言の阿尾奢法とは、漢訳密教経典中では混在したり、混乱を招く記述や文脈になったりしている場合があるだけでなく、構成上連続してセットのように説かれている場合が多い。さらに、予言の法と病気治療呪法では、入り込むのが予言を行う聖なる存在、病気原因の悪しき霊的存在という相違があるにもかかわらず、「著く」「発遣する」といった同様の語が用いられており、共通概念が存在することを示す。

また、「験者作法」に名前の上がる『蘇婆呼童子請問経』には、童子の顔つきや様子から入り込んだ霊的存在の種類、つまりそれが聖なる存在であるか、あるいは悪しき「魔」などであるかを判断する方法が説明されている。『蘇婆呼童子請問経』における目的はあくまでも「鉢私那」と呼ばれる聖なる存在を童子に入り込ませて、三世一切のことを語らせることであるが、予言の阿尾奢法を修した場合、聖なる存在ではなく、不本意にも「魔」などの悪しき存在が入り込む場合がしばしばあったことが理解できる。そして同経では、童子の様子から「魔」などが入り込んだことがわかった場合は、すみやかに「発遣」する必要があることと、その方法を説いている。その事実は、予言の阿尾奢法には悪しき霊的存在を放逐する呪法が必須であったことをうかがわせ、予言の阿尾奢法は病気治療呪法へと移行する可能性を孕み持つことを指摘する。

第五章　阿尾奢法と使者童子

近年、諸研究によって鎌倉期の史料から阿尾奢法（日本で言う阿尾奢法とは病気治療加持を指す）に護法が関与することが明らかにされた。本章では、漢訳密教経典に見受けられる予言の阿尾奢法とその関連呪法における、童男・童女や物体に入り込ませる霊的存在の性質を分析することにより、阿尾奢法と護法童子的な存在との接点を探る。

漢訳密教経典における予言の阿尾奢法では、「使者」や使者的性質を持つ「神」などを入り込ませている場合が多く、また、予言を語らせることが使者使役法の一環として説かれている側面がある。漢訳密教経典の阿尾奢法は童子だけでなく、鏡・玉・像といった物体を用いる場合もあり、鏡や玉の場合はそこに霊的存在が現れたり、さまざまな事象が映し出されたりするが、仏像を用いる阿尾奢法の場合は、霊的存在が仏像に入り込み、仏像が声を出して三世の事などの予言を語る。そのバリエーションに童子形の像を用いて行者が使役することができる霊的存在の童子を現す呪法があり、そこに三世の事を語らせることが付随している(あるいは大きな位置を占める)場合が見受けられる。この「使者」である「童子」は具体的に悪しき存在を屈伏させたり、病気治療に活躍したりする例はみられないので、「護法童子」と呼ぶのは適切ではない(本書では「使者童子」と呼んでおく)が、行者に従属し、行者の命を受けて使役に応じるという点で「護法童子」と共通する性質を持っており、漢訳密教経典からも阿尾奢法と護法的なるものとの関係を裏付けることができることを示す。

付論　十羅刹女信仰の変容 ―説話中における童子との関係を中心に―

十羅刹女とは『法華経』「陀羅尼品」に登場する十人の羅刹の女であるが、日本の説話中においては童子と関係するものが多い点に着目し、童子との関係記述の変化(童子に変じる存在から、使者としての童子を遣わす存在へ)から十羅刹女信仰の変化を考察する。

『法華験記』には十羅刹女が登場する話が五話あり、うち四話は『今昔物語集』にも収録されている。しかし各々の話を比較するとそこには微妙な表現の差異がある。『法華験記』では持経者に対して「供給走使」、つまり奉仕や使役といった持経者の使者としての役割を果たす。十羅刹女は時には童子の姿に変じて現れ、その場合は十羅刹女が童子に変じたことが断定的に記述されている。しかし、『今昔物語集』の同話ではその断定がなくなり、曖昧な表現に変わっている。また『法華験記』を出典とせず『今昔物語集』で新たに加わった話や、『宇治拾遺物語』『古今著聞集』の話では、修行者あるいは法華経信仰者の祈願の対象となった十羅刹女が現れる。『法華験記』では修行者を尊ぶ存在であった十羅刹女が、修行者や法華経信仰者に尊ばれる存在へと変貌しているのである。『法華験記』と『古今著聞集』には、船で荒波の河を渡る修行者定照を十羅刹女が助けるという同話が収録されているが、前者では船を担ぐ天童を十羅刹女が変じたものであると定照が説明するのに対し、後者では十羅刹が自分を救ってくれたと定照が説明するにとどまり、十羅刹女が天童に変じたという記述がなくなっている。つまり、十羅刹女と天童を別の存在として捉えることができる記述となっており、十羅刹女が童子を派遣したとも考えることができるようになっている。

『宇治拾遺物語』と『古今著聞集』に収録されたいま一つの話も、十羅刹女と童子という二つの要素が含まれるにもかかわらず、十羅刹女が変じた童子ということにはなっておらず、同様の傾向がみられる。そこには童子に変じる存在から、使者としての童子を遣わす存在への十羅刹女信仰の変化がみえ、その背景には、貴族女性を中心とした十羅刹女信仰の高揚と、それに伴う美しい女性形としての十羅刹女像の浸透があると考えられる。

第六章　相応伝に記された阿尾奢法　―その背景と「縛」の概念―

日本の説話において阿尾奢法であることを明記するものとしては、相応（八三一～九一八）の伝記である相応伝（『天台南山無動寺建立和尚伝』。十一世紀半ば以降成立）がある。これは「恵果伝」（空海著『秘密曼荼羅教付法伝』巻二）を参照してなされたものと考えられている。但し、恵果伝の阿尾奢法では「遍入」とする部分を、相応伝では「呪縛於二人之童子」としており、「呪縛」という語が用いられている。この「呪縛」を、霊的存在が入り込むこと自体を示す（予言の阿尾奢法によって松尾明神が童子に入り込む）と捉える説と、文字通り霊的存在が縛される（病気原因として現れた松尾明神がヨリマシとしての童子の中に拘束される）と捉える説がある。

鎌倉初期以降の仏書・経典注釈書では「阿尾捨」を「遍入」とともに「摂縛」「取縛」と、「縛」であるとする説が記されている。但し、それらの記述には、予言の阿尾奢法と病気治療法がともに紹介されている場合が多く、「阿尾捨」がイコール「遍入」であり「摂縛」であることは理解できるが、「遍入」が予言の阿尾奢法の方を、「摂縛」が病気治療法の方を、別個に指し示している可能性があり、「縛」がイコール「遍入」であるかどうかは不明である。さらに真言宗系史料では、「阿尾捨」を「摂縛」とする根拠を『千光眼観自在菩薩秘密法経』に求めているが、経典の当該部分は逆賊を縛して破滅させる法を説いているため、悪しきものを拘束して痛めつける意味として捉えていると考えられる。

相応伝には予言の阿尾奢法であることを確実に否定する記述はない。しかし、恵果伝と相応伝を詳細に比較してみると、「遍入」と「縛」だけでなくさまざまな相違がある。相応伝には予言の阿尾奢法を象徴する「三世の事」という記述がみられないなど、予言の阿尾奢法と捉えるならば恵果伝に比して明確ではなく、曖昧な部分や矛盾を孕んでいる。それは予言の阿尾奢法である恵果伝の記述に、相応伝成立（十一世紀半ば以降）当時において現実に行われていた病気治療加持としての阿尾奢法が混在しているためではないかと推測する。

第一章・第二章は説話記述が中心となっている。第三章は説話記述を解明するために漢訳密教経典を用いた。第四章・第五章は漢訳密教経典を主な資料として阿尾奢法について考察した。第三章・第四章・第五章は、本書の中においてほぼ一連のものと考えて構成した。付論は、第五章で主題とした霊的存在の童子に関連するものである。第六章は再び阿尾奢法に関するものであるが、ここでは説話記述の分析を中心とした。

註

（1）なお、本文中では触れないが、民俗学の修験道などにおける憑霊についての論考は多数ある。以下一例をあげておく。宮家準「修験道とシャマニズム―護法を中心として―」（桜井徳太郎編『シャーマニズムの世界』、春秋社、一九七八年）。宮家準『修験道思想の研究』（春秋社、一九八五年。増補決定版、一九九九年）。池上良正『死者の救済史―供養と憑依の宗教学』（角川書店、二〇〇三年）。鈴木昭英『霊山曼荼羅と修験巫俗』（法藏館、二〇〇四年）。高見寛孝『巫女・シャーマンと神道文化―日中の比較と地域民俗誌の視覚から―』（岩田書院、二〇一四年）など。
また、日本文学研究においては『源氏物語』のモノノケ研究が行われてきた。その一例としては次のようなものがある。藤本勝義『源氏物語の〈物の怪〉―文学と記録の狭間―』（笠間書院、一九九四年）。森正人『源氏物語と〈もののけ〉』（熊本日日新聞社、二〇〇九年）。三田村雅子・河添房江編『源氏物語をいま読み解く③　夢と物の怪の源氏物語』（翰琳書房、二〇一〇年）など。

（2）山折哲雄『日本人の霊魂観』（河出書房新社、一九七六年）。

（3）本文に示す以外の小松氏による関連論考としては、次のようなものがある。小松和彦「北野天神縁起絵巻」（『月刊百科』二二七、平凡社、一九八一年）。小松和彦「悪霊憑きから悪霊物語へ―憑霊信仰の一側面―」（『待兼山論叢　日本学篇』二二、一九八八年。後に、『悪霊論』、ちくま学芸文庫、一九九七年、に収録）。小松和彦「悪霊祓いの儀礼、悪霊の物語」（『大系仏教と日本人3　密儀と修行』、春秋社、一九八九年。後に、前掲『悪霊論』に収録）。

（4）　小松和彦『憑霊信仰論』（伝統と現代社、一九八二年。講談社学術文庫版、一九九四年。初出は一九七六年）。

（5）　酒向氏による論考としては、次のようなものがある。酒向伸行「平安期における憑霊現象 ―「もののけ」の問題を中心として―」（『御影史学論集』七、一九八二年。後に、『憑霊信仰の歴史と民俗』、岩田書院、二〇一三年、第二章第一節「「もののけ」と憑祈禱」として収録。この論考は、病気の時もののけは病者に入り込むのではなく、病者の近く、あるいは病者の身体に密着することにより悩ませるとし、病気原因は病人の体内に入り込んでいるとする山折氏・小松氏の説を否定したものである）。酒向伸行「平安朝の憑祈禱 ―智証門流との関係を中心として―」（『御影史学論集』八、一九八三年。後に、前掲書、第二章第二節「憑祈禱と智証門流」として収録。この論考は、①九世紀から十世紀にかけて活躍した験者はもののけを病者自身に「憑入」させる方法をとっており、憑祈禱（ヨリマシを用いる加持）は十世紀末以降から行われ始めた、②十世紀から十一世紀にかけて、貴族社会において憑祈禱を修したのは智証門流（園城寺）であった、という点などを指摘している）。酒向伸行「憑霊信仰と治病 ―呪護から呪縛へ―」（『生活文化史』一〇、一九八六年。後に、前掲書、第一章第二節「仏呪と治病」として収録）などがある。

酒向氏は一九八二年「平安期における憑霊現象」において、もののけが病者の身体に密着して病気を起こすことを指摘し、一九八三年「平安朝の憑祈禱」では「憑入」の用語を用い始めているが、氏による「憑入」（霊的存在が直接人間の体内に侵入するというタイプの憑霊現象）、「憑着」（人間の外部に存在する霊的存在が人間に何らかの影響を及ぼすタイプの憑霊現象）の定義が明確に提示されるに至ったのは一九八六年の「疫神信仰の成立 ―八、九世紀における霊的世界観―」（鳥越憲三郎博士古稀記念会編『村構造と他界観』、雄山閣、一九八六年。後に、前掲書、第一章第一節「疫神信仰の成立」として収録）においてである。但し、一九八四年の段階において、文化人類学の佐々木宏幹氏が「巫的

文化の諸相 ―『宇治拾遺物語』の考察―」(『聖と呪力 ―日本宗教の人類学序説―』、青弓社、一九八九年。講談社学術文庫版、一九九六年、タイトルは『聖と呪力の人類学』。初出は一九八四年)において、憑霊の概念を、(1)霊(力)が人間の身体の中に入り込んで、人物が霊自体として言動する場合(＝憑入)、(2)霊(力)が身体の全体または部分に付着し、人物をコントロールする場合(＝憑着)、(3)霊(力)が身体の外側から、人物にさまざまな影響を与える場合(＝憑感)とする分類を提示している(佐々木氏による関連論考としては、佐々木宏幹「憑入・憑着・憑感 ―憑霊の概念―」、前掲『聖と呪力 ―日本宗教の人類学序説―』所収。初出は一九八五年、がある)。酒向氏は『憑霊信仰の歴史と民俗』の「はしがき」においてこの点に触れ、「佐々木氏の「憑入」「憑着」の概念と本書で用いる概念との間には、若干の異同があるので注意されたい」(五〜六頁、注(2))としているが、具体的にどういった違いがあるのかについては言及していない。あえて言えば佐々木氏の「憑着」と「憑感」概念が、酒向氏の「憑着」概念に相当するということであろうか。

また、一九八二年に酒向伸行氏は「平安期における憑霊現象」において、「物恠」は「もののさとし」と読むべきであり、何かの異変・不思議・前兆などの意で用いられ、「物気」とははっきり区別されている、と指摘している。これに関してはその後、一九九一年に日本文学の森正人氏も、「モノノケ・モノノサトシ・物恠・恠異 ―憑霊と怪異現象とにかかわる語誌―」(『国語国文学研究』二七、一九九一年)において、「物気」と「物怪」は異なる概念であるという同様の見解を示し、物怪は「モッケ」と読み、怪異という漢語に対してモノノサトシという和語に当てるべく案出された語とし、「物気」を「モノノケ」と読み「邪気」(「ザケ」「ジャケ」と読む)という語に置き換えられることを示している。但し、『源氏物語』研究など日本文学系の研究では、今に至っても「物気」「邪気」にあたるものに「物の怪」の語を用い続けている場合を多々みるのが現状である。

(6) 小松和彦氏の「護法信仰論覚え書き」(前掲『憑霊信仰論』)に示された病気治療のプロセスは、「僧侶が護法を招き寄せる」→「護法が僧侶の祈禱によって病人に憑依させられる」→「護法は病人の体内に入り込んでいる物気と闘って病人から物気を駆り出す」→「駆り出された物気は憑座に憑依させられる」→「憑依させられた物気は、憑座の口を通して病人に取り憑いた理由などを話す」→「さらなる僧侶の祈禱によって護法も憑座に憑依させられ、憑座にのり移った物気を憑座から駆り出す」→「憑座から物気が去った時、病気は平癒する」というものである。このプロセスについてもその後の研究者により以下のような部分的な修正がなされている。①もののけは病人の体内に入り込んではいない（酒向伸行前掲「平安期における憑霊現象」）、②平安末から鎌倉初期の醍醐寺僧・成賢『作法集』「験者作法」の記述に限って言えば、先に護法がヨリマシに憑けられる（森本仙助「天皇の出産空間 ―平安末・鎌倉期」、『岩波講座　天皇と王権を考える8　コスモロジーと身体』、岩波書店、二〇〇二年。小山聡子「病気治療における憑座と憑依」、『親鸞の信仰と呪術 ―病気治療と臨終行儀―』、吉川弘文館、二〇一三年、第一章第二節）。

なお、註(10)にも関連事項を記したので参照してほしい。

(7)　小山聡子「憑祈禱の成立と阿尾奢法 ―平安中期以降における病気治療との関わりを中心として―」（『親鸞の水脈』五、二〇〇九年）。小山聡子前掲「病気治療における憑座と憑依」。小山聡子「護法童子信仰の成立と不動信仰」（磯水絵編『論集　文学と音楽史 ―詩歌管弦の世界―』、和泉書院、二〇一三年）。小山聡子「光源氏と六条御息所の死霊」（『説話』一二、二〇一四年）。小山聡子「院政期の憑祈禱における物付の待遇 ―禄を中心として―」（『日本宗教文化史研究』一九―一、二〇一五年）。

(8)　上野勝之『夢とモノノケの精神史 ―平安貴族の信仰世界―』（京都大学学術出版会、二〇一三年）。

(9)　森正人前掲「モノノケ・モノノサトシ・物恠・恠異」、繁田信一「平安中期貴族社会における陰陽師 ―とくに病気をめぐる活動について―」（印度学宗教学会『論集』一八号、一九九一年。後に、『陰陽師と貴族社会』、吉川弘文館、二〇〇四年、第三章「病気と陰陽師」として収録)参照。

(10) 加持と修法の関係についての研究の流れを示しておくと(「物怪」表記は各論文表記のままとする)、山折哲雄氏は『紫式部日記』中宮彰子の御産記事から、①官僧的呪師の高僧と下位の験者的呪師の二区分がある、②五段の修法によってその活動を弱められた「物怪」(邪気)が、次の段階では験者によって霊媒に駆り移され、そして最終的にはふたたび空間に放出される、という三段階の手続きがとられている(前掲「憑霊と除祓」)、とした。

小松和彦氏は、壇法は物怪調伏のための「駆り移し」の前段階でもなければ後段階でもなく、同じ病人のためになされる加持祈禱ではあっても、別個の独立した儀礼であるとして山折説を否定したが、壇法と加持における僧の身分差については、山折説を踏襲している(前掲「護法信仰論覚え書き」)。

谷口美樹氏は貴族社会の験者は一般に密教僧が務め、彼らは修法も行っていたことを明らかにし、山折氏・小松氏の「験者」は正統的教学に拠らない身分の低い存在として、修法を行う僧との違いが階級に及んでいるという見解を否定した。そして、加持が病人のそば近くで行われたのに対し、修法は病人の近くではなく道場と呼ばれる空間(＝他の場所)において行われたと指摘、物気は加持によって憑座に憑けられるとした(「平安貴族の疾病認識と治療法 ―万寿二年の赤斑瘡流行を手掛りに―」、『日本史研究』三六四、一九九二年)。

徳永誓子氏も修法は壇の設定が行われるが、加持は壇の設定などがみられない点において、加持(験者が行う治療)は修法とは異なるとした。験者の場合は修法とは異なり、対象に近侍して治療を行うと、谷口氏と同見解を示した。また、「験者」という呼称自体が修法を行う僧と区別して用いられているとした(「熊野三山検校と修験道」、『年報中世史研究』二七、二〇〇二年)。

それらに対して小山聡子氏は、中山忠親『山槐記』治承二年(一一七八)十一月十二日条の平徳子が安徳天皇を出産したときの図から、護摩修法が産婦の近くで行われていたこと、また、護摩修法を行う僧侶の後ろにはそれぞれ憑座が侍らされていた（修法を行う僧侶は物気を憑座に憑依させる役割を担っていた）こと、同十一日条から護摩修法を担当した僧侶たちが加持も行っていたことを明らかにし、谷口氏以来の先行研究を訂正した（前掲「病気治療における憑座と憑依」。初出は二〇〇八年）。

なお、谷口美樹前掲「平安貴族の疾病認識と治療法」では、赤斑瘡は神気のあらわれ（神による病）であり、神気には加持が憚られた、という重要な指摘もなされている。密教僧が「邪気」以外の「神の気」や神の「祟」には手を出すことができず、神祇に対しては密教僧の修法を用いてはならないと認識されていた点、及び、その場合には陰陽師の呪術が用いられた点については、繁田信一前掲「平安中期貴族社会における陰陽師」において詳しく述べられている。

(11)　森本仙介前掲「天皇の出産空間」。

(12)　なお、宗教民俗学・歴史民俗学の立場からは、相応が行ったと伝えられる阿尾奢法について、鈴木昭英「麓山信仰と修験道」（鈴木昭英前掲『霊山曼荼羅と修験巫俗』。初出は一九六四年）、酒向伸行前掲「平安朝の憑祈禱」、酒向伸行前掲「憑霊信仰と治病」等が触れている。

(13)　小山聡子前掲「憑祈禱の成立と阿尾奢法」。小山聡子前掲「病気治療における憑座と憑依」。小山聡子前掲「護法童子信仰の成立と不動信仰」。

(14)　上野勝之「ヨリマシ加持の登場」（前掲書、第二章）。

(15)　小山氏は『宇治拾遺物語』巻四第一の「かくて、「追ひ給へ。まかりなん」と、験者にいへば、「追へ、〳〵」といへば」という部分について、験者の命令が物気になされたものとして「『去れ去れ』と追うと」とする新編日本古典文学全集の現代語訳を誤りであるとし、正しくは験者が護法に命令し、護法が物気を追い払ったのであるとする（小山聡子前掲

「病気治療における憑座と憑依」、前掲書、四五~四六頁)。

森氏は『枕草子』一本第二十三段において、底本の「物のけ」に「物の怪」という漢字をあてた新日本古典文学大系の誤りを、「物の気」が適切であると正している(森正人「枕草子一本第二十三段「松の木立高き」における〈もののけ〉調伏」、『日本文学』六五—一、二〇一六年)。この点に関しては、本序章註(5)にあげた森氏の「モノノケ・モノノサトシ・物恠・恠異」も参照されたい。

(16) 相応伝の阿尾奢法については、小山聡子前掲「憑祈禱の成立と阿尾奢法」がある。なお、この相応伝の件に関しては、第六章において触れることとする。

(17) 小山聡子『護法童子信仰の研究』(自照社出版、二〇〇三年)。

(18) 小山氏によると「護法童子」とは、「験力のある僧侶に使役される信仰上の子ども」(小山聡子前掲「護法童子信仰の成立と不動信仰」)である。

小山氏の「護法童子」の概念、及び、護法童子信仰成立過程に関する論の要点は、

①「護法童子」という言葉は室町時代に造られた語であると指摘。仏菩薩の周囲に侍る童子を護法童子とはせず、あくまでも僧侶や寺院を守護する童子を護法童子として区別した。

②『法華験記』では護法を童子形の存在としては一切語っておらず、天の諸童子を護法とも称していない。『法華験記』では、荒々しい性質を持ち、病気治療において悪しき病気原因の霊的存在を攻撃する「護法」は童子ではない。それに対して「天童」「童子」は、美しい姿をして荒々しい性質はみられず、病気治療とも関係しない。修験信仰の「護法」(修験により獲得した験力によって動く)と法華経信仰(『法華経』「安楽行品」の「天諸童子　以為給使」に基づく)の「天童」「童子」(『法華経』の経力によって動く)は、本来全く別の存在であった。

③院政期往生伝において登場する病気治療に携わる童子は、不動明王の眷属である。とりわけ制多迦童子は憤怒の形相をして粗暴な性質を持ち、「護法」の性質と重なり合う。
④「護法」と「天童」「童子」は法華経持経者や修験者に奉仕するという類似した性質を持つ点、法華経持経者が「天童」「童子」の給仕を受け、「護法」を使って病気治療をする点などから、次第に「童子」と「護法」は厳密に区別されなくなっていった。院政期の往生伝では未だ病気治療の場に登場する「童子」と「護法」は区別されていたが、その後、平安末期に童子を護法とする護法童子信仰が成立した。
というものである（小山聡子前掲『護法童子信仰の研究』、及び、二〇一三年に出された小山聡子前掲「護法童子信仰の成立と不動信仰」において若干の補足がなされているので、そちらも参照した）。

(19)　酒向伸行「護法信仰の変容と機能 ―奉仕型・守護型護法から使役型護法へ―」（『御影史学論集』二一、一九九六年。後に、前掲書、第三章「護法信仰の変容と治病」として収録）。

(20)　酒向氏の説の概略は、
①奈良時代「仏法を守護する善神」を意味する護法への信仰があった。
②平安時代、法華経信仰に基づく護法信仰（天童・普賢・十羅刹女・毘沙門天）が盛んになる。このような護法は法華持経者自身に奉仕し、持経者を守護する「奉仕型・守護型護法」であった。
③やがて不動信仰者の間で八大金剛童子、特に衿羯羅・制多迦童子の護法としての信仰が隆盛し、験者自身の意志によって自在に護法を駆使しうる「使役型護法」の信仰が隆盛した。この護法がもっとも活躍し、その機能を発揮するのは治病の場面であった。
というものである（以上、酒向伸行前掲「護法信仰の変容と機能」）。

なお、酒向氏は管見の限りでは、その後の論考において小山氏の論に触れていない。

（21） 密教学の立場からは、中期密教の『真実摂経』における阿尾奢法（これは予言の法ではなく、行者や灌頂における弟子が仏と一体となるものである）についての論考として、乾仁志「金剛界マンダラを通して見た密教の特色―特に金剛鈴菩薩を中心として―」（『日本仏教学会年報―仏教と智慧―』七三、二〇〇八年）がある（乾氏の関連論考に、乾仁志「漢訳経軌に見える入知」、『頼富本宏博士還暦記念論文集　マンダラの諸相と文化　上―金剛界の巻』、法蔵館、二〇〇五年）。日本で理解されていたヨリマシを用いる病気治療加持としての阿尾奢法とは直接関係しないが、阿尾奢法が本来的にどういったものであったかを知るためには有益であろう。今後、密教学の分野における研究成果を参照、及び関連させることができれば、より深く多くのことが解明されるのではないだろうか。

なお、阿尾奢法に関しては、小林信彦「アーヴェーシャと阿尾奢、そしてアビシャ／バク―〝仏教東漸〟と言われていることの実態―」（『国際文化論集』三一、二〇〇四年）もある。そこで小林氏は、インド文献『タットヴァサングラハ』（金剛頂経）に説かれているように、タントラ仏教の入門の際に必ず行われるアーヴェーシャは、自分の中に「偉大な太陽」（大日）あるいは「真理／人間」（金剛薩埵＝徳と知恵が完全な人間）が入り込むことであり、子供に「聖者」（「超自然力を備えた存在」）を入り込ませて予言させる呪術である『速疾立験魔醯首羅天説阿尾奢法』は、タントラ仏教のアーヴェーシャとは似ても似つかぬもので、アーヴェーシャから着想を得て中国人が開発したものであろう、と述べている。小林氏が論文中に例示している『守護国界主陀羅尼経』は確かに中国で撰述されたものではあるが、聖なる霊的存在を入り込ませて予言を行う阿尾奢をすべて中国における着想であるとすることには問題があろう。乾仁志氏は前掲「金剛界マンダラを通して見た密教の特色」において、

①阿尾捨法は『大日経』に先行して成立した初期密教経典においてすでに現れている。それゆえ『真実摂経』が成立す

る以前から知られていた修法といえる。

②『真実摂経』において多く用いられる「ヴァジラーヴェーシャ（金剛の遍入）」の「金剛」とは金剛杵によって象徴される如来の堅固な智慧、悟りの智慧を意味し、したがって『真実摂経』の阿尾捨法というのは如来の智慧を遍入することをいう。

③この場合の金剛の智慧を天神等に置き換えれば、その原型がいわゆる降神術である阿尾捨法であることを推測せしめる。

と論じている。ここにおいても、おそらく両者が同じ基盤上で議論することは不可能と思われ、議論の必要性すら無意味に感じられる程の乖離がある。

なお、小林信彦前掲論文については、上野勝之氏が「ヨリマシ加持の登場」（前掲書、一一二頁注（19））において、「小林氏によれば、インド密教の阿尾捨は行者が仏と一体化する意味であるが、中国では中国古来の祖先祭祀におけるヨリマシ儀礼に準じた呪法として受容されたとする。ただし、呪法を迷信的な劣ったものと断じる氏の見解には直ちに賛同しがたい。中国撰述経典において阿尾捨法を付加することについては頼富本宏『中国密教の研究　般若と賛寧の密教理解を中心として』（大東出版社、一九七九）にも論じられている」と触れている。

乾氏が『真実摂経』の阿尾奢法と限定をつけて論じている如く、個々の文献上にみる阿尾奢法の差異を明確にして論じる必要があると考える。

（22）史料上にみえるヨリマシの呼び方については、上野勝之「平安貴族社会の邪気概念」（前掲書、第三章、一四四頁）、小山聡子前掲「院政期の憑祈禱と物付の待遇」に述べられている。

（23）繁田信一「医師・験者・陰陽師」（前掲『陰陽師と貴族社会』、第四章、一四七頁）。

(24) 徳永誓子「修験道成立の史的前提 ―験者の展開―」(『史林』八四―一、二〇〇一年)。徳永誓子前掲「熊野三山検校と修験道」。なお徳永氏は、通説的験者においては不可分とされていた山岳修行と験力の関係も一貫していたわけではないことも指摘している(前掲「修験道成立の史的前提」)。

(25) 上野勝之前掲「ヨリマシ加持の登場」(前掲書、第二章、九二～九三頁)。

(26) 上野勝之氏は『夢とモノノケの精神史』において「ヨリマシ加持」と呼んでいる。

(27) 通常の人間には不可視の、霊的存在の世界が描かれた病気治療の一例をあげておく。
『宇治拾遺物語』巻八ノ三「信濃国聖事」(新日本古典文学大系『宇治拾遺物語　古本説話集』、三木紀人・浅見和彦・中村義雄・小内一明校注、岩波書店、一九九〇年)(『信貴山縁起絵巻』で著名)…「まうれん(命蓮)」の命によって派遣された「剣の護法」が病者の夢に見えたことにより快癒。

『宇治拾遺物語』巻一ノ九「宇治殿倒レサセ給テ、実相房僧正験者ニ被召事」(同右)…護法が「女房の局なる小女」につき、験者である心誉の到着以前に護法がやってきて、病気原因を追い払った旨を語る。

『宇治拾遺物語』巻一五ノ六「極楽寺僧、施仁王経験事」(同右)…極楽寺の僧が仁王経を読んだことにより、仁王経の経力で動く仁王経の護法が発動し、病者の夢中で、病者の身体を打ち凌じていた鬼を楚で打ち払い、病者に自身の立場と行動理由などを語る。

『続本朝往生伝』第六話「僧正遍照」(日本思想大系『往生伝　法華験記』、井上光貞・大曽根章介校注、岩波書店、一九七四年)…天狗が人について語った体験談。右相の胸を踏んで病気にする。領状とともに「総角二人」、承仕以下とともに「護法五、六人」が来て、僧正が来るに及び「護法」は十余人となり、遍照の修法により(おそらく護法によって)天狗は炉壇の火の中に入れられて焼け焦げる。その後、天狗は蘇生するも、一人の護法に拘留され続ける。

『十訓抄』七ノ十一（新編日本古典文学全集『十訓抄』、浅見和彦校注・訳、小学館、一九九七年）…腹がふくれて死にそうになっている女の夢中に「八童子」が現れ、「林懐が護法なり」と告げて腹を叩いて汚物を出した。

以上の例はいずれも文中に「護法」の文言が記されている。なお、次のような事例もある。

『後拾遺往生伝』巻中第十三話「成相寺住僧」（真福寺善本叢刊『往生伝集【訓読・解題・索引篇】』、国文学研究資料館編、臨川書店、二〇〇四年。及び、前掲『往生伝 法華験記』）…多聞天を信仰する僧が「狂病」となる。夢中で凡夫（邪魔）に頭を殴られ、本尊を念じると、すぐさま美丈夫（多聞天王）が僧を殴る者を追い払う。

この例のみでの判断はできないが、僧・修行者が病気治療を行う時は、僧・修行者に従属する護法が発動するが、僧自身の病においては護法より強力な本尊が登場するのかもしれない。

(28) 前掲『往生伝 法華験記』。

(29) 前掲『往生伝 法華験記』。

(30) 前掲、『往生伝集【訓読・解題・索引篇】』。及び、前掲『往生伝 法華験記』。

(31) 新日本古典文学大系『今昔物語集 四』（小峯和明校注、岩波書店、一九九四年）。

(32) 前掲、『十訓抄』。

(33) この部分『十訓抄』では「子ども引き具して二子を僧正に奉りて」だが、『古事談』（新日本古典文学大系『古事談 続古事談』、川端善明・荒木浩校注、岩波書店、二〇〇五年）に収録された同内容の話では「因之一門子息等、献二字於僧正」となっており、「名簿」（貴族や有力者の家人となった印として提出する文書。姓名・官職位階を記す）を差し出し帰順の意を表したという意味になる（前掲『十訓抄』一六一頁注（5）、及び、前掲『古事談 続古事談』三〇九頁注

（17）・九四頁注（18）を参照した）。

（34）『古事談』に収録された同内容の話に対しては、「護法を使役して文範を責めたのである」、「余慶には不動法・火界呪の伝が多いから、その八大童子を想定してもよい」（前掲『古事談　続古事談』、三〇九頁注（14））という注釈がつけられている。

（35）前掲『今昔物語集　四』。

（36）前掲『宇治拾遺物語　古本説話集』。

（37）前掲『往生伝集【訓読・解題・索引篇】』。及び、前掲『往生伝　法華験記』。

（38）前掲『往生伝　法華験記』。

（39）前掲『古事談　続古事談』二六八頁注（10）参照。注釈者は『大法師浄蔵伝』の「守護者」「善神」を「不動の護法善神（八大童子）」としている。

以下参考のため『大法師浄蔵伝』（続々群書類従　三　史伝部）の当該部分と、その直前に位置する類似のエピソードを掲げておく（類似のエピソードには「護法」と明記されている）。

（当該部分）

天暦四年夏住二八坂寺一、〈法号法観寺、行基菩薩建立、〉結夏安居、仲夏下旬、強盗十余人各帯二弓箭一闖入、依レ之諸人周章驚愕、法師出二大音声一云、守護者無歟、于時盗人等庭中僵臥、挙レ声大叫如レ被二杖捶一、但不レ失二本心一、呼喚尤切也、鄰人応レ響来集、法師云、寇賊元愚癡也、願善神速可レ免二捨之一、是時賊徒皆得二尋常一、慚謝而去、

（類似エピソード：長谷寺での抜刀狂乱男の「縛」）

又於二長谷寺一勤二正月導師一之間、従二伊賀国一参入之男、俄抜二大刀一狂乱欲レ害二堂中之人一、于時法師暫閣二如意一曰、

護法侍者可㆔撫縛㆓悪人㆒者、其言未㆑尽縛着㆓礼堂之柱㆒、終宵不㆓蠲免㆒、早旦辟辞㆓除之㆒、解界以後彼男還復㆓本心㆒、
集来緇素合掌恭敬矣、

〔補記〕 本書脱稿後に出された最新の研究としては次のようなものがある。

小山聡子「薄情な男、光源氏 ―『源氏物語』の愛執と非情―」(二松學舎大学文学部国文学科編『恋する人文学 ―知をひらく22の扉―』、翰林書房、二〇一六年)。小山聡子「覚如が生きた時代の疫病治療」(『親鸞の水脈』十九、二〇一六年)。

小山氏の「覚如が生きた時代の疫病治療」は、谷口美樹「平安貴族の疫病認識と治療法 ―万寿二年の赤斑瘡流行を手懸りに―」(『日本史研究』三六四、一九九二年)における、疫病は疫神がもたらす病であり、加持や修法による調伏は忌避された、という定説の再考を促すものである。小山氏は『最須敬重絵詞』第五巻第一七段の「モシ疫神ノナストコロナラハ仏力ヲモテ伏スヘシ」という記述や、金沢文庫所蔵『加持温病法』(二八八箱―八)(明恵の著であり、複数の書写が確認できる)に疫癘を患った際にこの法を修し、三人の老女が辟除された夢を見て平癒したという記述を紹介し、当時の疫病治療としては加持が有効だと考えられており、決して禁忌ではなかったとしている。

第一章　『北野天神縁起』霊験譚における仏教説話的要素

はじめに

日本の古代・中世の説話や往生伝を読んでいると、密教僧や修行者が呪術をもって活躍する話の多さに驚くことがある。超自然の奇跡的な結果を想定して呪術を行う場合もあれば、意識的な呪術でなくとも、結果的に超自然の奇跡的な結果を示す場合もある。いずれの場合も、密教の呪文を唱えることがきっかけとなることが多い。そして後者の場合では、密教僧や修行者が自身の信じている本尊や本尊の眷族に向かって祈ったり、助けを求めたりすることがきっかけとなることもある。

往生伝は極楽往生した人物の伝記である。そこで語られる往生人が僧である場合（往生伝には在家の伝も収録されている）、彼らの履歴が紹介され、彼らが行った修行や呪術、その効験などが語られることは、自然な流れといえよう。では、仏教説話や往生伝以外には密教僧や修行者が超自然的な力を示したり、呪術を行ったりする話はないのかといえば、決してそうではない。実は神社縁起の霊験譚中にも密教僧や修行者の呪術を記述する話が存在する。

では、神の霊験譚に密教僧や修行者が登場する場合、密教僧や修行者は一体どのような形で神と関わるのであろうか。密教僧や修行者が発揮する超自然的な力や呪術は、神と何らかの関わりがあるのであろうか。

神が原因の病に対しては本来密教僧の呪術は忌避される。(1) しかし、神の霊験譚の中では、密教僧が神の祟り(この場合、「祟り」とは人間の不信行為などに対する神の怒りを指す)とは知らずに密教呪術を行い、その過程で神がヨリマシを通じて顕れる場合がしばしば見られる。それが神の霊験譚に密教僧が登場する場合の一般的な話型であろう。この場合、密教僧が悪しき霊的存在を調伏して病を癒すわけではないため、話の中に密教僧の活躍という要素は入ってこない。

本章で取り上げる『北野天神縁起』霊験譚の一話である「仁俊潔白」は、そうしたパターンの話とは全く異なり、神の霊験と密教僧の活躍という両方の要素をみることができる興味深いテキストである。そこで本章では、「仁俊潔白」を素材として、神の霊験譚の中に組み込まれた仏教説話的構造と要素を考察することとする。

一 「仁俊潔白」の問題点

『北野天神縁起』は菅原道真の生涯と、道真が神として北野社に祀られるに至る由来を描いたものである。その内容は大きく分けると、①活躍から左遷、死に至るまでの道真の生涯、②怨霊の活動、③北野社の創建、④北野社の霊験譚、となる。

『北野天神縁起』に関する研究は昔から盛んに行われている。しかしそれらは、『北野天神縁起』成立事情や背景などに、また、縁起の内容に関しては日蔵の六道巡りにおける地獄での醍醐天皇との邂逅部分に、関心が集中しているように思われる。(2) それに対して霊験譚の部分は、管見の限りでは殆ど顧みられてはいない。

『北野天神縁起』と呼ばれるものには多数の諸本が存在している。その中で、建久五年(一一九四)の年記を持つ「建久本」は、江戸時代の写本という形でしか現存せず、絵も伝わってはいないが、縁起としては最も古い形を残していると考えられている。(3)

この「建久本」(4)の霊験譚は、「敷島盗衣」「仁俊潔白」「仁和寺阿闍梨神罰」という三つの話から成り立っている。(5)今回注目するのはそのうちの「仁俊潔白」である。「敷島盗衣」の前段にあたる「北野宮繁盛の事」には北野天神の利益が記されており、「無実にか丶りたるともがら、あゆみをはこび首をかたぶくれば、たちどころに霊験にあづかる」(6)という文言がある。その例話として「敷島盗衣」「仁俊潔白」が収録されているものと考えられる。「敷島盗衣」と「仁俊潔白」は、いずれも北野社に祈って和歌を詠んだことによって、北野天神の霊験が顕れて救われるという共通点がある。(7)そこで今回問題とする「仁俊潔白」と、比較の対象としての「敷島盗衣」の本文を掲げておく。ちなみに、「敷島盗衣」の出典は『袋草紙』上巻「仏神感応の歌」(8)、または『続詞花和歌集』巻第八「神祇」(9)所収の歌であるとされている。(10)「仁俊潔白」の出典は未詳とされており、建久本より時代が下る『十訓抄』第四ノ六、及び『十訓抄』からの抄入とされる『古今著聞集』巻第五（和歌第六）（一八七）に同内容の話がある。(11)

「敷島盗衣」

待賢門院の后と申けるとき、女房の衣のうせたりけるを、あしざまにいはれける女房、七日いとまを申請、北野宮にこもりつ丶、

おもひいづやなき名たつ身はうかりきと　あら人神になりしむかしを

とよみたりければ、きりしはらあまきみははわにて、しきしまといひけるざうしのぬすみたりけるが、手づから身づから捧もて、鳥羽院の御前にぞ参りたりける。(12)

「仁俊潔白」

治部卿通俊の子にて、世尊寺阿舎梨仁俊と申て、顕密にたふとかりし人候き。女心あるよしを鳥羽院の女房の申出したりければ、心うきことなりとて、かの阿闍梨、北野にこもりつゝ、

あはれとも神かみならばおもふらむ　人こそひとの道をたつとも

とよみたりけるに、かの女房、くれなゐの袴ばかりをこしにまつゐつゝ、手に錫杖をふりて、仁俊にそらごと云つけたるむくいにと、舞うたひくるひける時、院宣にて、彼阿闍梨を北野よりめし出されて、不動の慈救呪を一たびみてしかば、女房はさめにけり。阿闍梨にはうすゞみといふ御馬をぞひかれたりける。

「仁俊潔白」には次のような問題点がある。第一には、神罰をうける鳥羽院の女房が神懸りとなる点である。「女房はさめにけり」という部分は、鳥羽院の女房が自己の意識を失った状態であったことを示しており、「仁俊にそらごと云つけたるむくいに」という言葉が鳥羽院の女房自身から出た反省の言葉ではないことは明らかである。「仁俊潔白」においては、仁俊を誹謗する鳥羽院の女房対仁俊及び仁俊を救う北野天神という対立が示されている。「仁俊にそらごと云つけたるむくいに」という言葉は仁俊・北野天神側のものであり、鳥羽院の女房に憑依した北野天神の言葉ということができるであろう。

そして鳥羽院の女房は、錫杖を振りつつ、舞い歌い、狂い状態となって、北野天神の言葉を述べている。舞と神懸りの関係は非常に密接である。舞うことにより神が降りる例としては、『春日権現験記絵』巻第四第四段に若宮拝殿における巫女の舞からの神の憑依・託宣、巻第四第五段に若宮御前における巫女たちの神楽からの神の憑依・託宣といった例がみられる。(13) また、『平家物語』巻第一「願立」では、童神子が失神し、祈りによっていき出でて、半時ばかり舞った後、山王が憑入・託宣している。(14) この例は既に失神・舞の時点で童神女は平常の状態ではないことがわかる。

説話の中にはモノノケによる病気治療の場面で狂い、歌い、「ヲトリサケフ」（この場合、舞踏ではなく跳躍運動を示しているか）といった例もあり[15]、平安中期の古記録にも邪気のせいによって歌う例がみられるのだが[16]、ここでは鳥羽院の女房が手に振る錫杖に注意したい。錫杖が採物としてのイメージを喚起するからである。採物とは神楽の時に舞人が手にとって舞う物であり、神楽歌の「採物」には、「榊」「幣」「杖」「篠」「弓」「剣」「鉾」「杓」「葛」の九種がある[17]。錫杖は頭部の金属製の輪に数個の小輪をつけた杖である。もとは僧が山林修行に携行し、音を鳴らすことで害獣を避けるためのものであったが、体鳴楽器として仏教法会に用いられるようになった。託宣を請う時、巫女は鼓・琴・鈴などを用い、その音によって神の憑依を促す。「仁俊潔白」における鳥羽院の女房は、音を立てて神の憑依を促す錫杖を採物として振って舞う。この部分だけで言えば、完全に神懸りのイメージを喚起させる。なお、ここで錫杖が登場している点は、本章の以下に述べる「仁俊潔白」が内包する仏教説話的要素を象徴しているかのように思われる。

一般に『春日権現験記絵』などにみる神明の霊験記で、神罰（祟り・お咎め）と神懸りの両方の要素を含む話の場合、その構造は概略次のようになる。序章で示した「話の基本構成パターン」を利用しつつ、それに一部変更を加えた[18]。

(a)-1　根本原因（神慮に反する行為）。
(a)-2　事件の発端（神慮に反する行為の結果としての病気）。
(b)　呪術A（病気の原因を知るため、あるいは病気の快復を願うための行為＝神への祈り、巫女による神降ろし、験者による加持・祈禱等）。
(c)　呪術Aの結果（巫女やヨリマシなどに神が憑依）。
(d)　神の託宣（病の原因・理由、つまり、それが神の祟りであることを語る）。

(e) 呪術的行為B(神の託宣に従う言葉や行為、神をなだめるための行為)。
(f) 呪術的行為Bの結果、もしくは全体の結果(病の快復、あるいは死亡)。

この場合、神慮に反する行為によって神罰を受ける人物と、神が憑依して神の言葉を語る人物は別人である。しかし「仁俊潔白」の場合、鳥羽院の女房は神罰を受ける存在であると同時に、神懸りとなって神罰の理由を語る存在でもあることになる。つまり、神罰を受ける人物がイコールヨリマシあるいは巫女的存在であるということである。

第二には、「仁俊潔白」には北野天神の霊験以外の要素が含まれている点である。本文中に、「顕密にたふとかりし人」と紹介される仁俊は、『尊卑分脈』によれば天台宗寺門派の僧である。(19) そして、仁俊の祈りによって鳥羽院の女房の狂いがおこり、仁俊の慈救呪(不動明王の真言)によって狂いがおさまっている。即ち、「仁俊潔白」は北野天神の霊験・神威を説くのみならず、密教僧である仁俊の験力による活躍が強調されているのである。そして、この場合に仁俊が密教呪術を象徴するかのように、不動の慈救呪を用いている点は注目すべきであると思われる。

それでは、以下の節において、この第二の点について詳しく考察してゆくこととしよう。

二 「敷島盗衣」と「仁俊潔白」の相違

まず、「仁俊潔白」に仏教説話的要素があるという点を確認する作業からはじめよう。これは「仁俊潔白」の前段「敷島盗衣」との比較によって一層明確となる。「敷島盗衣」「仁俊潔白」は、①主人公が無実の罪に苦しむ、②主人公が北野社に参籠し、無実の罪が晴れる、という共通点を持つ話である。そこで、序章で示した「話の基本構成パターン」によって、「仁俊潔白」と「敷島盗衣」の話を箇条書きにしてみる。すると、類似の話として捉えられがちな「仁俊潔白」と「敷島盗衣」の相違点が浮かび上がってくる。

「話の基本構成パターン」

(a)事件の発端。
(b)呪術A(僧・修行者の呪術的行為)。
(c)呪術Aの結果(「縛」などの異常な状態が起こる)。
(d)悪しき存在の救いを求める言葉・行動。
(e)呪術B(「縛」や異常な状態を、平常の状態に戻すための呪術的行為)。
(f)呪術Bの結果(異常な状態の終結)、もしくは、呪術全体の結果(病気の快癒など)。
(g)僧の験力の称賛、褒美の授与、仏教の賛嘆。

「仁俊潔白」

(a)仁俊が鳥羽院の女房にいわれのない告げ口をされる。
(b)仁俊は北野社に籠って和歌を詠む。《呪術A》
(c)鳥羽院の女房が異常な状態になる。
(d)鳥羽院の女房が北野天神の言葉を語る。
(e)仁俊は鳥羽院の女房に向かって不動の慈救呪(不動明王の真言)を唱える。《呪術B》
(f)鳥羽院の女房の異常な状態がさめる。
(g)仁俊に褒美が与えられる。

「敷島盗衣」

(a) ある女房に窃盗の嫌疑がかかる。
(b) 女房は北野社に籠って和歌を詠む。《呪術A》
(c) 真犯人が盗んだ衣を自ら捧げ持って現れる（女房の嫌疑がはれる）。
(d) なし。
(e) なし。《呪術B》
(f) なし。
(g) なし。

一見してわかるとおり、「敷島盗衣」と比べると「仁俊潔白」は複雑な構造を持っている。そして、「仁俊潔白」は「話の基本構成パターン」にほぼ一致するが、一方の「敷島盗衣」はよく当てはまらないといえる。「敷島盗衣」と「仁俊潔白」において、(a)と(b)は同じである。しかし、それ以降は全く異なる展開を示している。まずみるべきは、(b)の「呪術A」と(c)の「呪術Aの結果」の対応関係である。神仏に働きかけて何らかの作用をもたらすことを「呪術」と規定するならば、「仁俊潔白」の場合も「敷島盗衣」の場合も「呪術A」という表現で問題ないと思うが、仮に違和感があるのならば、「仁俊潔白」の場合は「僧の行為A」、「敷島盗衣」の場合は単に「行為A」と言い換えておいてもよい。「仁俊潔白」における(b)と(c)の関係では、仁俊の和歌によって鳥羽院の女房の異常な状態が起こったことを示す。これは「敷島盗衣」で女房の祈りに対して、真犯人の「しきしま」が盗んだ衣を持って自ら進み出たということが、北野天神の霊験とされているのと対応する。

それでは、(e)と(f)に関してはどうであろうか。「敷島盗衣」の場合、(d)から(g)の部分はなく、(c)において「しきしまといひけるざうしのぬすみたりけるが、手づから身づから捧もて、鳥羽院の御前にぞ参りたりける」と、女房の祈りに対して北野天神が応えるという形で女房が救われ、そこで話は終わる。女房は北野天神に祈って和歌を詠むという行動をおこすものの、それ以外の活躍はみせないし、無実の罪が晴れた女房自体には関心が払われていない。[20]北野天神の霊験以外の要素は特に含まれていないといえるだろう。真犯人敷島の登場は簡潔に記されるのみで、盗んだ衣を自ら捧げ持って現れる点を除けば、少なくとも最古の形を残している「建久本」においては、異常な状態を示していない。[21]

それに対して「仁俊潔白」は、(d)から(g)の部分において展開をみせる。(e)の仁俊の慈救呪によって(f)で鳥羽院の女房の異常な状態がおさまるという、つまり、仁俊の活躍という要素が入っているのである。仁俊は鳥羽院の院宣によって召し出された。それは即ち、仁俊がこの異常な状態を終結させることができる存在であると、仁俊にこの場を、鳥羽院の女房を正常の状態に戻す力があると、期待されていることをうかがわせる。そして、(g)の部分で仁俊に褒美が与えられていることが、仁俊のここでの活躍を裏付けている。仁俊が期待通りのすばらしい働きをしたと認められなければ、褒美が与えられることはないであろう。このような「仁俊潔白」における(b)と(c)、そして(e)と(f)の対応関係をみてみると、(b)(c)と(e)(f)が一連のものであり、(e)と(f)の呪術的要素が(b)と(c)にも及んでいる可能性さえ考えられよう。

「敷島盗衣」は神の霊験譚という要素のみであり、「仁俊潔白」には仏教の呪術的要素が入っている点に関しては、やや時代が下るが、「敷島盗衣」と「仁俊潔白」の同話の取り扱われ方からも知ることができる。「敷島盗衣」にかなりの変更と増幅が加えられた話が、『十訓抄』第十ノ十六、『古今著聞集』巻第五（一七七）などに認められる。「古今著聞集」のこの話は、清水克行氏によって平安末期の京都で行われていた参籠起請の実態を髣髴とさせるものとされている。[22]この点も「敷島盗衣」の話が純粋に北野天神の霊験譚として受け止められていたであろうことを思わせる。

それに対して「仁俊潔白」は、『十訓抄』第四ノ六、そこからの抄入とされる『古今著聞集』巻第五（一八七）に収録されているが、変更は殆どみられず、増補もなされていない。そして、次節において詳細を述べるが、『十訓抄』に収録された「仁俊潔白」と同内容の話の前後には、いずれも僧を誹謗したために報いを受ける話が配されている。同じ北野天神縁起霊験譚に収録されている二話ではあるが、一方の「敷島盗衣」は参籠起請を示す話型をもって伝承され、一方の「仁俊潔白」は僧を誹謗した人物が報いを受ける話として説話集に配列されている。鎌倉時代当時においても、捉えられ方が異なっていることを示している。

「敷島盗衣」にはなく「仁俊潔白」に加わっている仁俊の活躍、この話の展開の相違は、主人公が「敷島盗衣」では女房であり、「仁俊潔白」では密教僧であることによるのであろうか。そうであるとすれば「仁俊潔白」は、密教僧が祈る・和歌を詠むというある種の呪術的行為によって異常な状態を引き起こし、呪文を唱えるという呪術的行為によって異常な状態を終息させる話という側面があることになるのである。

三　『十訓抄』における「仁俊潔白」の同話

先に、鳥羽院の女房の狂い状態を北野天神の神罰と捉えた上で、問題点があることを指摘した。テキストを見直してみると、「仁俊潔白」の文中には「神罰」、あるいは神の霊験譚に頻出する「祟り」「お咎め」といった表現ではなく、「報い」という仏教説話に登場する語が用いられていることに気づく。鳥羽院の女房が狂い状態になったのは、「仁俊にそらごと云つけたるむくいに」、つまり、「仁俊について嘘偽りを言いつけた報い」と表現されている。[23]「建久本」には道真を陥れた藤原菅根の死が、「菅根卿はあらたに神罰を蒙りて、その身はうせにけり」と記されており、「神罰」

の用例も存在する。「仁俊潔白」ではあえて「報い」の語を用いている点からも、ベースに僧や仏教を中心とした話があることが確認できよう。

その点は、前節の最後に少し触れた、「仁俊潔白」と同内容の話を収録する『十訓抄』の説話配列からもうかがうことができる。「仁俊潔白」の出典は未詳とされている。同内容の話としては、建久本より時代が下る建長四年（一二五二）成立の『十訓抄』第四ノ六、及び『十訓抄』からの抄入とされる建長六年成立の『古今著聞集』巻第五（和歌第六）（一八七）がある。(24)「仁俊潔白」と同内容の話を含む『十訓抄』(25)第四ノ四から七までは「物を難じてあしきたぐひ」の例話とされている。そのうちの第四ノ五から七までの三話を取り上げてみたい。(26)

第四ノ五

文範民部卿、余慶僧正を「貴き僧とて、人の妻をするよ」といひてけり。僧正、このよし聞きて、たちまちに民部卿のもとへ渡られにけり。民部卿、その心を得て、所労のよしをいひて、あはざりければ、僧正、「なほ大事なること、おのづから聞えむ」とありければ、出でざりけるほどに、「しからば、投げ出せ」と、加持せられければ、屏風の上より投げ出して、まどひくるめきける時、僧正、「さこそ」とて帰られけり。文範は三日ばかり死にたるやうにて、悩み臥したりけり。これによりて、子ども引き具して、二子を僧正に奉りて、命生けにけり。

第四ノ六（「仁後潔白」と同内容の話）

中納言通俊の子に、世尊寺の阿闍梨仁俊とて、顕密知法にて、貴き人おはしけるを、鳥羽院に候ひける女房、「仁俊は女心ある者の、空聖立つる」と申しけるを、かへり聞きて、くちをしと思ひければ、北野に参籠して、「この恥をすすぎ給へ」と起請して、

あはれとも神々ならば思ふらむ
人こそ人の道はたつとも

とよみければ、その女房、赤き袴ばかりを腰に巻きて、手に錫杖を持ちて、「仁俊に、空事いひつけたる報いよ」といひて、院の御所に参りて、舞ひ狂ひけり。

あさましとおぼしめして、北野より仁俊を召して、見せられければ、神恩のあらたなるを感じて、涙を流して、ひとたび慈救呪を満て給ひければ、女房、本心になりにけり。

いみじくおぼしめして、「薄墨」といふ御馬ぞたびたりける。

第四ノ七

雅縁阿闍梨と聞えし人、なにの意趣かありけむ、慈恵僧正を濫行肉食の人たるよし、無実を申しつけたりけり。

慈恵、このことを聞きて、憤りて、起請を書きて、三塔に披露せらる。

その詞にいはく、

若し破戒無慙にして、天台座主に任ぜしむと云はば、恐らくは狐疑を先賢に残し、狼藉を後輩に致さむてへる也。之に依りて、今三宝に向ひ奉りて、此の事を披陳す

と書かれたりける。そののち、雅縁、三塔を走りめぐりて、「浄行持律の人に、空事を申しつけたる報い」とて、狂ひ歩きけるとぞ。

これもまた、ものを難じて、悪しきたぐひなりけり。

第四ノ五は、余慶僧正を誹謗したために余慶に加持をされて、屏風の上から投げ出されてまどいくるめいた文範民部卿の話、第四ノ六は「仁俊潔白」と同内容の話、第四ノ七は、慈恵僧正を誹謗したために慈恵に起請を三塔に披露

されて、狂い歩いた雅縁阿闍梨の話である。第四ノ五と第四ノ七を「話の基本構成パターン」に当てはめてみると次のようになる。

第四ノ五の「話の基本構成パターン」

(a) 文範が余慶を誹謗する。

(b) 余慶が「しからば投げ出せ」と言って加持をする。《呪術A》

(c) 文範が屛風の上から投げ出され、まどいくるめく。

(d)及び(e) 文範は子供二人を余慶に奉る。[27]《悪しき存在の救いを求める行動》及び《呪術B》

(f) 文範の命が助かる((d)及び(e)の結果)。

(g) なし。

第四ノ七の「話の基本構成パターン」

(a) 雅縁が慈恵を誹謗する。

(b) 慈恵が起請を三塔に披露する。《呪術A》

(c) 雅縁は三塔を走りめぐり、狂い歩く。

(d) 雅縁が「浄行持律の人に、空言を申しつけたる報い」と言う。[28]

(e) なし。《呪術B》

(f) なし。

(g) なし。

「話の基本構成パターン」に必ずしもぴったりと一致するものではないが、これらの三話は、①ある人物が僧を誹謗する、②誹謗された僧が何らかの行動をとる、③その行動の結果として、僧を誹謗した人物は報いを受ける、という共通点を持っている。そして、第四ノ五と六では女色、七では肉食と、僧侶であるがゆえにスキャンダラスな誹謗の対象となり得る空言である点も共通する。少なくとも『十訓抄』の撰者は、「仁俊潔白」をそのようなパターンの話として受け止めて配列しているといえるだろう。これらの『十訓抄』の話における僧のとった行動とは、第四ノ五では加持、六では北野社への参籠、七では起請文の三塔への披露である。六と七の記述は、「「仁俊に、空事いひつけたる報いよ」といひて、院の御所に参りて、舞ひ狂ひけり」、「「浄行持律の人に、空事を申しつけたる報い」とて、狂ひ歩きけるとぞ」と類似を示すとともに、狂い状態が「報い」であると明記されている。これらの点からも、「仁俊潔白」は北野天神の霊験譚という側面のみならず、僧を誹謗して報いを受ける話としての側面があることが理解できるであろう。さらにこれらは、僧(余慶・仁俊・慈恵)と、僧に敵対する存在(文範・鳥羽院の女房・雅縁)が登場する話と捉えることができる。

なお、第四ノ五では余慶が加持を行う際に「しからば、投げ出せ」と何者かに命じており、その言葉どおりに文範は屏風の上から投げ出されている。おそらくこれは余慶が護法に命じた言葉であり、僧の敵対者を痛めつける場合に護法が関与していると考えられる[29]。この点は後ほど護法について触れるので、記憶にとどめておいてほしい。

四 『日本霊異記』にみる悪しき「報い」

周知の如く、「報い」という言葉は『日本霊異記』に頻出する。表題をみる限りでも、例えば、「現に悪しき報を得る」(上巻第十一縁、同第十五縁、ほか多数)や、「現に善と悪との報を得る」(中巻第五縁、同第十六縁、下巻第二十三縁)

などがある。「現に」とあるように、これらの話においては、悪行を犯した者が死後に苦を受けるのではなく、現世において即座に苦を受けるのである。それはその場における突然の死亡であったり、病であったりする。『日本霊異記』の諸説話は、日本において捉えられていた悪しき「報い」（『日本霊異記』には良い「報い」もある）の概念を知ることができる史料であるといえよう。

このような『日本霊異記』の話の中には、「仁俊潔白」との共通項を持つものがある。①悪行の内容は僧に対する暴力や誹謗である、②僧が何らかの対抗措置を取ったことによって、悪行を行った者に「報い」が現れる。以上のような内容を含み持つ話は、下巻第十四縁「千手呪を憶持つ者を拍ちて現に悪しき死の報を得る縁」、下巻第三十三縁「賤しき沙弥の乞食を刑罰ちて現に頓に悪しき死の報を得る縁」、中巻第三十五縁「法師を打ちて現に悪しき病を得て死ぬる縁」、上巻第十五縁「悪しき人乞食の僧を逼して現に悪しき報を得る縁」(30)の四例である。これらの話は先に示した「話の基本構成パターン」に当てはめて整理することができる(31)。

下巻第十四縁「千手呪を憶持つ者を拍ちて現に悪しき死の報を得る縁」（以下『日本霊異記』は原漢文）

越前国加賀郡に、浮浪人の長有り。浮浪人を探りて雑の徭に駆使ひ、調と庸とを徴乞ふ。時に京戸小野朝臣庭麿といふひと有り。優婆塞と為り、常に千手の呪を誦持つことを業とす。彼の加賀郡の部内の山を展転りて修行ふ。神護景雲三年歳の己酉に次るとしの春三月の二十六日の午時に、其の長其の郡の部内の御馬河里に有りて、行者に遇ひて曰はく「汝は何れの国の人ぞ」といふ。答へていはく「我れは修行者なり。俗人にあらず」といふ。長瞋り嘖めて言はく「汝は浮浪人なり。何ぞ調を輸さざる」といひ、縛り打ちて駆せ徭へば、なほ拒み逆ひて、愬びて譬を引きて言さく「「衣の虱も頭に上れば黒く成り、頭の虱も衣に下るれば白く成る」と。是くの如き譬有り。頂に陀羅尼を載せ経を負う意は、俗の難に遭はじとなり。何故ぞ大乗を持つ我れを打ち辱むる。実に験徳有らば、今威き力を示せ」とまうして、縄を以ちて千手経を繋へ、地より引きて去る。行者を刑てる処と長の家との程は、一里ばかりなり。長己が家の門に至り、馬より下りむとすれば、堅くして下るること得ず。忽に乗れる馬と空に騰りて往き、行者を捶てる処に到り、空に懸りて一日一夜を逕て明日の午時に空より落ちて死ぬ。彼の身摧け損はるること笇の嚢に入れるが如し。諸人見て懼恐りずといふこと無し。（後略）

「話の基本構成パターン」

(a) 浮浪人の長が千手の呪を唱える行者に乱暴をはたらく。

(b) 行者が「（前略）何故ぞ大乗を持つ我れを打ち辱むる。実に験徳有らば、今威き力を示せ」と言って、千手経に縄をつけて引きずる。《呪術A》

(c) 不浪人の長が不思議な形で空から落ちて死ぬ。

(d) なし。

(e) なし。《呪術B》

(f) なし。

(g) なし。

下巻第三十三縁「賤しき沙弥の乞食を刑罰ちて現に頓に悪しき死の報を得る縁」

紀直吉足は、紀伊国日高郡別里の椅家長公なり。天骨悪しき性にして因果を信はず。延暦四年乙丑の夏五月に、国司部内を巡行りて正税を給ふ。其の郡に至り、正税を下ひて百姓に班す。一の自度有り。字を伊勢沙弥と曰ふ。薬師経の十二薬叉神の名を誦持ちて、里を歴て食を乞ふ。正税を給ふ人に就きて稲を乞ひ、厥の凶しき人の門に臻りて乞ふ。彼の乞ふ者を見れども乞ふ物を施さず。其の荷へる稲を散し、また袈裟を剥ぎて拍ち逼す。沙弥逃げて其の別寺の僧坊に隠る。凶しき人逐ひて捕へ、また己が門に将て大石を拳持ちて沙弥の頭に当てて、迫りて曰はく「其の十二薬叉神の名を読みて我を呪縛せよ」といふ。沙弥なほ辞び、凶しき人なほ強ふ。強ひて逼るに勝へず、一遍読みて逃ぐ。然うして後久しからずして地に躃れて死ぬ。更に疑ふべからず、護法の罰を加ふることを。（後略）

「話の基本構成パターン」

(a)-1　因果を信じない男が乞食の沙弥を痛めつける。
(a)-2　男が沙弥に向かって、「其の十二薬叉神の名を読みて我を呪縛せよ」と言う。
(b)　沙弥が十二薬叉神の名を唱える。《呪術A》
(c)　因果を信じない男は、突然地に倒れて死亡する。
(d)　なし。
(e)　なし。《呪術B》
(f)　なし。
(g)　護法の罰の恐ろしさを説く。

中巻第三十五縁「法師を打ちて現に悪しき病を得て死ぬる縁」

宇遅王は、天骨邪見にして三宝を信はず。聖武天皇の御世に、是の王縁有りて山背に徘徊る。八人従ひて奈良京に向ふ。時に下毛野寺の沙門諦鏡奈良京より山背に往き綴喜郡を歩く。師率に王に値ひて避け退く所無く、笠を傾け面を匿して路の側に立つ。彼の王見て、馬を留め刑たしむ。師弟子と水田に入りて逃げ避れ走る。なほ強ひて追ひ打つ。師の負ひ持てる蔵、みな撃たれて破れ損はる。時に法師呼びて曰はく、「奚ぞ護法無からむ」といふ。

王去ること遠からずして、其の路中に儵に重き病を受く。高き声をもちて叫び呻ひ、地を踊離るること二三尺ばかりなり。従者状を知りて法師を勧請ふ。師否びて受けず。三遍請ふれどもなほ終に受けず。問ひて曰はく「病むか」といふ。答へていはく「はなはだ痛しとす」といふ。法師また曰はく「斯下賤き王、千遍痛み病め。万遍痛み病め」といふ。時に王の眷属天皇に奏さく「諦鏡法師宇遲を咀ふ。捉へしめてまさに殺さむとす」とまうす。天皇状を知りてなほ忍びて可さず。王三日を経て墨の如くにして卒ぬ。（中略）狂へる王宇遲邪見太甚しくして護法罰を加ふ。護法無きにあらず。何ぞ怒りざらむ。

「話の基本構成パターン」

(a) 三宝を信じない宇遲王が法師を追い打つ。
(b) 法師が「奚ぞ護法無からむ」と言う。《呪術A》
(c) 王は病となり、叫び踊りあがる。
(d) 王の従者が法師に助けを求める。
(e) 法師は従わず、「斯下賤き王、千遍痛み病め。万遍痛み病め」と言う。《呪術B変形》
(f) 三日後、王は死亡する。
(g) 護法の罰の恐ろしさを説く。

上巻第十五縁「悪しき人乞食の僧を逼して現に悪しき報を得る縁」

昔故京の時に、一の愚人有り。因果を信はず。僧の食を乞ふを見て忿りて繋へむとす。時に僧田の水に走入る。追ひて執ふ。僧忍ぶること得ず。呪を以ちて縛る。愚人顚沛れて東西に狂れ走る。僧すなはち遠く去りて眄瞻ること得ず。其の人二人の子有り。父の縛を解かむとして、すなはち僧房に詣りて禅師を勧請ふ。禅師問ひて其の状を知りて行き肯へにす。二の子懃重に拝み敬ひ、父の厄を救ふことを請ふ。其の師すなはち徐に行きて観音品初段を誦み竟りぬ。すなはち解脱かるること得。然うして後にすなはち信ふ心を発し、邪を廻して正に入るなり。

「話の基本構成パターン」

(a)　因果を信じない男が僧を追い捕らえる。

(b)　僧が男を呪によって縛る。《呪術A》

(c)　男は倒れて狂い走る。

(d)　男の二人の子供が、別の僧に父を助けてくれるように頼む。

(e)　頼まれた別の僧が観音品(妙法蓮華経観世音菩薩普門品)を誦す。《呪術B》

(f)　男の縛りが解ける。

(e)　男は信心をおこす。

一見してわかるとおり、これら『日本霊異記』の話は、「悪しき報い」の話としながらも自然に起こった現象ではなく、(b)の「呪術A」部分に僧による密教呪術の様相が現れている。僧は自分に害をなす人物に対して呪術で対抗し、その呪術の結果として、呪術をかけられた側は苦痛・病・死といった異常状態を呈するのである。

下巻第十四縁の行者に調・傜を責め立てた浮浪人の長と、下巻第三十三縁の乞食の沙弥を痛めつけた男は、話の中において全く助かる余地がない。下巻第十四縁では、浮浪人の長は馬ごと空に上がり、一日一夜を経て空から落ちて死亡する。長は誰かに助けを求めたかもしれないが、空の上からではどうしようもない。下巻三十三縁では、沙弥がひとたび十二薬叉の名を読み、その場から逃げ去るやいなや、沙弥を痛めつけた男は突然倒れて死亡してしまう。男は助けを求めるどころか、苦しみにのたうち回る間もなく、一瞬にして死亡したのである。

それに比べると、中巻第三十五縁の、法師を追い打った宇遅王には助かる余地があったといえる。王が病に苦しんでいる様子を見た従者が、王に追い打たれた法師に助けを求めたからである。それは、王の病を法師が意のままに操ることができると、従者が信じていることを示している。王の病は法師の「奚ぞ護法無からむ」という言葉をきっかけとして起こった。それゆえ従者は、法師が何らかの措置を取れば王を助けることができると考えたのであろう。つまり法師の「奚ぞ護法無からむ」という言葉が、ここでは祈りとも呪文とも取れる働きをしているのである。反語的な言い方であるが、「護法」に対する祈りでもあり、「護法」の力を発動させるための言葉でもある。下巻第十四縁では、「実に験徳有らば、今威き力を示せ」という言葉と、千手経を縄につないで引きずるという行為が、下巻三十三縁では沙弥が唱えた「十二薬叉神の名」が、同様の働きを示す。いずれも霊威ある仏教的存在を動かすための呪術的な言葉や行動となっている。

下巻第十四縁と下巻第三十三縁は、「話の基本構成パターン」の(b)異常な状態を起こすための「呪術A」と(c)「呪術Aの結果」はあるものの、(e)異常な状態を平常の状態に戻す「呪術B」と(f)の「呪術Bの結果」はない。それに対して中巻第三十五縁の宇遅王の話の中には、少なくとも「話の基本構成パターン」の(b)「呪術A」だけでなく、(e)「呪術B」の可能性も話型としては示されている。ここで法師が王を許し、王を救う何らかの手段(呪術)を講じたならば、王は助かる可能性があった。しかし法師は王を助けるための言葉や手段ではなく、逆に、「斯下賤き王、千遍痛み病め。万遍痛み病め」という呪詛ともとれる言葉を述べた。その結果、王に助かる道はなく、苦しみ続けた揚句三日後に死亡してしまうのである。

上巻第十五縁でも、やはり乞食の僧が、自分を痛めつけた男を呪によって縛っている。乞食の僧はそのまま逃げ去るが、縛られた男は別の僧の法華経「普門品」読誦によって救われる。この話には(b)の「呪術A」と(c)の「呪術Aの結果」の対応関係、さらに、(e)の「呪術B」と(f)の「呪術Bの結果」の対応関係がみられる。(b)の「呪術A」は悪しき者を異常な状態へと導き、逆に(e)の「呪術B」は「呪術A」によって起こった異常な状態を解消するのである。

五　密教僧の祈りと呪術的効果

上記の四話のうち下巻第三十三縁と中巻第三十五縁は『日本霊異記』のみに記される話である。下巻第十四縁は『三宝絵』中巻第八話に引用され[32]、上巻第十五縁は『今昔物語集』巻第二十第二十五話に書承されている。このうち上巻第十五縁が「仁俊潔白」と最も似ている。(b)の「呪術A」で呪文を唱えた乞食僧と、(e)の「呪術B」で『法華経』を音読した「禅師」が別人ではあるが、それを除くと「仁俊潔白」とほぼ同じ形である。

そこで今度は『今昔物語集』巻第二十第二十五話「古京人、打乞食ヲ感ル現報ヲ語」に目を向けてみよう。内容は殆ど『日本霊異記』と同じであるが、本文と「話の基本構成パターン」を示しておく。

巻第二十第二十五話「古京人、打乞食ヲ感ル現報ヲ語」[33]

今昔、古京ノ時ニ一ノ人有ケリ。心愚ニシテ因果ヲ不信ザリケリ。而ル間、乞食ノ僧有テ、其ノ人ノ室ニ至レリ。其ノ人乞食ヲ見テ、嗔ヲ成シテ打ムト為レバ、乞食逃テ田ノ水ノ中ニ走リ入ルヲ、此人追テ打ツ時ニ、乞食侘テ持ツ所ノ呪ヲ誦シテ、「本尊助ケ給へ」ト念ズ。而ル間、此ノ人忽ニ被縛ヌ。然バ、俄ニ東西ニ走転テ、倒レ迷フ。乞食ノ僧ハ逃テ去ヌ。

其人ニ二人ノ子有ケリ。父ガ被縛タルヲ見テ、此ヲ助ケント思テ、僧ノ坊ニ行テ、貴キ僧請ズルニ、僧ノ云ク、「何ニ依テ請ズルゾ」ト。此由ヲ具ニ答フルニ、僧此ヲ恐レテ不行ズ。然レ共、二人ノ子、父ヲ助ケンガ為、強ニ敬テ請ズレバ、僧慭ニ行ヌ。其間ニ父狂ヒ迷フ事無限シ。而ルニ、僧法花経ノ普門品ノ初ノ段ヲ誦シケレバ、忽ニ縛被解ニケレバ、父心ヲ至シ信ヲ発シテ、僧ヲ礼拝シケリ。二人ノ子又喜テ礼拝恭敬シケリ。然レバ、努〻乞食ヲ慢リ打ツ事、戯ニテモ可止シトナム語リ伝ヘタリトヤ。

「話の基本構成パターン」

(a) 因果を信じない男が乞食の僧を追い打つ。

(b) 乞食の僧が呪文を唱えて、「本尊助ケ給へ」と念ずる。《呪術A》

(c) 男は「縛」され、走り転んで倒れ惑う。

(d) 男の子供が父を助けるために別の貴い僧に頼む。

(e) 貴い僧が『法華経』「普門品」(「観世音菩薩普門品」)を音読する。《呪術B》

(f) 男の「縛」が解ける。

(g) 男は信心を起こして僧を礼拝する。

『日本霊異記』と『今昔物語集』を比べてみよう。「話の基本構成パターン」に当てはめると同様の形を示すが、細部にはやや相違がある。まず(b)の「呪術A」で、『日本霊異記』では乞食が男を呪によって縛[34]ったことのみが記されていた。『今昔物語集』の方はそれに加えて「本尊助ケ給へ」と「本尊」に救いを求めている。助けを求める存在という点では、ここでの「本尊」の役割や存在は、「仁俊潔白」では北野天神に相当することになる。

そして、(e)の「呪術B」で活躍する僧が、『日本霊異記』では「禅師」[35]とあるのに対し、『今昔物語集』では「貴キ僧」に変化している。「仁俊潔白」では、仁俊は「顕密にたふとかりし人」と紹介されていた。僧の尊さを明記している点に注意したい。

これと同様に、僧の尊さを明記し、僧が自分の信じる「仏」に助けを求め、その結果、超自然的現象が顕れる話を、いま一つ『今昔物語集』からあげておこう。巻第二十第六話「仏眼寺仁照阿闍梨房託天狗女来語」は「極テ貴カリケル僧」として知られている仁照のもとに、仁照を堕落させようとした天狗が女に託いて、仁照を色仕掛けで誘惑するが、「縛」されてひどい目に遭うという話である。(36) 長文にわたるため、クライマックス部分のみを掲げておく。

巻第二十第六話「仏眼寺仁照阿闍梨房託天狗女来語」

（前略）此ノ女、阿闍梨ヲ捕ヘテ、「年来思給ヘツル本意有リ。助ケサセ給ヘ」ト云テ、只近付キニ近付バ、阿闍梨驚テ、「此ハ何ニ何ニ」ト云テ、去ムト為レドモ、女、「助ケ給」ト云テ、只捜ジニ捜ズレバ、（中略）阿闍梨、仏ノ御前ニ行テ、申シテ云ク、「不量ザル外ニ、我レ魔縁ニ取リ籠ラレタリ。不動尊、我ヲ助ケ給ヘ」ト云テ、念珠ノ砕ク許ニ擬テ、額ヲ板敷ニ宛テ、破許ニ額ヲ突ク。其時ニ女、二間許ニ投ゲ被去テ、打チ被伏レヌ。二ノ肱ヲ捧テ、天縛ニ懸テ、転ベク事、独楽ヲ廻スガ如トシ。暫許有テ、音ヲ雲ヰノ如ク高クシテ叫ブ。其ノ間、阿闍梨念珠ヲ攤入テ、仏ノ御前ニ尚低シ臥タリ。女四五度許叫テ、頭ヲ柱ニ宛テ、、破レヌ許打ツ事、四五十度許也。其後、「助ケ給ヘ〳〵」ト叫ブ。

其ノ時ニ、阿闍梨頭ヲ持上テ起上テ、女ニ向テ云ク、「此レ心不得ヌ事也。此ハ何ナル事ゾ」ト。女ノ云ク、「今ハ隠シ可申キ事ニモ非ズ。我ハ東山ノ大白河ニ罷通フ天狗也。（中略）聖人ノ霊験貴クシテ、此ク被搦レ奉ヌレバ、年来ハ妬ク思給ツレドモ、今ハ懲申シヌ。速ニ免シ給テヨ。惣テ翼打チ被折テ、難堪ク術無ク候フ。助ケ給ヘ」ト、泣〻ク云ケレバ、阿闍梨仏ニ向ヒ奉テ、泣〻礼拝シテ、女ヲバ免テケリ。其時ニ、女心醒テ、本ノ心ニ成ニケレバ、髪掻キ馴シナドシテ、云フ事無クシテ、腰打チ引テ出ニ去ニケリ。

「話の基本構成パターン」

(a) 天狗の託いた女が仁照を誘惑する。
(b) 仁照は「仏」の前へ行き、不動尊に助けを求めて祈る。《呪術A》
(c) 女が「天縛」にかかる。
(d) 天狗が正体を明かし、仁照に助けを求める。
(e) 仁照が「仏」に向かって礼拝し、女を許す。《呪術B》
(f) 女が本心にもどる（縛が解かれ、天狗が女から離れ、逃げ去った）。
(g) 仁照はその後ますます修行に励む。

少し内容を補足しておく。(b)の「呪術A」で仁照が言った言葉は、「不量ザル外ニ、我レ魔縁ニ取リ籠ラレタリ。不動尊、我ヲ助ケ給ヘ」である。そして仁照は、数珠を砕けんばかりに揉んで、板敷きが破れるほどに額を打ちつける。すると(c)の「呪術Aの結果」では、仁照にしがみついていた女が投げのけられ、打ち伏せられた後、「天縛」にかかるのである。「二ノ肱ヲ捧テ、天縛ニ懸テ」とは、さしあげられた両腕がぴったりと合わせられて、縛られているような感じではないだろうか。

前出の『今昔物語集』巻第二十第二十五話の乞食僧と同様、仁照は(b)の「呪術A」部分で、自身の信じる仏菩薩に対して助けを求める。乞食僧の場合は「本尊」とあるのみで、祈った仏菩薩名が特定できない。仁照の場合、本文の記述どおりに言えば、「仏」の前に行って「不動尊」に助けを求めている。「天縛」にかかって、頭を柱に打ちつけられている女を許す時も、仁照は「仏」を礼拝している。この話においては「仏」と「不動尊」が同一であると考えてよいであろう。仁照は自らの信仰する不動尊の力を借りようとして、数珠が砕けるほどに揉み、板敷きが破れるほどに額を打ちつける。この激しさが不動尊を動かしたといえるであろう。

一見、仁照は不動尊の力を一方的に借りて窮地から逃れているように思われる。しかし実は、仁照の祈りによって不動尊による「天縛」がおこり、仁照が女（天狗）を許すことによって不動尊も「天縛」から女（天狗）を許しているのである。その意味で仁照の行った「呪術A」と「呪術B」は、この話の中で大きな比重を占めているといえよう。天狗の言葉の中に、「聖人ノ霊験貴クシテ、此ク被搦レ奉ヌレバ、（中略）助ケ給ヘ」とあるのも、仁照が助けを求めた不動尊に対してというよりも、不動尊の力を借りることができる仁照の力量に対して屈伏し、助けを求めているという感が強い。

さて、『今昔物語集』成立の時代は、多くの往生伝がつくられた時代でもあった。往生伝は往生人一人一人の伝記となっているため、僧の事跡が列挙されている。その中には僧の力量や能力を呪術力の発揮という形で示した話も含まれる。

院政期につくられた往生伝の中から、『後拾遺往生伝』(37) 巻中第十二話「潮海寺住僧」をあげておこう。

『後拾遺往生伝』巻中第十二話「潮海寺住僧」（原漢文）

遠江ノ国城東ノ郡潮海寺ノ住僧、其名ヲ失フ、時ノ人呼ヒテ大聖ト曰フ。是レ［則］寺中ノ碩徳相ヒ比ヒテ居住ス。故ニ〔敬ヒテ〕大聖、小聖ト称スルナリ［也］。聖ノ徳行、人ニ超エ、験力物ニ被ラシメタリ。昔騎用ノ馬有リ。賊人之ヲ盗ム。聖、一タヒ本尊ニ祈ルニ、賊人手ヲ束ネテ、眼前ニ縛セラル［見］。聖、仕者ニ命シテ、即チ［以］宥ス［之］。其ノ験徳、間［以］此クノ如シ。（後略）

「話の基本構成パターン」

(a)　盗賊が馬を盗む。

(b)　聖が本尊に祈る。《呪術A》

(c) 盗賊が「縛」の状態になる。

(d) なし。

(e) 聖が盗賊を許すように「仕者」に命じる。《呪術B》

(f) 「縛」が解け、盗賊が許される。

(g) なし。

ここでも(b)の「呪術A」と(c)の「呪術Aの結果」の対応関係と、(e)の「呪術B」と(f)の「呪術Bの結果」の対応関係に注目してほしい。先の『今昔物語集』巻第二十第二十五話では、乞食の僧が呪文を唱えるとともに、「本尊助ケ給へ」と、『今昔物語集』巻第二十第六話では、仁照は「仏」の前へ行き、「不動尊、我ヲ助ケ給へ」と言っていた。この『後拾遺往生伝』でも、潮海寺の聖が「本尊」に祈るという、ほぼ同様の形がみられる。また、「賊人手ヲ束ネテ、眼前ニ縛セラル[見]」という「縛」の様子は、仁照の話における天狗の託いた女の「二ノ肱ヲ捧テ、天縛ニ懸テ」と似通った状態であると思われる。

そして(e)と(f)の対応関係をみると、聖は「仕者」に命じて盗賊の「縛」を解かせている。ここで起こっている「縛」は超自然的な現象であるから、その「縛」を解くことができる「仕者」も人間であるとは考えられない。「仕者」とは「仕える者」あるいは「使役される者」の意味であるが、神仏の使いのことをいう場合もある。この「仕者」とはおそらく「護法」であろう。すると盗賊を「縛」したのも「護法」であるということになる。ここでの「護法」は本来的な荒々しい性質は残しているものの、先にみた『日本霊異記』の「護法」とは異なり、密教僧・修行者の命に従う存在と変化している。つまり、ここでは一連の呪術において聖が主導権を握って事が進んでいるということができよう。それに対応するかのように、この話では聖の「験力」が非常に強調されている。「聖ノ徳行、人ニ超エ、験力物ニ被ラシメタリ」とか、「其ノ験徳、間[以]此クノ如シ」の如くである。

六　「仁俊潔白」説話成立背景の推測

前節でみた『今昔物語集』巻第二十第六話では、仁照は「呪術A」で「仏」（不動尊。おそらく本尊であろう）に祈って「呪術Aの結果」で天狗がついた女の「縛」という異常な状態を作り出し、「呪術B」で再び「仏」（不動尊）に祈ることで女を平常の状態に戻した。それは現象面からみても説話構成上からみても至極自然な流れであると思われる。潮海寺の聖の場合は「呪術A」で「本尊」に祈り、おそらくそれによって「呪術Aの結果」として護法を発動させて盗賊を「縛」の状態にし、「呪術B」で護法に命じて「縛」を解かせている。密教僧・修行者は本尊に祈ることによって自らの呪術を完成させる。本尊の力が密教僧・修行者の呪術力の源泉となっているのである。そして、そこには護法が関与している場合が多い。

「縛」と同様に、悪人を責める場合の「投げ出す」という行為に護法が関与していると考えられる例を、先に第三節で『十訓抄』第四ノ五の余慶僧正を誹謗した文範民部卿の話にみた。仁照の場合は祈った本尊が不動尊であるため、例えば「よりまし、明王の縛にかけて、霊あらはれたり」（『平家物語』巻第三「赦文」）といった「明王の縛」という表現がしばしばみられる点から、不動明王自身の「縛」とも考えられるが、潮海寺の聖の話から考えると、仁照が本尊に祈ったことによって八大童子といった護法が発動し、天狗のついた女を「縛」し痛めつけた可能性も否定できない。密教僧・修行者が本尊に祈る（＝働きかける）ことによって実際には護法がその場（現場）に現れ、悪しきものを痛めつけるとするならば、本尊と護法の二者が存在することになる。

この点を「仁俊潔白」にみてみると、仁照や潮海寺の僧の話の「呪術A」における本尊に相当する役割を、北野天神が果たしていることになる。さらに「呪術Aの結果」においては、現場にて実質的に働く護法の役割をも北野天神が担っていることになる。

護法は潮海寺の聖の話や『十訓抄』余慶の話にみられるように、密教僧・修行者に使役される存在として描かれる。院政期には童子形をした護法が病気治療呪術の場において活躍するといった護法童子信仰が成立する。これは本来的に荒々しい性質を持つ護法と、荒々しい性質は持たないものの、僧に給仕・奉仕するといった点において護法と共通する面を持つ法華経信仰の「天諸童子」などの童子が、習合した信仰である。[38]それ以前の護法のイメージは、先にみた『日本霊異記』によくあらわれている。

『日本霊異記』下巻第三十三縁と中巻第三十五縁では「話の基本構成パターン」の(g)「僧の験力の称賛、褒美の授与、仏教の賛嘆」を「護法の罰の恐ろしさを説く」とした。[39]下巻第三十三縁では、「十二薬叉神」の名を唱えることによって、自らに危害を加える男を結果的に死に至らしめた沙弥が登場していた。ここには「更に疑ふべからず、護法の罰を加ふることを」とあり、「十二薬叉神」がイコール「護法」であるとする捉え方が示されている。沙弥にとって「護法」は、決して自在に操ることができる存在ではないにしても、呪文を唱えることによって、その力を発動させることができる存在であるのかもしれない。

しかし、一般の人々にとっては、「護法」は悪しき人間に罰を与える存在であり、実際、「護法」は沙弥に危害を加えた因果を信じない男を一瞬にして死に追いやっており、非常に荒々しい性質をもって厳罰を与えている。中巻第三十五縁で宇遅王に追い打たれた法師は、「奚ぞ護法無からむ」と言っている。これは、「自分が仏法をないがしろにする男によってこれほどひどい目に遭っているというのに、護法はこの世の中にいないのであろうか」という悲痛な叫びであり、その強い語調によって強烈に救いを求め、「護法」の力を発動させようとしているといえよう。その結果、宇遅王は病死し、「護法罰を加ふ。護法無きにあらず。何ぞ怒りざらむ」と評されている。『日本霊異記』の「護法」は荒々しい性質を持ち、仏法を守るために強大な力を発揮する存在として捉えられており、それゆえに恐れ尊ばれているのである。

さて、日本の「神」は「護法善神」、即ち、「仏法を守護するもの」として捉えられる。仏・菩薩・明王が一括して「仏」として把握されていたのに対し、梵天・帝釈・四天王といった天部に属する諸尊は、仏教受容後比較的早い段階から「神」と呼ばれ、日本の神々と同次元の存在として扱われてきた。(40)「神」は仏法を守る「護法善神」として位置付けられるとともに、神仏習合思想の深化により「仏」（如来だけでなく、菩薩も含む）の仮の姿であると考えられるようになる。北野天神も当然その点は同様で、「建久本」には「さても本地申せば、観世音のすいじやく、十一面の尊容なり」とあり、北野天神の本来は十一面観音であるという信仰が示されている。

神仏をめぐる中世的コスモロジーを起請文から明らかにした佐藤弘夫氏は、他界にあって来世の救済を事とする仏を〈救う神〉、此土にあって賞罰を司る神仏を〈怒る神〉と定義し、仏神のヒエラルヒーは仏を頂点とする菩薩・縁覚・声聞・天・人・修羅・畜生・餓鬼・地獄の十界論にほぼ対応しており、仏・菩薩・明王・二乗（声聞・縁覚）・天、その下に日本の〈神〉が位置付けられていたとする。〈怒る神〉として仏法の敵対者に向けての懲罰の機能を期待されていたのは、天部や護法、日本の神祇、さらには、東大寺大仏や石山観音などや「当所不動明王」といった、日本国内の特定の場所に目に見える姿（彫像・絵像）をもって存在するものも含まれていたという。(41)

佐藤氏の論に基づくならば、本章においてこれまでみてきた『日本霊異記』の「護法」や北野天神はもとより、仁照や潮海寺の聖が祈った本尊も全て〈怒る神〉の性質を持つ存在ということができる。そしてこの事実は、説話上において「本尊」の役割が「神」と容易に置き換え可能であることを示しているといえよう。こうした中世的神仏のコスモロジーという土壌に「仁俊潔白」のような形態を持つ話が出現するのであると思われる。

おわりに

「仁俊潔白」では仁俊が北野天神に祈って鳥羽院の女房の異常な状態が作り出された。本来なら仁俊は北野天神に祈ることで平常の状態を取り戻せばよいと思われる。純粋に北野天神の霊験譚のみを示すならば、神の威力や霊験を語ればそれで事足りる。仁俊が異常な状態を終結させるために鳥羽院の女房に向かって「慈救呪」用いたり、神に救われた側である仁俊が褒美をもらったりするといった、説話構成上不必要とも思われる要素が入り込んだ状態で成立しているのは、「仁俊潔白」が僧が験力を示す仏教説話の構造にのっとっているからであろう。北野天神の神罰を示している記述は、実は仏教説話の影響を受けた、仏教説話的要素なのである。

「仁俊潔白」における北野天神の役割が、仏教説話における本尊あるいは「護法」と呼ばれる存在に相当していることは、みてきたとおりである。密教僧・修行者たちの呪術における個人的な力の源泉には、本尊の存在がある。彼らは超人的な力を操るに際して、本尊の助けをかり、その力をあたかも自分のもののように用いるのである。その際に「護法」に命じる場合もある。そして、中世日本における「神」の性格や役割は、本尊、特に明王・天部などのそれと非常に似通っている。それゆえに話の上では、本尊と「神」は置き換えが可能であり、本来本尊が担うべき役割を「神」が担うという「仁俊潔白」のような構造が可能になるのではなかろうか。

ところで、詳しくは本書第三章以降に述べるが、漢訳密教経典では、悪しき霊的存在を屈伏させる病気治療呪法も、聖なる霊的存在に予言を語らせる呪法も、霊的存在を憑依させることは「著」、霊的存在を放逐する、あるいはもとの世界へ送り返すことは「辟除」「発遣」（「発遣」とは本来的には勧請した神仏を儀礼後にもとの世界に戻すことをいう語であるが、放逐の意味で用いられる場合もある）などの用語で表現する。「著」と「辟除」「発遣」が示す構造は、日本の病気治療呪術説話にもみることができる。「仁俊潔白」の場合、仁俊の祈りによって引き起こされた鳥羽院の女房の狂い舞いは、北野天神の憑依によるものであり、この異常な状態は北野天神が鳥羽院の女房から離れて去ることによって終結すると考えられる。つまり、呪術の構造上において言えば、仁俊の「慈救呪」は、今眼前に現れている北野天神をもとの世界に戻す「発遣」の役割を果たしているといえるのである。

最後に、『左経記』[42]長元七年（一〇三四）十一月十九日条の興味深い記述をあげておこう。「今暁〈寅刻、〉采女備後、称伊勢御神託宣有所申事等」とあり、同日条に「昨夜還御之後、采女等集宿膳宿、及暁之間備後忽従膳宿南遣戸被投出、臥地上、傍采女等驚奇見之有狂気、雖懐上又被投出云、新嘗祭夜不奉仕陪膳、以未練下﨟令奉仕之由有勘当也、其次雖有雑言、為諫事今明間宮中可有火事云々」と具体的な様相が記されている。この記述によれば、伊勢の神の託宣において、この場合は神の怒りを告げる託宣であったためかもしれないが、神に憑依された采女備後は何度も投げ出されて地に臥すという異常な状態を示している。これは現象面で言えば、仏教説話中における密教僧の病気治療呪術や僧に敵対する人物が投げ出されるのと同様の様相を示しているといえる。祟りとして神懸りで投げ出されることが実際にあったとすれば、神罰と密教呪術による異常な状態の発現は意外にも近い様相をとっていたのではないかと考えられる。密教呪術によって悪人や悪しき霊的存在がついた病人が投げ出される説話は、荒唐無稽なものではなく、ある種現実の様相を示しているのかもしれない。今後の課題として考えてみたい点である。

註

（1）繁田信一「平安中期貴族社会における陰陽師 ―とくに病気をめぐる活動について―」（印度学宗教学会『論集』一八、一九九一年。後に、繁田信一『陰陽師と貴族社会』、吉川弘文館、二〇〇四年、第三章「病気と陰陽師」として収録）、谷口美樹「平安貴族の疾病認識と治療法 ―万寿二年の赤斑瘡流行を手掛りに―」（『日本史研究』三六四、一九九二年）を参照した。

（2）多数の研究の中、一部をここに紹介しておく。

真壁俊信『天神縁起の基礎的研究』（近藤出版社、一九八四年）。

真壁俊信『天神信仰史の研究』（続群書類従完成会、一九九四年）。

桜井好朗「天神信仰の表現構造 ―北野天神縁起成立前後―」、「社寺縁起と絵巻物 ―北野天神縁起を中心に―」（以上、『中世日本の精神史的景観』、塙書房、一九七四年）。

源豊宗「北野天神縁起絵　承久本」（『大和絵の研究』、角川書店、一九七六年）。

源豊宗「承久本北野天神縁起絵の詞書について」（『源豊宗著作集　日本美術史論究　四　藤原・鎌倉』、思文閣出版、一九八二年）。

松本孝信「中世における本地物の研究（四） ―本地物の成立と北野天神縁起―」（『斯道文庫論集』一四、慶應義塾大学附属研究所斯道文庫、一九七七年）。

竹居明男編著『天神信仰編年史料集成　平安時代・鎌倉時代前期篇』（国書刊行会、二〇〇三年）。

竹居明男編『北野天神縁起を読む（歴史と古典）』（吉川弘文館、二〇〇八年）。

今堀太逸「日本太政威徳天と道賢」、「醍醐天皇不予と清涼殿霹靂」、「北野廟堂の創建 ―鎮国と衆生守護―」、「北野天

満宮の神罰と霊験 ―『北野天神縁起』の成立―」(以上、『権者の化現　天神・空也・法然』、思文閣出版、二〇〇六年、第一部第一章から第四章)。

(3) ちなみに、絵巻として最も古いものは、一般に「根本縁起」あるいは「承久本」と呼ばれている承久元年(一二一九)成立「北野天神縁起」(京都・北野天満宮所蔵。国宝)である。「承久本」の絵及び詞書は、続日本の絵巻『北野天神縁起』(小松茂美編、中央公論社、一九九一年)によって見ることができる。

(4) 以下「建久本」は、日本思想大系『寺社縁起』(桜井徳太郎・萩原龍夫・宮田登校注、岩波書店、一九七五年)所収「北野天神縁起」による。

(5) 各段の名称のつけ方は研究者によって異なる。本書では、中野玄三「「北野天神縁起」の展開 ―承久本から弘安本へ」(日本絵巻大成『北野天神縁起』、小松茂美編、中央公論社、一九七八年)中で用いられた名称を使用する。なお、霊験譚部分は、建保年間(一二一三～一二一九)頃成立の「建保本」で「西念往生」「銅細工女利生」が加わり、以下の縁起においてこの形が一般化する。

(6) 前掲『寺社縁起』。

(7)「敷島盗衣」と「仁俊潔白」は、話の内容だけでなく、絵巻化された際の絵も似ている。「仁俊潔白」には「建久本」の時点で、詞書に「かの女房くれなゐの袴ばかりをこしにまつゐつゝ」とあり、女房が紅袴のみを身につけた上半身裸の姿であることが記されている。また、「仁俊潔白」では女房が「舞うたひくるひける」とある。それに対して、「敷島盗衣」には「しきしまといひけるざうしのぬすみたりけるが、手づから身づから捧もて、鳥羽院の御前にぞ参りたりける」とあるのみで、真犯人の敷島が裸になった記述や、舞い狂った記述はどこにもない。それにもかかわらず、「弘安本」以下における絵巻の「敷島盗衣」の段における絵は、「仁俊潔白」の段の絵と同様に、敷島が紅袴のみを身につけた上半身裸の姿で、盗んだ衣を頭からかぶって登場する様子に描かれているのである。また、敷島の手足にアクティブな動きの表現が示されており、狂い舞う姿を描いていると思われる。また、詞書にも「くるいまいり」（永仁六＝一二九八年成立、兵庫・津田天満神社蔵「津田本」）などといった記述がみられるようになる。

（8）新日本古典文学大系『袋草紙』（藤岡忠美校注、岩波書店、一九九五年）。当該部分は以下のとおりである。

修理進〈某姓〉

思ヒ出ヤナキナノ立ハウカリキトアラ人カミモアリシムカシヲ

是故待賢門院中宮之時、女装束一具失之。宮中鼓動。此女、或局女房被嫌疑。仍泣々参籠北野所詠歌也。其後、実犯出来。半物敷島也。〈イ本無之。〉

（9）『群書類従』第十輯「和歌部」。当該部分は以下のとおりである。

待賢門院后宮と申ける時女房のきぬのうせたりけるをあるつほねなる女房あやしきさまにいはれけるきたのの宮にこもり侍ける御前のはしらにかきつけゝる

思ひいつやなき名をたつはうかりきとあら人かみも有し昔を

此のゝち程なくあらはれにけりとなん申

（10）前掲『寺社縁起』、萩原龍夫氏による四一四頁「北野天神縁起」補注。

（11）同右、四一四頁。

（12）「きりしはらあまきみははわにて」の部分は解釈不能である。前掲『寺社縁起』当該部分一六七頁を見ると、萩原龍夫氏は「はわ」に「母」と頭注をつけているが、それ以外には言及していない。また、「建保本」以下の諸本の詞書においては、当該部分が割愛されている。

（13）いずれも、続日本の絵巻13『春日権現験記絵　上』（小松茂美編、中央公論社、一九九一年）。

（14）『平家物語』巻第一「願立」（新日本古典文学大系『平家物語　上』、梶原正昭・山下宏明校注、岩波書店、一九九一年）。当該部分は以下のとおりである。

　八王子の御社にいくらもありけるまいりうど共の中に、陸奥よりはる〴〵のぼりたりける童神子、夜半計、にはかにたえ入にけり。はるかにかき出して祈ければ、程なくいき出でて、やがて立ッて舞ひかなづ。人奇特の思ひをなして是を見る。半時ばかり舞て後、山王おりさせ給て、やう〳〵の御託宣こそおそろしけれ。「（託宣省略）」とて、山王あがらせ給けり。

（15）『真言伝』（大日本仏教全書一〇六『真言付法伝外七部』）巻第四「相応和尚〈附金峰山上人事〉」所引の三善清行『善家秘記』佚文には、染殿后に仕えた老命婦から昌泰二年（八九九）に清行が直接聞いた話として、最初期の染殿后伝承が記されている。それによると、染殿后の治療のため金峰山の沙門が祈ったところ、「后ノ侍女有テクルイ病テ。或ハウタフ。神語ヲ託宣シテヲトリサケフ」という状態になっている。但し、『今昔物語集』巻第二十第七「染殿后、為天宮被嬈乱語」（新日本古典文学大系『今昔物語集　五』、森正人校注、岩波書店、一九九六年）での当該部分は、「后一人ノ侍女忽ニ狂テ哭キ嘲ル。侍女ニ神託テ走リ叫ブ」となっており、歌うという記述は消えている。

（16）『小右記』長和二年（一〇一三）四月十日条（大日本古記録『小右記　三』、岩波書店、一九六四年）によると、藤原顕光は瘧を患い、「有放哥等事」、「狂言殊多」という状態を示して邪気を疑われている。

（17）新編日本古典文学全集『神楽歌　催馬楽　梁塵秘抄　閑吟集』（臼田甚五郎・新間進一・外村南都子・徳江元正校注、小学館、二〇〇〇年）。

（18）例えば『春日権現験記絵』巻四第四、巻六第二、巻六第三、巻十三第一～第二、巻十三第五～第六（以上、『続日本の

絵巻13　春日権現験記絵　上』、小松茂美編、中央公論社、一九九一年）、巻第十五第一～第二（『続日本の絵巻14　春日権現験記絵　下』、小松茂美編、中央公論社、一九九一年）などを、本文にあげた「話の基本構成パターン」の一部変更形に当てはめて例示しておく。

巻四第四

(a)-1　藤原公教は日頃から春日大明神を崇拝していない、(a)-2　公教が病気になる（春日大明神の神意に反したための病かどうかは不明）、(b)　教縁僧正・公円法橋を春日社に参らせ祈らせる、(c)「若宮の拝殿にて巫女一人舞ひけるが、庭に出で、多くの人の中にこの両人に告げて云く」（舞っていた巫女に春日大明神の憑依か）、(d)「彼の祈り申す事は助くべけれども、身氏人として大位に昇りながら、敢へて我を崇めず。尤も遺恨也。しかあれば、この度、命を召し終はりぬ」と託宣、(e)　なし、(f)　公教の死亡。《憑依・託宣場面の絵はなし》

巻六第二

(a)-1　平親宗が狼藉の春日神人を簀巻きにして責め殺す、(a)-2　親宗が病気（瘧心地）になる、(b)　山僧の験者三位阿闍梨を呼んで祈らせる、(c)「物付きに山王十禅師憑かせ給ひて」（物付に山王十禅師が憑依か）、(d)「此の病人、定業にはあらず。大善果たし遂げぬ事あれば、炎魔王宮には強ちに召されぬを、春日大明神の御勘当あるによりて、早や召さるべきに成りぬ。病者、此の世に在らん事、今一両日なり。汝祈るべからず。早く立ち去るべし」と託宣、(e)　験者が立ち去る、(f)　親宗死亡。《絵は三位阿闍梨らしき人物と向き合う女房らしき女性が描かれている。女性は座している様子や髪の毛がやや乱れており、これが物付（＝ヨリマシ）か》

巻六第三

(a)-1　小童部が『心経』一巻を呑む蛇を打つ、(a)-2　リーダー格の童部が重病になる、(b)「護法占」を行う、(c)

「大明神降りさせ給ひて」（巫女に憑依か）、(d)「我に値遇せし者、一の邪執によりて虵道に堕したるを済度せんが為に、『心経』を呑ませて悪趣の果報を逃れしめんとするを、打ち放つ。返す〳〵遺恨なれば、咎むるなり。『大般若』一部を読まば、存命すべし」と託宣、(e)『大般若経』を転読、(f)平癒。《絵は盛り砂を前に、鼓を傍らに置いた民間の老巫女が山伏に向かって語りかけている》

巻十三第一～第二

(a)-1　春日一の鳥居の前で産んだ男子を十四歳になって青蓮院の座主宮に奉る、(a)-2　この小童は常に病気がちであった、(b)　有験の僧を請じて「護身」させる、(c)「家中の少女に神託あり」（榎本の明神が少女に憑依か）、(d)「我は榎本の明神也。春日大明神の御使ひに来れる也。この童は、当社一の鳥居の前にて託生せしかば、其の後、大明神、仕者を付けて守護し給ふ。然るに、今他門に移る。御本意にあらず。仍りて祟り思し召す也」と託宣、(e)　父母がその通りにすると言う、(f)　その後、病気は平癒。《絵は僧（有験の僧か）に向かって語りかけている少女らしき姿を描く》

巻十三第五～第六

(a)-1　興福寺別院菩提院の増慶が和珥に移り住む、(a)-2　増慶が病気（瘧心地）になる、(b)　護法を勧請する、(c)「春日四の宮降りさせ給ひて」（稚児に憑依か）、(d)「我、既に勝ちぬ。我、既に勝ちぬ。この僧、少年より深く我を頼むによりて、常住の資縁を与へつ。などか暇を申さずして、忽ちに離寺するや。然れば、八ヶ日其の身を責めつ。元より命を奪ふ心なし。たゞ戒めを加ふる計り也。我、水屋に仰せて此の事を行なはせつ。今日示現の事も、即ち水屋の所為なり」と託宣、(e)　増慶が「この事、若し誠に大明神の御戒めならば、明日の内に必ず身心本に復せしめ給へ」と祈念、(f)　翌日快復。《絵は稚児のような少年が周囲の僧たちに向かって語りかけている様子を描く》

巻第十五第一～第二
(a)-1 唐院の得業が寝ていた修学者の頭を蹴る、(a)-2 唐院の得業が病気になる、(b)「巫女を呼びて、大明神を降ろし奉りければ、この巫女のいひけるは」、(c)(大明神が巫女に憑依か)、(d)「汝、奇恠の事ありしかば、一切に助けおはしますまじき也」、「『唯識論』に読みくたびれて小生の寝たりしを、尊しと思ひしを蹴たりし。返す〲奇恠也」と託宣、(e) なし、(f) なし(得業は死去か)。《絵は盛り砂を前に置き鼓を打つ民間巫女らしき女性と、前後に三種類の物(加持に必要な道具か?)を置いて数珠を手にする僧を描く》

巻第十五第六(参考。祟りではない)
(a)-1 なし、(a)-2 三綱清増法橋が重病になる、(b)「護法占」を行って大明神を降ろす、(c)「物憑きに詫し給ふ」(大明神の憑依か)、(d)「此の病者は不用の人なり。然はあれども、我より他に余社へ向かはず、一向我を頼みたる上、凡て心操整ほりてあれば、哀れに思し召すなり。全く別の事あるべからず。思し召し放つまじきなり」と託宣、(e) なし、(f) 清増は官職も極め、長寿であった。《絵は民間巫女らしき女性と向き合う形で三鈷を持った僧を描く》

『平家物語』「願立」(前掲『平家物語　上』)
(a)-1 関白藤原師通が山門の使者を殺害させる、(a)-2 山門大衆の呪詛・祈誓(説話構成上(a)に入れたが、呪術行為である)、(a)-3 師通が「山王の御とがめ」の病に苦しむ、(b) 母親である藤原師実の妻麗子が日吉社に参籠する(a)-2とは逆の立場からの呪術的行為)、(c) 童神子に「山王おりさせ給て」(山王権現が憑依)、(d)「是が余に心憂ければ、いかに申とも、始終の事はかなふまじ。法花問答講一定あるべくは、三とせが命をのべてたてまつらむ。それを不足におぼしめさば、力及ばず」などと託宣、(e) 八王子社に庄園を寄進、法花問答講を毎日継続する、

（f）師通の病一時快復。三年後死亡。（『山王霊験記』の同じ話では、「山王□（破損欠字）御た丶り」と表現している。なお『山王霊験記』では、山王権現の巫女への憑依・託宣ではなく、北政所の夢において託宣がくだされており、三年の命の猶予の記述はない）

(19) 前掲『寺社縁起』、一六七頁頭注。

(20) 別系統の伝承である『十訓抄』十ノ十六、『古今著聞集』巻第五（一七七）「小大進歌に依りて北野の神助を蒙る事」、『沙石集』巻第五末（一）「神明ノ歌ヲ感ジテ人ヲ助給ヘル事」などの場合は異なる。参考として『十訓抄』当該説話を以下にあげておく。

『十訓抄』十ノ十六（新編日本古典文学全集『十訓抄』、浅見和彦校注・訳、小学館、一九九七年）

鳥羽法皇の女房、小大進といふ歌よみありけるが、待賢門院の御衣一重、失せたりけるを負ひて、北野に籠り、祭文書きて、まもられけるに、三日といふに、神水をうちこぼしたりければ、まもり検非違使、「これに過ぎたる失やあるべき。出で給へ」と申しけるを、小大進泣く泣く申すやう、「おほやけの中のわたくしと申すは、これなり。いま三日の暇をたべ。それにしるしなくは、われを具し出で給へ。恨みあるまじ」と、みめ、かたち足らひ、愛敬づきたる女房の、うち泣きて申しければ、検非違使もあはれに思ひて、のべたりけるほどに、小大進、

思ひ出づやなき名たつ身は憂かりきと
現人神になりし昔を

とよみて、紅の薄様一重に書きて、御宝殿におしたりける夜、鳥羽法皇の御夢に御覧ずるやう、よにけたかく、やむごとなき翁の、束帯にて御枕に立ちて、「やや」とおどろかし参らせて、「われは北野の右近馬場の神にて侍る。めでたきことの侍る。御使たまはりて、見せ候はむ」と申し給ふ、とおぼしめして、うちおどろかせ給ひて、「天

神の見えさせ給ひつる。いかなる御事のあるぞ」と、「見て参れ」とて、「鳥羽の御馬屋の御馬に、北面のものを乗せて、馳せよ」と仰せられければ、馳せて参りて見るに、小大進は雨しづくと泣きて候ひけり。御前に紅の薄様に書きたる歌を見て、これを取りて参るほどに、いまだ参りつかぬさきに、鳥羽殿南殿の前に、かの失せたる御衣をかづきて、さきをば法師舞ひ、しりをば敷島とて、待賢門院の雑仕なりけるが、かづきて、獅子に舞ひて、参りたりけるこそ、天神のあらたに歌にめでさせ給ひたりけると、めでたく侍れ。すなはち、小大進をば召しけれども、「かかるもんかうを負ふことは、心わろきものにおぼしめさるるやうのあればこそ」とて、やげて仁和寺なる所に籠り居にけり。（後略）

ちなみに、ここでの主人公である小大進は以下のような人物である。平安後期の歌人、菅原在良の娘、源有仁家に仕え、のち石清水別当光清に嫁し、小侍従を産む。『古事談』巻第五第十一にも説話がある（以上、前掲『十訓抄』、四〇二頁頭注（9）を参照した）。

(21) 絵を伴う諸本において、敷島の異常な状態を示す絵がつけられている点については、本章註（7）に記した。

(22) 清水氏によれば、鎌倉幕府は、裁判で有罪か無罪か判断しかねる案件や、双方の主張が真っ向から対立し、どちらが真実であるか容易に究明できない場合、彼らに自身の主張にウソ・偽りがないと宣誓する起請文を書かせ、その後、宣誓者を一定期間、神社の社殿に参籠させて（神社は鎌倉では鶴岡八幡宮、京都では北野天満宮と決められていた）、その間に彼らの身体や家族に異変が現れないかどうかを監視した。これが「参籠起請」である。つまり、起請文の内容に違犯している者には神罰・仏罰が当たり、必ず自身の身体や家族に異変（この異変を「失」と呼ぶ）が生ずるはずだと考え、それを判決の拠り所にしようとしたという。『古今著聞集』では窃盗の疑いをかけられた小大進という女房は、「祭文」（事実上の起請文）を書き、北野天満宮に参籠、三日目に神前に供えてある「神水」を誤ってこぼしてしまう。これによって検非違使は「これにすぎたる失やあるべき」と言って彼女を捕縛しようとしたという。清水氏は、参籠起請は犯人を捕まえる、あるいは偽りを暴く、というよりも、被疑者の汚名を晴らすということのほうに力点が置かれており、実際はほとんどの参籠起請は被疑者が無罪になることが圧倒的に多かったようだと述べている（清水克行『日本神判史　盟神探湯・湯起請・鉄火起請』、中央公論新社、二〇一〇年、第一章「参籠起請　―鎌倉時代の神判―」、二五～二六頁）。

(23)　同じ話を収録している『十訓抄』では、「鳥羽院に候ひける女房、「仁俊は女心ある者の空聖立ちける」と申しけるを」となっており、河村全二氏による解釈を見ると、「女心」を「女色を貪る心」としており、「仁俊は好色なくせに、清僧ぶっているえせ聖者です」という口語訳をつけている（新典社注釈叢書『十訓抄全注釈』、河村全二注釈、新典社、一九九四年、二〇二～二二一頁）。

(24)　前掲『寺社縁起』、四一四頁補注。

(25)　前掲『十訓抄』。

(26)　ここで取り上げなかった第四ノ四は、神を誹謗したことによって急死した右中弁惟家の話である。原文を以下に示す。

右中弁惟家といふ人ありけり。賀茂社より申すことありけるを、この人に告げたりければ、「世の末には、神も仏も欲の深くおはしますぞとよ」といひて、執り申すことなかりけるに、ある女房の賀茂社に通夜したりける夢に、武者の姿したる者を召して、「惟家の弁、ただいま召して参れ」と仰せごとあるを、承りて出でぬと思ふほどに、ほどなく帰り参りて、「大般若経を読み奉り候ふ時に、入るべき道の候はぬ」と申しければ、「戌亥の角に、きたなき僧のある所より入れ」と仰せごとあると見て、不思議と思ひて、暁、下向しけるに、京ざまにて人々、「右中弁殿、にはかに今夜失せ給ひたる」とてさわぎける。いとあさましかりけり。さとしもありて、大般若読ませ、物忌みなどしけるとなむ。

(27)『古事談』に収録された同内容の話(巻第三第五四)では、「献二字於僧正」となっており、名簿(貴族や有力者の家人となった印として提出する文書。姓名・官職位階を記す)を提出した、という意味になっている(以上、新日本古典文学大系『古事談　続古事談』、川端善明・荒木浩校注、岩波書店、二〇〇五年、三〇九頁注(17)・九五頁注(16)を参照した)。

(28)ここでは救いを求める言葉ではないが、狂い歩いている雅縁の口にした言葉とみなして(d)とした。
第四ノ五の余慶を誹謗した文範の話では、余慶が「しからば、投げ出せ」と命じているのは護法であろうと思われ、その結果として文範は投げ出されまどいくるめいた。そこから考えると、雅縁がこのような言葉を自ら語りながら狂い状態を示しているのは、護法が雅縁に憑依して護法の言葉を雅縁が口にしているという可能性も考えられる。

(29)『古事談』に収録された同内容の話に対しては、前掲『古事談　続古事談』では「護法を使役して文範を責めたのである」、「余慶には不動法・火界呪の伝が多いから、その八大童子を想定してもよい」(三〇九頁注(14))と注釈をつけている。

(30)以下『日本霊異記』はいずれも、新日本古典文学大系『日本霊異記』(出雲路修校注、岩波書店、一九九六年)による。

(31)僧に対する悪行ではないが、殺生によって悪しき報いを受けた男が、僧の呪術的行為によって助けられる話として、上巻第十一縁「幼き時より網を用魚を捕りて現に悪しき報いを得る縁」がある。「話の基本構成パターン」に当てはめてみると次のようになる。(a)漁夫は殺生を業としている、(b)なし、(c)炎が身に迫る、(d)寺の行者に助けを求める、(e)行者が呪する、(f)漁夫は救われる、(g)漁夫は殺生をやめる。

(32)新日本古典文学大系『三宝絵　注好選』(馬淵和夫・小泉弘・今野達校注、岩波書店、一九九七年)。
修行者が浮浪人の長に向かって言った言葉は、『日本霊異記』では「実に験徳有らば、今威き力を示せ」である。『三宝絵』中巻第八話「小野朝臣麿」でも「モシ多羅尼マコトニシルシイマセバ、忽ニ其験ヲシメセ」とほぼ同様であるが、千手経そのものよりも「多羅尼」（陀羅尼）の威力（呪術性）に期待している。

　また、その他の相違点としては、『日本霊異記』では修行者が千手経に縄をかけて引きずり去ったのに対して、『三宝絵』では修行者は千手経を縄で縛り、その場に捨て去っている。

（33）新日本古典文学大系『今昔物語集　四』（小峯和明校注、岩波書店、一九九四年）。

（34）『今昔物語集』には「本尊助ケ給へ」のほか「観音助ケ給へ」など、「〇〇助ケ給へ」の表現が頻出する傾向がみられる。

（35）日本古典文学大系『日本霊異記』（遠藤嘉基・春日和男校注、岩波書店、一九六七年）の注釈によれば、「禅師は、称号である場合もあるが、普通は法師に対する敬称」とある（九〇頁注（2））。ちなみに、出雲路修校注、新日本古典文学大系『日本霊異記』には「禅師」に注釈がつけられていない。豊島修氏は『死の国・熊野』（講談社現代新書、一九九二年）で下巻第一縁に登場する永興禅師を説明する部分で、「ここに禅師とあるのは、山林修行を重ねた民間の私度僧の意で、いわゆる聖の別称である」（六二頁）と言っている。

（36）前掲『今昔物語集　四』。

（37）真福寺善本叢刊　七『往生伝集【訓読・解題・索引篇】』（国文学研究資料館編、臨川書店、二〇〇四年）。原文は以下のとおりである。
　遠江国城東郡潮海寺住僧。失其名。時人呼曰大聖。是則寺中碩徳相比居住。故称大聖小聖也。聖徳行超人。験力被物。昔有騎用馬。賊人盗之。聖一祈本尊。賊人束手。眼前見縛。聖命仕者。即以宥之。其験徳間以如此。（後略）（日本思想大系『往生伝　法華験記』、井上光貞・大曽根章介校注、岩波書店、一九七四年。底本は前掲『往生伝集』と同様）

この日本思想大系本テキストによると、目録では「湖海寺」、本文では「潮海寺」と寺名が異なっている。これは現在の静岡県菊川市(二〇〇五年一月十七日の合併以前は、小笠郡菊川町)に在した真言宗潮海寺であろう(城東郡は明治二十九年、小笠郡に合併され、郡名が消滅した)。

(38) 以上の護法童子信仰の成立に関しては、小山聡子『護法童子信仰の研究』(自照社出版、二〇〇三年)、及び小山聡子「護法童子信仰の成立と不動信仰」(磯水絵編『論集　文学と音楽史 —詩歌管弦の世界—』、和泉書院、二〇一三年)を参照した。

(39) 『日本霊異記』において悪しき報いが「護法」との関係で説かれる例は、ほかに、中巻第一縁「己が高徳を恃み賤しき形の沙弥を刑ちて現に悪しき死を得る縁」と、下巻第二十九縁「村童の戯れて木を剋める仏の像を愚かなる夫斫き破りて現に悪しき死の報いを得る縁」がある。

(40) 佐藤弘夫「怒る神と救う神」(『神・仏・王権の中世』、法藏館、一九九八年、第Ⅳ部、第二章、三六〇頁)。

(41) 佐藤弘夫前掲「怒る神と救う神」(前掲書、三五四〜三五七頁)。佐藤弘夫「起請文を読む」(『起請文の精神史　中世世界の神と仏』、講談社、二〇〇六年、三九〜四八頁)。

(42) 増補史料大成『左経記』(臨川書店、一九六五年)。

第二章　神を「縛」する話　―病気治療における仁和寺性信と住吉大明神―

はじめに

日本の古代・中世、人々は薬によって治療できる病気のほかに、超自然的存在によって引き起こされる病気があると信じていた。病気を引き起こす超自然的存在には二種類ある。一つは「邪気」あるいは「もののけ」とか「悪霊」や「魔」などと呼ばれ、常に人間に危害をもたらす。「天狗」や「狐」なども含め、これらの霊的存在は特に悪意を持たなくとも、人間の近くにいたり、人間をちょっと見つめたりするだけでも、病気などの悪影響を及ぼすことがある。[2] いま一つは神であり、信じる者には利益をもたらす一方、不信の者には「祟り」「神罰」「御咎め」として病気などの危害をもたらす。[3]

平安時代中期の貴族社会で行われた病気治療について研究した繁田信一氏によると、病気が「邪気」によって引き起こされた場合と神の祟りが原因である場合とでは、それぞれ対処の仕方が異なるという。[4] 誰かが病気になると、まず陰陽師の卜占によって「霊障」（病気）をもたらしたとされる「霊物」が明らかにされる。「霊物」には、死者の霊のほか、種々の鬼や神祇、さらには妙見菩薩や聖天（歓喜天）のような仏の類までがこれに加えられるという。「もののけ」の治療に用いられたのは、専ら加持や修法といった験者の呪術であった。但し、陰陽師の卜占によって「神の気」

が出た場合や、疫神（行疫神）という神祇がもたらす災害としての疫病、つまり、霊障をもたらす霊物が神祇であった場合は、加持のような仏法の呪術を用いることが強く忌避された。神の祟りへの対処法は一時的な方法として陰陽師の呪術（祭や祓）が行われたが、抜本的な解決法は神の怒りや不満の原因を除去することであったという。(5)

本章で取り上げるのは、仁和寺性信による病気治療の説話であり、病気原因となっているのは「住吉大明神」という神である。ここで性信は加持という仏法の呪術によって住吉大明神を「縛」し、そのまま放置している。これは上記の繁田氏の説から考えると、非常に興味深いエピソードであると思われるので、内容とその背景、説話中における神と僧との力関係などを考察してみたい。

一　『後拾遺往生伝』「家宗妻の話」の概要

当該説話の主人公である性信は、平安時代の十一世紀を生きた仁和寺の真言僧で、三条天皇の第四皇子（師明親王）として寛弘二年（一〇〇五）に生まれた。母は藤原済時女の皇后藤原娍子である。寛弘八年、七歳の時に兄の三皇子とともに親王宣下されるが、寛仁元年（一〇一七）に父である三条天皇が没した後、翌寛仁二年、十四歳で仁和寺に入り、大僧正済信のもとで出家し、十九歳の時に「伝法灌頂」を受けた。仁和寺は代々、「御室」と呼ばれる門主が継いでおり、初代が寛平法皇（宇多天皇）、性信は二代目とされ「大御室」と呼ばれている。(6)その主な活動の記録が残されているのは、六十一歳になった治暦元年（一〇六五）から八十一歳で没する応徳二年（一〇八五）までの晩年である。性信は天皇家や上級貴族に対し「孔雀経法」という密教修法を盛んに行ったことで有名である。その伝記には「孔雀経法」のみならず、その他のさまざまな呪術をもって僧や国司といった階層の人々の病気を治した記述がある。そして、性信が住吉大明神を「縛」したとするのは、性信が上野介家宗妻の病気を治療した話（以下「家宗妻の話」とする）である。[7]性信の伝記や性信が登場する説話は数多く存在するが、[8]「家宗妻の話」が収録されているのは『後拾遺往生伝』『御室相承記』『真言伝』のみである。『後拾遺往生伝』は三善為康の手になるもので、起筆は保安四年（一一二三）頃、巻下の完成が保延三年（一一三七）九月二十七日以後、著者の没する保延五年八月までの間といわれている。[9]起筆が性信没の応徳二年（一〇八五）から約三十八年後である。三善為康は永承四年（一〇四九）に生まれて保延五年に死んでいるので、性信より四十歳あまり若いが、ある程度近い時代を生きたといえる。[10]それに対し『御室相承記』は、第六巻に建保（一二一三～一二一九）の年代があるところから、全巻が一時に成立したとすれば、これより少し下った鎌倉中期、一部を後補したとすれば、大部分は平安後期から鎌倉初期の成立であるといわれている。[11]『真言伝』はさらに下って、正中二年（一三二五）の成立である。そこでまずは最も成立年代の早い『後拾遺往生伝』のテキストを掲げ、序章で示した「話の基本構成パターン」に当てはめてみよう。

『後拾遺往生伝』巻上第三話「入道二品親王」[12]

又上野守家宗妻。数日病悩。為請護身。共参禅室。忽得効験。即以帰家。後七八日。家宗赴任（国）。其姑者紀伊守孝信之妻也。俄来捕家宗云。何不放我遠赴関東哉。家宗問云。答曰。住吉大明神也。親王加持之後。尚未辟除者。仍共参禅室。解縛帰了。

「話の基本構成パターン」

(a) 家宗の妻が病気になる。《事件の発端》

(b) 仁和寺へ行く（そして性信に「加持」をしてもらう）。《呪術A》

(c)（住吉大明神が「縛」され、家宗妻の病が癒える）。《呪術Aの結果》

(d) 家宗義母が、「辟除」がなされていないという住吉大明神の言葉を語る。《救いを求める言葉・行動》
(d)' 再び仁和寺の性信のもとに行く。(dを受けての行動)
(e)-1「解縛」する。《呪術B》
(e)-2(「辟除」する)。《呪術B》
(f) 家宗たちが帰る。《呪術B、もしくは呪術全体の結果》
(g) なし。《僧の験力の称賛、褒美の授与、仏教の賛嘆》

正直なところ、この話は不明な部分が多く、解釈が非常に困難であることをまず言っておかねばなるまい。内容を簡単に説明すると次のようになる。家宗の妻が病気になったので、夫婦は仁和寺の性信のもとを訪れる。呪術をほどこしてもらうと、忽ちに効き目があって病気が治り、夫婦は帰宅した。その七、八日後、家宗は上野国に赴任する。その時になって(上野国に出発する前、未だ京都にいる時と思われる)、姑である紀伊守孝信の妻、すなわち家宗の義母(妻の母)が突如やって来て、「なぜ我を解放しないまま遠く関東へ行くのか」と言った。何かが取り憑いたであろうと察した家宗が「あなたは誰ですか」と尋ねたところ、それに答えて「我は住吉大明神である。性信が加持をした後にまだ「辟除」していない」と言った。そこで家宗たちは(ここでの「共参禅室」の部分は、家宗と義母が仁和寺に行ったのか、家宗と妻と義母が仁和寺に行ったのかが、文脈からは不明である。ここで住吉大明神に憑依されている当事者は義母であるため、前者であろうか)再び性信のもとを訪ねた。そして性信が「縛」を解いた後、家宗たちは家に帰った。

「縛」という語は『大日本国法華経験記』、往生伝、『今昔物語集』に頻出し、呪術によって自由を奪うことである。悪い行いをする人間に対して用いられる場合、悪人の身体がこわばったり、縛られたように動けなくなったりする。病気治療に関して言えば、呪術の際に「邪気」などを病人自身の身体の中で「縛」する場合と、「ヨリマシ」(憑座・

憑坐[13]と呼ばれる第三者の身体の中に移して「縛」する場合がある。摂関期の古記録では、「邪気」をヨリマシの身体に移すことを「駆移」「駈移」（駆り移す・駈り移す）、あるいは単に「移」（移す）と表現している[14]。院政期以降においては、古記録に「渡邪気」「渡物気」など「渡す」という表現が用いられ[15]、この表現は『宇治拾遺物語』『古事談』などの説話にもみることができる[16]。これを行うことで病人の病気は一時的にでも小康状態を得る。「邪気」は病人の側から引き離され、ヨリマシの身体に入り込まされるため、思い通りの行動がとれなくなる。そして、ついには呪術に屈伏して去る、もしくは追い払われるのである。

テキストには加持の場における具体的な記述は何もなく、少なくとも加持の場においては病気原因の出現などの異常な現象はなかったようである。但し、「忽得効験」とあることから、その場ですぐに病気が治ったと考えられる。加持を行ったからといって必ずしも病気原因の霊的存在が、病者自身あるいはヨリマシを通じて現れるわけではない。病気原因の霊的存在が特定されず判明しなくとも、例えば、発熱が治まったり、瘧の場合は発作が起こらなかったりした場合、加持等の呪術的行為を行った結果としての症状の快復であるとして、少なくともその時点では験があったとみなしたのであろう[17]。

病気原因の霊的存在が「住吉大明神」であることは、義母が登場してからの展開をみないとわからない。義母に入り込んでいる住吉大明神は「不放我」（私を解放しない）、そして「未辟除」（まだ追い払っていない）と語っている。「辟除」については本書第三章で詳しく論じるが、漢訳密教経典では悪しきものや障りとなるものを除去したり追い払ったりすることを意味し、日本では病気治療呪術の終了に行われる霊的存在の放逐儀礼である。説話例としては『後拾遺往生伝』巻中第九話「上人義尊」[18]が最もわかりやすく、そこでは病気原因の「魔」が僧に「繫縛」されて逃れられないため「辟除」を懇願している。「魔」と神である「住吉大明神」という違いがあるにもかかわらず、「家宗妻の話」

はこれとほぼ同じ形を示している。つまり、住吉大明神は性信の病気治療呪術によって拘束されているということになる。最後に「解縛」の語がある点からも、病気治療の呪術を執行した性信が、家宗の妻が回復した後も住吉大明神の「縛」という拘束状態を解かずに放置したことが理解できる。住吉大明神は大いに困って、家宗に苦情を言うために現れた。そこで家宗は再び性信のもとへ行き、性信は住吉大明神の「縛」を解き、さらに記述にはないものの住吉大明神が求めていた「辟除」も行ったのであろう。

以上のような点を総合して考えると、おそらく性信は邪気を想定して加持を行い、加持によって超自然的力が発動し、病気原因である住吉大明神は「縛」されてしまったものと思われる。験者にも病気原因の霊的存在を見極めた上で加持を行う力量が必要とされる。(19)その点から考えると、結果的には病気が治ったとはいえ性信のこの加持は失敗であろう。性信の伝記というテキストの性格上、好んで性信の失敗を収録するとは思えない。ほかの多くの性信の験力を示すエピソードとともに、住吉大明神という神さえも「縛」してしまう性信の超人的な験力を強調するために、あえて収録したと考えるほかはない。住吉大明神は家宗妻もしくは家宗の何らかの不信行為によって祟りをなしたと思われる。しかし、この話の主題は性信の験力を示すものであるためか、祟りの原因などには触れられずに終わっている。あるいは、詳細を記すと失敗の方に焦点が移ってしまうため、それを避けたのかもしれない。

さて、神に対しての加持は忌避されていたものの、周知の如く摂関期の史料には加持を行った際に神がヨリマシにかり移されて現れる記述がある。

『小右記』寛仁三年(一〇一九)三月十八日条(20)

自丑剋許御胸大発給不覚、只今聊有隙、邪気駈移人〻、称貴布祢・稲荷等神明云〻、

藤原道長の病悩場面である。初め「邪気」と表現されているものが、人々に「駈移」されて、「貴布祢」や「稲荷」

などの「神明」であると名乗っている。ここでは「邪気」が偽って「神明」を称した可能性もあるが、正体が判明するまでは「邪気」だと思われていたために、「邪気駈移人〻」と表現されたとも考えられる。

『栄華物語』巻十二「たまのむらぎく」(21)

こたびぞいとけ恐しげなる声したるもの〻け出で来たる。これぞこの日頃悩し奉りつる物のけなめりとて、鳴りか〻りて加持しの〻しりて、〔かり〕移したるけはひ、いとうたてあり。「いかに〳〵」とおぼす程に、はや貴船の現れ給へるなりけり。

藤原頼通の病悩場面であり、長和四年(一〇一五)十二月のことである。「家宗妻の話」で性信が行ったと同じ「加持」という呪術によって、「貴船」の神自体がヨリマシに「〔かり〕移」されて現れたことが明確に示されている。恐ろしい声を出すので「もの〻け」であると思い、ヨリマシに「〔かり〕移」したところ、神であるとわかったのである。

この二例では、呪術を行い、ヨリマシにかり移されて神が出現したことによって、人々は初めて神の存在を知っている。人間の口を借りて神が自ら名乗るまでその正体はわかっていない。つまり、神と知った上ではないとはいえ、「邪気」の自由を奪うと同じように、結果的には神の自由を奪ったことになる。「家宗妻の話」は神の出現が後日譚であるという点を除けば、この二例と同様であるといえる。「其姑者紀伊守孝信妻也。俄来捕家宗」の「俄来」という表現や、家宗が何者かと問うている部分からわかるとおり、家宗義母はヨリマシではない。しかし、病気原因である霊的存在が憑依した状態で、呪術によって起こった「縛」を解いてほしい、あるいは「辟除」(追い払うこと)してほしいと願う言葉を口にするという点において、説話の構成上に限って言えば、家宗義母はヨリマシの役割をしているといえる。(22)そして、性信は病気治療呪術において「縛」しただけでなく、原因が住吉大明神であると判明した後の、呪術の終了儀礼である「辟除」に至るまで、住吉大明神を悪しき「魔」などと同様に扱っていることになる。(23)この点は注意しておくべきかもしれない。

二　説話世界における神と僧の力関係

前節で述べたように、「家宗妻の話」における家宗妻の病気は、家宗妻もしくは家宗による住吉大明神に対する何らかの不信行為によるものであると思われる。祟りの原因に一切触れられていない点について、前節では詳細を記すことにより性信の失敗に焦点が移るために避けたのではないかと推測を述べた。但し、理由はそれだけではなさそうである。

まるで悪しき霊的存在と同等であるかのように、「解縛」と「辟除」を求める住吉大明神は、救いを求めることに精一杯であり、祟り（怒り）の原因を語る余裕さえないと捉えることもできる。住吉大明神は加持の現場に現れて家宗や性信に祟りの原因を語ることにより神としての威厳を示すことができなかった。そう考えると、病気原因の住吉大明神が後日譚に現れるこの話の構造自体が含む不自然さ、住吉大明神の卑屈とも思える不可解な行動も納得できる。性信に「縛」されてもその場では性信に文句さえ言えず、後日、家宗のもとに現れて苦境を述べている住吉大明神は、性信に対して遠慮、あるいは畏れの感情を抱いていると捉えることができる。

こういった僧と神との力関係は、性信の場合に限らず、説話世界においては散見できる。以下にそれらの説話内容を記す。

『三宝絵』下巻第八話「山階寺涅槃会[24]」

涅槃会を聴聞するためにやってきた「アツタノ大神」（熱田明神）が小さな童に憑依して「サカヒノ中ニコトゞ

クニ諸仏ノ境界ニナリテ、奈良坂口ニハミナ梵王帝釈守シカバ、ワガ近付キヨル事アタハズシテ、カナシビヲモフ事限ナシ。イカデコノ会ミタテマツラム」と、涅槃会を執行した寿広に泣く泣く託宣した。

『法華験記』巻下第八六「天王寺の別当道命阿闍梨」(25)（原漢文）

金峰山の蔵王・熊野権現・住吉明神・松尾明神が道命の法華経を聞きに来る。住吉明神が松尾明神に向かって「この経を聞く時に、生々の業苦を離れて、善根増長す。仍りて遠き処より、毎夜に参るところなり」と言い、松尾明神は「かくのごとし、かくのごとし。我近き処にあれば、昼夜を論ぜず、常に来りて経を聴けり」と言い、称讃随喜して道命を礼拝する。

『拾遺往生伝』巻中第一話「大法師浄蔵」(26)（原漢文）

浄蔵が横川の如法堂の庭に小便をしたところ、如法堂を守っていた「賀茂明神」が不浄行為を戒めに来る。ところが、相手が浄蔵であると知ると、「不浄のことを誡めむと欲すれば、既に上人のなせしところなり。何がせむ、何がせむ」と大いに困惑して、たちまちに「異人」を召し集めて、不浄の土を掘りすてさせた。

『古事談』巻第三ノ九二(27)

空也の前に、炎天の七月にもかかわらずいかにも寒そうに現れた松尾明神が、「般若之衣ハ時々着侍ト、法花之衣無下ニ薄シテ、妄想顚倒之嵐ハケシク、悪業煩悩ノ霜アツクシテ、如此サムク侍也、可然者法花之衣給哉」と言って空也から帷を給わる。

以上の説話に登場する神を祀る住吉社・賀茂社・松尾社・熱田社はいずれも、九世紀半ばまでに正一位を授けられている。畿内の賀茂社・松尾社・住吉社の三社に関しては、平安中期以降、特に朝廷より崇敬を受け、国家の重大事や天変地異などに使を遣わされて奉幣にあずかった神社である二十二社の、三位・四位・十四位に位置付けられている。賀茂社と松尾社は平安遷都後、王城鎮護の社として「東の加茂、西の松尾」と並び称され、朝廷から篤い尊崇を受けた。住吉社は海上平安の神徳をもって遣唐使発遣時に奉幣があり、また和歌三神の一つとも仰がれた。熱田社は三種の神器である草薙神剣を神体として祀る。(28)

いずれも非常に重要視された神々であるにもかかわらず、上記説話中における位置は低い。(29)『三宝絵』では天部といった仏教の諸尊に比して熱田明神が下位に列することを示している。熱田明神は自身の力のなさをさらけ出し、寿広に泣きついている。それ以外の話における神は、僧との関係において僧のほうが明らかに優位に立っており、神は僧の引き立て役にしかなっていない。『法華験記』道命の話では、住吉明神が松尾明神に向かって「この経を聞く時に、生々の業苦を離れて、善根増長す」と言い、『古事談』空也の話では松尾明神は「妄想顚倒の嵐はげしく、悪業煩悩の霜あつくして、此くの如くさむく侍るなり」と言って、空也から「法華の衣」(空也の帷)を請うている。これらの神の姿は、神仏習合初期にみられる、迷い苦しみ神身離脱を願う神を思い起こさせる。『拾遺往生伝』浄蔵の話の「賀茂明神」は、神としての威厳が全くみられず、自分を守る場所を汚されても浄蔵を罰することができずに不浄の処理をしており、まるで浄蔵の使者のような扱いである。(30)

これらの事例から考えれば、性信に呪術で「縛」され、性信に遠慮や畏れの態度を示す住吉大明神の姿も不思議ではないといえる。

そして時代は下るが、『古事談』(31)(源顕兼編、一二一二〜一二一五年成立)の一群の性信伝(32)の中には、『後拾遺往生伝』などにはみられない、出典不明の興味深い病気治療説話が存在する。

『古事談』巻第三ノ五三

此御室、世間ニ疾病蜂起之時者、私出御在所、只一人御棚菓子ナトヲ御懐中ニ令取入給テ、大垣辺之病者ニ次第ニ給之、真言ヲ誦懸テ令過給ケレハ、病者立得滅、皆以尋常云云、令還入御所之時ハ、駕玉輿天童等多御共ニテ令入給之由、有奉見之人云云、

「話の基本構成パターン」に当てはめて示すと次のようになる。

(a) 疾病蜂起により病者があふれる。《事件の発端》
(b) 性信が菓子を与えて真言を誦す。《呪術A》
(c) 病が癒える。《呪術Aの結果》
(d) なし。《救いを求める言葉・行動》
(e) なし。《呪術B》
(f) なし。《呪術Bの結果》
(g) 御所に帰る性信に、多くの「天童」が供をしている。《僧の験力の称賛、褒美の授与、仏教の賛嘆》

ここには性信が菓子などの食物を与えて病者を治癒させる様子が描かれている。これが具体的にどういった治療法であるのか示唆を与えるのは、以下に示す事例1と事例2である。事例1・2はいずれも『後拾遺往生伝』にも『古事談』にも収録されており、両者に大きな相違はみられない。ここでは『後拾遺往生伝』の本文を示しておく。[33]

〔事例1〕

又僧延禅童子久悩鬼狂。延禅申請。施食与之。童子自縛云。我是神狐。被責護法。不知遁方。自今以後。永以去矣。数年之病。一日損平。

「話の基本構成パターン」

(a) 延禅の童子が「鬼狂」に悩む。《事件の発端》

(b) 延禅が性信の施食をもらい受け、童子に与える。《呪術A》
(c)-1 童子が「縛」状態になる。《呪術Aの結果》
(c)-2 (「神狐」が「護法」に責められる)。《呪術Aの結果》
(d) 「神狐」が、「護法」に責められて逃げられないので、以後来ることはないと言う。《救いを求める言葉・行動》
(e) なし。《呪術B》
(f) (「神狐」が去り)数年来の病が快癒する。《呪術全体の結果》
(g) なし。《僧の験力の称賛、褒美の授与、仏教の賛嘆》

〔事例2〕

讃岐守顕綱施食上分。毎日食之。明日之分裹紙置之。夢施食紙中。忽有光明。側有童子謂曰。弘法大師坐〔於〕紙中。開紙見之。有親王所持五鈷。〔即〕童子云。不堪魚鳥臭。明日之分。今夜可食者。

「話の基本構成パターン」(この話は呪術に関するものではないため、「話の基本構成パターン」には適合しないが、理解の参考として示す)

(a) なし。
(b) 讃岐守顕綱が性信の施食をもらい、明日の分を紙に包んでおいた。《呪術A》
(c) 夢に施食を包んだ紙が光明を発する。
(d) 施食の側にいる「童子」が、紙の中に弘法大師がいると言い、明日の分を今日食べるようにと告げる。《霊的存在の言葉》
(e) なし。

（f）なし。
（g）なし。

『古事談』巻第三ノ五三を含むこれら三例は、いずれも性信が与える食物に関する霊験譚である。そして、『古事談』巻第三ノ五三では「天童」、事例1では「護法」、事例2では「童子」が登場している。

「護法」と「童子」（「天童」）の信仰の区別、及び、それらが重ね合わさって護法童子信仰が成立した過程に関しては、小山聡子氏の詳細な研究がある。小山氏によると、修験信仰の「護法」（修験により獲得した験力によって動く）と法華経信仰の「天童」「童子」（『法華経』の経力によって動く）は、本来全く別の存在であった。長久年間（一〇四〇〜一〇四四）成立『法華験記』では、荒々しい性質を持ち、病気治療において病気原因の悪しき霊的存在を攻撃する「護法」は童子ではない。それに対して「天童」「童子」は『法華経』「安楽行品」の「天諸童子　以為給使」に基づくものであり、美しい姿をして荒々しい性質はみられず、病気治療とも関係しない。しかし、「護法」と「天童」「童子」は法華経持経者や修験者に奉仕するという類似した性質を持つ点、法華経持経者が「天童」「童子」の給仕を受け、「護法」を使って病気治療をする点などから、次第に「童子」と「護法」は厳密に区別されなくなっていった。院政期の往生伝では未だ「童子」を「護法」であるとする護法童子信仰は完全には成立していなかったが、病気治療の場にも「童子」が登場するようになっており、その後、平安末期に護法童子信仰が成立したとされる(34)。

『後拾遺往生伝』成立時代は護法童子信仰の過渡的な段階にあたると思われる。それを念頭に置いた上で事例1・2をみてみよう。事例2では性信の施食が性信所持の五鈷であり、それが弘法大師であることを示している(35)。施食自体が強烈な力を持っているということである。そして、施食の傍らに「童子」がおり、施食を守っているかのようである。事例1で僧延禅が病気の童子のために性信の施食を申し請うたのは、呪術的効果を期待してのことであろう。

事例1は、「縛」する機能を持つ「護法」が活動しており、さらに病気原因である「神狐」の語りがあるなど、結果的に病者本人に憑霊現象が起こるヨリマシを用いない加持の形になっている。(36) 事例1と2をあわせて考えると、延禅はそこまで予測して性信の施食を申し請うたのかもしれず、当時において性信の施食には、既に半ば「護法」的(病気原因の悪しき存在を痛めつける)な「童子」が常に付き添っているという信仰が存在していたのかもしれない。

そして、『古事談』巻第三ノ五三において注目すべきは、文中に「世間ニ疾病蜂起」とあり、仁和寺周辺の路上に多くの病者がいた記述から、ここでの「疾病」は疫病などの流行病と思われることである。すると、性信は「神の気」(「神気」)である病気に対して仏教の呪術を用いて治癒させていることになるのではないだろうか。病人の病気を治癒させているということは、予防として神気を近づけないようにするのではなく、より積極的に神気を追い払っているということであろう。

ここでの性信の病気治療は具体的な記述が一切なされておらず、病気原因の霊的存在を「縛」して調伏するといった記述はない。しかし、病者に菓子を与えて真言を誦していることから、おそらく性信の加持が加えられていると思われる。性信伝全体の病気治療の中でみると、病者に対して食物を与えるという行為は、事例1と同様の治療法であり、性信が病者に食物を与えることによって、食物の側にいる(性信の食物を守っている＝性信自身を守っている)童子が病気原因を追い払うものであると読める。そして『古事談』巻第三ノ五三には、仁和寺周辺の病人たちを治すために一人で出かける性信に、「天童」(この時代には「護法」と同一化されている)が付き従っているという記述が話末にあることから、これらの童子がその役割を担っていることを確固たるものにしている。

「はじめに」において繁田信一氏の説を示したように、疫病を煩う間の加持は当時の禁忌であった。摂関期の万寿二年(一〇二五)七月、東宮の子を懐妊中の藤原道長女・尚侍嬉子が赤斑瘡にかかっているが、『小右記』によると僧たちは「神気」を怖れて加持不能としたとする。[37] そうした神気を怖れる気配は性信にはみられない。実際の性信が神をも怖れぬ人物であったかどうかは別として、「家宗妻の話」の例もあわせて考えると、伝承の中においては、その強力な呪力によって「縛」するなど、神でさえ自在に操ることができるという性信像が出来上がっていたと思われる。

三　『御室相承記』『真言伝』の「家宗妻の話」(1)―「呪」の具体的記述―

第一節では『後拾遺往生伝』「家宗妻の話」のテキストを示した。本節では、時代が下る『御室相承記』と『真言伝』の「家宗妻の話」をみてみよう。ここには『後拾遺往生伝』にはない記述がある。傍線①（「話の基本構成パターン」では(b)「呪術A」の具体的な内容）、傍線②（「話の基本構成パターン」では(f)「呪術C」）で示した部分がそれである。

『御室相承記』二「大御室」[38]

上野守家宗妻女数日病悩、夫婦共参仁和寺、①親王以薬師・孔雀明王・不動呪御加持之処、忽以除癒、
或本云、此後七八日首途、妻女〈紀伊守孝信宿祢妻、〉俄来捕家宗云、何不放我遠赴関東、家宗問云、為誰、答云、
住吉大明神也、親王加持之後未辟除、仍共参仁和寺、②解縛誦理趣経、法楽荘厳、

『真言伝』巻第六「入道二品親王」[39]

上野守家宗并ニ其ノ妻病悩数日ヲコタラス。護身ノ為ニ夫婦トモニ仁和寺ニ参ス。①親王薬師孔雀不動ノ呪ヲ以テ加持ノ間。忽ニ其験ヲエタリ。七八日ノ後。家宗上野ノ国ニ下ル。妻カ母ニワカニ来テ。家宗ヲトラヘテ云ク。争カ我ヲ不シテレ放遠行スル。家宗タソト問。答云。住吉大明神ナリ。親王加持ノ後。イマタ辟除セスト云。是ニヨリテ仁和寺ニ参スルニ。②縛ヲ解シテ理趣経ヲ誦シテ法楽シ給フ。

「話の基本構成パターン」

(a) 家宗の妻が病気になる。《事件の発端》

(b) 性信が薬師・孔雀明王・不動の呪によって加持を行う。《呪術A》

(c) (住吉大明神が「縛」され)家宗の妻の病が癒える。《呪術Aの結果》

(d) 家宗義母が、「辟除」がなされていないという住吉大明神の言葉を語る。《救いを求める言葉・行動》

(d)' 再び仁和寺の性信のもとに行く。(dを受けての行動)

(e)-1 「解縛」する。《呪術B》

(e)-2 (「辟除」する)。《呪術B》

(f) 『理趣経』を誦し法楽を行う。《呪術C》

(g) なし。《僧の験力の称賛、褒美の授与、仏教の賛嘆》

まず、『御室相承記』と『真言伝』の傍線①部分に注目していただきたい。ここには性信が病気治療に用いた呪文の名称が記されている。「薬師如来」「孔雀明王」「不動明王」の呪文である。

日本では薬師如来が衆生の病苦を除くと信じられているので、その呪文は病気治療にふさわしいといえよう。忿怒相を示す明王の呪文と異なり、薬師の呪文は穏やかな治療を想像させるであろうが、『真言伝』には次のような記述がある。

『真言伝』巻第五「浄蔵法師」[40]

(前略)法師長秀ニ向テ。声ヲ励シテ薬師ノ呪ヲ誦スルコト百八返。一心ニ加持ス。此時長秀五體振動シ。身心迷乱ス。口ニ風冷ヲハクコト数百返。法師辟除ヲナスニ尋常ニ成ヌ。(後略)

浄蔵が登場するこの話には「縛」の語が用いられておらず、テキストは詳しい治療のプロセスに言及しない。しかし浄蔵が「薬師ノ呪」を唱えて呪術を行った時に、病人である長秀は「五体振動シ。身心迷乱ス」と表現される状態に陥っている。

　霊的存在が人間の身体に入り込んだ時に人間の身体が震えることについては、酒向伸行氏が『今昔物語集』巻十九第九話の主人が大切にしていた硯を割ってしまった男の描写として「護法ノ付タル物ノ様ニ振ヒテ」、巻第十九第十三話の帷一枚で雪の日に掃除している男の描写に「護法ノ付タル者ノ様ニ振ケル」とあることと、『枕草子』能因本三一九段のヨリマシを用いる加持において、童が「ふるひ出でぬれば、もとの心失ひて」とある後に「行なふままに、従ひたまへる護法も、げにたふとし」の文が続くことから、ヨリマシが正気を失い身体が震え出すことにより、人々はモノノケがヨリマシに憑入（入り込んだこと）したと認識したことを指摘している。[41]『今昔物語集』巻第十九第十三話では「護法」とある部分が、同内容の話である『宇治拾遺物語』[42]巻十二第十二では「物のつきたるやうにふるう」、『古本説話集』[43]上四十では「物の憑きたるやうに震う」と「物」になっており、護法に限らず霊的存在一般の憑入に通用するようである。[44]すると「身心迷乱」というのは、霊的存在に精神を奪われて、自身の意識を失っていることを表すのであろう。

　また「口ニ風冷ヲハクコト数百返」という状態も、霊的存在の憑入を示していると思われる。『古今著聞集』[45]巻六第二六六「侍従大納言成通今様を以て霊病を治する事」では、「物の気」をわずらっている人が偶然すぐれた今様の声を聴いたことによって、「あくひてけしきかはり」「物のけわたりて、やうやうの事どもいひて」病が治癒したとある。「口ニ風冷ヲハクコト数百返」は「あくび」と通ずるのではないだろうか。[46]あくびに関しては、『栄華物語』巻第二十九「たまかざり」[47]の万寿四年（一〇二七）皇太后枇杷殿妍子病悩場面で、「力を尽し加持参るに、さらに御欠伸をだにせさせ給はず」、「僧達も集りて加持参れど、欠伸をだにせさせ給はず。御物のけの皆去りにたるかと思べけれど、御心地は同じ様なり」などとあり、悪しき霊的存在が原因の病気治療時における重要な変化であると理解できる。(48)

浄蔵の時代(八九一～九六四)にはヨリマシを用いる治療呪術がまだ確立されていなかったといわれている。(49) したがって、浄蔵は「邪気」を病人自身の体内に入り込ませて拘束したのであろう。つまり、以上の病人の状態は、呪術の効果が顕れて、それまで病人の側にいた病気原因の悪しき霊的存在が、病人の体内に追い込まれ、拘束されて活動を封じられた結果であろう。即ち、これは「縛」の状態であると言ってよいと思われる。薬師の呪にも悪しき霊的存在を「縛」する効果があるということである。

孔雀明王の呪文は性信と最も関連深いものである。性信は生涯に十七回(『御室相承記』)あるいは二十一回(『後拾遺往生伝』)、孔雀経法を行ったと伝えられる。横内浩人氏によれば、仁和寺流の大法である孔雀経法は公家御修法の中で主要な位置を占めているのみならず、性信の治暦三年(一〇六七)の孔雀経法は、東寺長者が勤仕すべき公家御修法に御室が進出するという、従来の真言宗の慣習を打破する画期的な出来事であると評価されている。(50) そして、時代が下る史料ではあるが、横内氏は『吉記』元暦二年(一一八五)七月十二日条から、公家御修法である孔雀経法が祈雨と厳重御祈(重事)とに区別され、前者は東寺長者、後者は御室が勤修すべきものとの認識が存在したことを指摘しており、(51) 性信の場合も専ら病気治療で効力を発揮している。

『孔雀経』に伝えられる呪文の効果は、日本で古くからよく知られている。周知の如く『日本霊異記』(52) 上巻第二十八縁「孔雀王の呪法を修持ちて異しき験力を得て現に仙と作り天に飛ぶ縁」をはじめとする役小角説話がある。役小角はもろもろの鬼神を使役し、一言主神を呪縛したとされる。テキストにはこの時に用いた呪の種類を記していないが、小角の験力の源泉が孔雀王経の呪法であることから、「縛」に用いられた呪は孔雀王呪であると類推できる。

そして不動明王は特に「縛」と関係の深い尊格である。[53]『平家物語』巻第三「赦文」には「よりまし、明王の縛にかけて、霊あらはれたり」と「明王の縛」という表現がなされている。[54]『今昔物語集』巻第二十第六話「仏眼寺仁照阿闍梨房託天狗女来語」[55]では、天狗に乗り移られた女に悩まされて、仁照が不動明王に祈ると、女が「縛」されて痛めつけられ、天狗が女の口を通して正体と屈伏の言葉を述べている。また、不動明王を信仰した呪術者には著名な相応がいる。相応は無動寺を建立し、本尊不動明王を安置している。この相応も「縛」によって病気を治療するのを得意とした。先に取り上げた浄蔵も、「縛」を得意としただけでなく、不動明王の呪文を用いる呪術をしばしば行っている。[56]

そして、石清水別当法印大僧都幸清が編纂した八幡の縁起集成である『諸縁起　口不足本』所収の大江匡房撰述『筥崎宮紀』[57]には次のようなエピソードがある。

昔新羅国、有討日本之心、相議曰、雖神明掲焉、定不過於十地菩薩応化歟、不動呪中有摂十地菩薩之誓、養一児於高楼上、自始言語、教此神呪、至七十、霊験不可測、渡本朝、先令収領諸神、至西府、縛諸神霊入瓶中、熱田明神、此為剣出自印契中欲逃亡、僧以袈裟被剣、収之後(収斂)諸神訖、欲収宇佐宮、而炳然昇天、呪力不及、僧到山陽道、於備後国、為宇佐宮被蹴而死、其後諸神漸々出瓶、爰知、此宮非十地之菩薩、是十号之如来也、

新羅の国から送り込まれた僧侶が日本の神々を「縛」するのに用いたのは、ほかならぬ不動明王の呪文であった。王権の象徴である熱田明神をはじめ、もろもろの神は「縛」されて瓶の中に入れられてしまうのである。

このように、性信が病気治療に用いた薬師・孔雀明王・不動明王の呪文は、「邪気」などを「縛」するのに効果があるとして古くからよく知られていた呪文であった。しかも、孔雀明王の呪文と不動明王の呪文は、神さえ「縛」することができるという話が伝えられていたのである。つまり、これらの呪文を具体的に記すことによって「縛」の強

調、さらには神を「縛」するという点がより強く想起されるようになっていると思われる。

四　『御室相承記』『真言伝』の「家宗妻の話」(2)―「法楽」の記述―

さて、『御室相承記』と『真言伝』の傍線部分②(「話の基本構成パターン」では(f)「呪術C」)に目を移してみよう。ここでは、『理趣経』を読誦して「法楽」を行ったことが加えられている。

「法楽」を船田淳一氏は、「仏教的神祇祭祀」(神仏習合儀礼)であり、神の霊威を賦活させること、とする。[58]簡潔にして的を射た表現である。また具体的には、佐藤眞人氏による説明を参照すると、神に対して法会・読経・陀羅尼唱誦などの仏事を行うことをいう。「法楽」の語は平安時代末期以降の文献に多くみえるが、儀礼自体は奈良時代にさかのぼり、迷い苦しむ存在である神を神身から解脱させ救済するために、神前読経や神宮寺建立などが行われた。平安時代に入り本地垂迹説が定着した後も、仏の垂迹である神の威光を増すものとして、神前に法楽の儀礼が盛んに行われた。[59]

神に対して経典を読誦することは非常にポピュラーな法楽で、説話からの例をみてみると、『今昔物語集』[60]巻第十九第三十三話では、僧が「東三条ノ戌亥ノ角ニ御スル神」(隼明神)に「経ヲ読奉テハ、常ニ此神ニ法楽シ奉テ」、『宇治拾遺物語』巻三第十四では、「法花経を千部よみて、我(引用者注：熱田神)に法楽せんとせしに、百余部はよみ奉りたりき」[61]、『続古事談』巻四第一(九五)では「一夏九旬、宇佐宮に籠て、昼は大乗経を読、夜は真言を誦して、法楽したてまつる」[62]などがある。

では、「家宗妻の話」の場合、なぜ「法楽」が必要だったのであろうか。

神の祟りの判明に対して、経典読誦といった仏教的行事がなされることは多々ある。一例として性信が活躍していた時代の古記録である源俊房『水左記』の以下の記述を示しておこう。ここには、神祇がもたらす病としての「疱瘡」（現在の天然痘に比定される）が流行した時の様子が描かれている。

『水左記』(63)　承保四年（一〇七七）八月二十六日条

巳剋許令参山禅師於貴布祢社、是聊為有其祟事之故也、奉御帳料絹并帽額錦等、禅師於宝前読諳〔誦カ〕法華経一部祈申帰云々、又以賀茂神主成経奉紅色単衣一領唐鏡一面〈有筥、〉於同社、又書出去十三日所立申願可奉造二尺薬師仏像一體状、并同廿日所奉始丈六薬師如来像一體、又可曳千僧供〔奉ノ〕事等、与今日所立申於貴布祢社可供養心経千巻事、兼又可勧修神楽事、前後相並注載一紙、請明胤令読之、今拭〔令振カ〕弁説之舌、頗陳祈請之趣、又可奉造千手観音像一體之願只今所立申也、

貴布禰の神の祟りであることが判明すると、「山の禅師」を派遣して、絹や錦の奉納と『法華経』読誦を、賀茂社神主の成経を派遣して、単衣と鏡を奉納させている。そして、仏像の造立・供養、般若心経千巻の供養、神楽の奉納を神に約諾している。

但し、経典の読誦・供養は物品の奉納と併せて行われていることからもわかるとおり、この場合は祟りの判明に対しての神への謝罪、即ち、神の怒りを宥めるための対策であるといえる(64)。その意味では、祓や祭などの陰陽道の呪術と同様の趣旨であるとみてよい。

『水左記』の例では、どのような形であれ、神の祟りが判明した場合、ひたすら神への謝罪や慰撫を行っているようである。しかし、「家宗妻の話」では状況が異なる。祟りを起こした神とそれを受けて病気になった人間という単純な構造ではなく、その間に強大な験力を有する性信という密教僧が介在しているのである。病気原因が神であると

知らなかったとしても、性信は加持によって神を「縛」してしまっており、神は性信の力によってしか「縛」から解放されることがない。そして神は、病気治療において悪しき霊的存在を放逐する儀礼である「辟除」を自ら求めているのである。家宗義母に憑依して神が現れたのは、家宗妻もしくは家宗への怒りの表明ではなく、現在の自らの窮状からの解放を求めるためであり、そしてその窮状は性信によって作り出されているのである。これは状況が異なるものの、第二節でみた、僧の力によって苦しみの解放を望む、神仏習合初期の神の姿を髣髴とさせる説話を想起させる。

そうすると、「家宗妻の話」の最後で性信が『理趣経』読誦の「法楽」を行ったことが大きな意味を持ってくる。無論、単純に神仏をよろこばせるために法楽を行う場合もあろう。(65)しかし、願文等には読経や真言によって「法楽荘厳、威光倍増」といった定形表現が用いられる。(66)「神の威光を増すもの」(佐藤眞人氏)、「神の霊威を賦活させること」(舩田淳一氏)であるという点では、「法楽」は呪術である。「話の基本構成パターン」において「法楽」を「呪術C」としたのは、そういった理由である。『理趣経』は人間の欲望を肯定し、「大楽」(覚りの境地を性の愉悦にたとえて表現したもの)の教えを説く経典である。神を「縛」するほどの強大な験力を持つ性信が読む『理趣経』は、衰弱した神霊を甦らせるに十分な威力を持つことであろう。

加持を行って「縛」の状態のまま放置し弱りきった神を、「法楽」で活性化する。『御室相承記』『真言伝』の「家宗妻の話」においては、一連の呪術によって性信が、住吉大明神という神の文字通り生殺与奪を握っているといえる。

おわりに

最も古い形を示す『後拾遺往生伝』「家宗妻の話」では、性信の類まれなる験力については理解できるものの、性信が病気原因を見極められずに加持を行ったのではないかという失敗を想起させる。後代の『御室相承記』『真言伝』においても、基本的にその点は変わらない。但し、性信の用いた呪の名称を具体的に記すことによって、神を「縛」するという点が強調される結果となっている。さらに、『後拾遺往生伝』にはみられなかった性信の『理趣経』読誦という「法楽」の記述があることによって、「縛」「解縛」「辟除」、さらに「法楽」までが一連の呪術の流れとなる。

全くの憶測ではあるが、もしかすると性信は病気原因を見極められなかったのではなく、また、その場で病状が治まったことで病気治療が終了したと認識したのでもなかったのかもしれない。近年の上野勝之氏の研究によると、院政期・鎌倉前期には「追物之儀」という放逐儀礼が成立し、ヨリマシに渡した邪気を数日から一か月後に追い放つようになるという。[67]「家宗妻の話」、特に『御室相承記』『真言伝』のエピソードの背景にこの点を想定するならば、全く違った解釈が可能になるのではないだろうか。性信ははじめから住吉大明神であることを知った上で「縛」し、その上、住吉大明神が音を上げるまで放置したのではないか。そして「縛」によって霊威の弱りきった状態で現れた住吉大明神を『理趣経』読誦の法楽によって賦活したのではあるまいか。そういった非常に恐ろしい話としての側面さえ見えてくるのである。

註

（1）「邪気」と「物気（もののけ）」は同義語であり、「邪気」は主に古記録、「物気」は説話や物語にみえる（森正人「モノノケ・モノノサトシ・物恠・恠異 ―憑霊と怪異現象とにかかわる語誌―」、『国語国文学研究』二七、一九九一年。繁田信一「病気と陰陽師」、『陰陽師と貴族社会』、吉川弘文館、二〇〇四年、第三章、一一九頁。初出は一九九一年）。

（2）悪意はなくとも、霊的存在が近くにいるだけで人間が病気になる例としては、『拾遺往生伝』巻上第十五話「長慶聖人」に、食を求めてやってきた天狗の「気」に触れたために后が病気になったという記述がある。また、悪しき霊的存在が人間を見つめただけで人間に異常が起こる例としては、『宇治拾遺物語』巻一第九「宇治殿倒レサセ給テ、実相房僧正験者ニ被召事」の、悪しき霊的存在が「きと目見いれたてまつるによりて」（ちょっと悪霊が見つめ申しあげたことによって：新日本古典文学大系『宇治拾遺物語　古本説話集』、三木紀人・浅見和彦・中村義男・小内一明校注、岩波書店、一九九〇年、二一頁注(27)参照)藤原頼通が落馬して心地が悪くなっている例や、『古事談』（新日本古典文学大系『古事談　続古事談』、川端善明・荒木浩校注、岩波書店、二〇〇五年）巻三第八十四の、北条時政孫で十二歳の少女が「俄絶入」って、天狗が「全害心モ不侍、是ヲ罷通ル事侍ツルニ、縁ニ立テ候ツルニ、キト目ヲ見入テ候ツルナリ」と語っている例などがある。

（3）佐藤弘夫氏によると、平安時代後期に入ると、古代における「祟り」から中世における「罰」へと神の基本的機能が変化し、突如出現して一方的に祟りを下す〈命ずる神〉から、人間の態度（信・不信）に応じて賞罰を下す〈応える神〉へと転換するという（佐藤弘夫「祟り神の変身―祟る神から罰する神へ―」、『日本思想史学』三一、一九九九年。及び、佐藤弘夫「神と死霊のあいだ」、『起請文の精神史　中世世界の神と仏』、講談社、二〇〇六年、第二章、七〇～七四頁）。

中世の説話類にも「祟り」の語は頻出するが、その語が意味するものは確かに中世的な不信に対する「神罰」である。但し、信・不信とはいうものの、歌舞音曲にすぐれた人物が下向したにもかかわらず、神がそれを聞くことができなかったという理由で病気にした話（『十訓抄』第十第二十一、『古事談』第六第十四）など、かなり無茶苦茶と思える「祟り」もある。

（4）繁田信一氏は、平安貴族の認識している「祟」について、①祟を為すものはほとんど常に神（神明）である、②神（神明）の祟には何らかの必然的な理由がある、③「咎」は祟の場面に用いられた語であり、神の怒りには公憤とでも呼ぶべきものと私憤とも呼ぶべきものとがあり、後者に基づく「咎」が祟であった、点などを指摘し、最終的には「平安貴族の所謂「祟」の全てに共通しているのは、神仏や霊鬼などがもたらす災難の一部ぐらい」だということであるとする（繁田信一「祟―平安貴族の生活感覚における神仏についての予備的考察―」、印度学宗教学会『論集』二一、一九九四年）。

（5）繁田信一前掲「病気と陰陽師」（前掲書、一二九～一三〇、一三二～一三六頁）。なお、谷口美樹氏は「平安貴族の疾病認識と治療法―万寿二年の赤斑瘡流行を手掛りに―」（『日本史研究』三六四、一九九二年）において、『小右記』『栄花物語』の万寿二年の赤斑瘡（現在の麻疹に比定されているが、小児に限定されない）流行時における記述から、流行病である赤斑瘡は神気のあらわれと認識され、加持が忌避された点を詳しく論じている。本章においては、初出が一九九一年である繁田信一氏の論を用いたが、現在の定説としてはこの谷口美樹氏の論文があげられている。

（6）仁和寺に関する研究として阿部泰郎氏を中心とする『守覚法親王の儀礼世界　仁和寺蔵紺表紙小双紙の研究』（仁和寺紺表紙小双紙研究会編、勉誠社、一九九五年）や、名古屋大学比較人文学研究年報『仁和寺資料』第一集〈記録篇〉（二〇〇〇年）、第二集〈神道篇〉（二〇〇〇年）、第三集〈縁起篇〉（二〇〇三年）がある。ほかに『仁和寺研究』（古代学研究所編、吉川弘文館発売）第一輯（一九九九年）・第二輯（二〇〇一年）・第三輯（二〇〇二年）・第四輯（二〇〇四年）・第五輯（二〇〇五年）など。日本中世史研究から性信を含む仁和寺御室を扱ったものとしては、横内裕人「仁和寺御室考―中世前期における院権力と真言密教―」（『日本中世の仏教と東アジア』、塙書房、二〇〇八年、第一部第一章）などが参考になる。

それに対して性信の説話を主題とする研究は多くはなく、小林直樹「『古事談』性信親王説話考」（浅見和彦編、『『古事談』を読み解く』、笠間書院、二〇〇八年）がみられる程度である。

（7）文中には「上野守」とあるが、『国司補任』では「上野介」とされている（宮崎康充編『国司補任』五、一九九一年、一九二頁、上一一行～下一一行）。
なお、『水左記』承暦四年（一〇八〇）五月六日条には、「上野介家宗依公家召自任国罷上云々」（増補史料大成『水左記　永昌記』、臨川書店、一九六五年）の記事がある。

（8）性信を扱う伝記や説話には次のようなものがある。
①『大御室御伝』（大江匡房）（散逸）。
小山田和夫「大御室御伝（校異・拾遺・覚書）」（『国書逸文研究』一二、一九八一年、七三～七七頁）。

松本公一「大御室御伝」（新訂増補『国書逸文』、一九九五年、一〇五二～一〇五五頁）。
②『後拾遺往生伝』（三善為康、一一三七～一一三九年成立）巻上第三話「入道二品親王」（日本思想大系『往生伝　法華験記』、井上光貞・大曽根章介校注、岩波書店、一九七四年）。
真福寺善本叢刊　第七巻『往生伝集【訓読・解題・索引篇】』（国文学研究資料館編、臨川書店、二〇〇四年）に訓読あり。底本は日本思想大系本と同一。
③『三外往生記』（蓮禅＝藤原資基、一一三九年正月以後まもなく成立）十八「二品親王」（前掲『往生伝　法華験記』）。
④『古事談』（源顕兼、一二一二～一二一五年成立）三「僧行」（新日本古典文学大系『古事談　続古事談』、川端善明・荒木浩校注、岩波書店、二〇〇五年）。
⑤『御室相承記』（奈良国立文化財研究所史料　三『仁和寺史料　寺誌編　二』、一九六四年）二「大御室」。
⑥『古今著聞集』（橘成季、一二五四年成立）二「釈経」、五〇「大御室性信親王有験の事」（日本古典文学大系『古今著聞集』、岩波書店、一九六四年）。

(7)『元亨釈書』（虎関師錬、一三二二年成立）十一「仁和寺性信」（新訂増補国史大系『日本高僧伝要文抄　元亨釈書』三一、一九六五年）。

(8)『真言伝』（栄海、一三二五年成立）（大日本仏教全書一〇六、『真言付法伝外七部』、一九七九年）巻第六「入道二品親王」。

(9) 井上光貞「文献解題—成立と特色—」（前掲『往生伝　法華験記』）。

(10) 性信の伝記には、現在は散逸し、逸文として残るのみではあるが、大江匡房が記した『大御室御伝』と呼ばれているものが存在した。『後拾遺往生伝』にみられる性信伝は、先行する『大御室御伝』において既に成立している。『後拾遺往生伝』性信伝の文中には「別伝云」あるいは「別伝如此」といった書き込みがあり、伝の最終部分には、「ム云。別伝大江匡房記云。今見交之無強異。讒言略許歟」という書き込みがなされている。ここから「別伝」とは大江匡房著作の性信伝、すなわち『大御室御伝』であることが理解できる。さらに、「今見交之」以下の文言からは、この『後拾遺往生伝』を書写した人物が、『後拾遺往生伝』の性信伝と匡房の『大御室御伝』を見比べていたことが理解できる。そして、両者の内容はほとんど変化なく、多少略されている部分は「別伝云」などとして書き加えられているということである。すると、『後拾遺往生伝』性信伝は『大御室御伝』の原型をほぼとどめていると考えてよいであろう。『大御室御伝』は筆者大江匡房が没する天永二年（一一一一）十一月五日までに成立しているので、起筆が保安四年（一一二三）頃とされている『後拾遺往生伝』より早い。

(11) 林孝雄「御室相承記について」（『密教学会報』七、一九六八年）。

(12) 前掲『往生伝　法華験記』。

(13) ヨリマシは史料上では「物付」「附人」などと呼ばれている。院政期におけるヨリマシの呼び方については、上野勝之「平安貴族社会の邪気概念」(『夢とモノノケの精神史 ―平安貴族の精神世界―』、京都大学学術出版会、二〇一三年、第三章、一四四頁)に示されている。

なお、院政期のヨリマシ(物付)の実態に関しての論考には、小山聡子「院政期の憑祈禱における物付の待遇 ―禄を中心として―」(『日本宗教文化史研究』一九―一、二〇一五年)がある。

(14)『小右記』正暦元年(九九〇)七月十日条「又済救・叡増両師駈移霊気於両女」(大日本古記録『小右記　一』、岩波書店、一九五九年)、同長保元年(九九九)十一月四日条「申剋許悩給、勝算僧都奉仕加持、邪気駈移一両女人之後頗宜御坐者」(同『小右記　二』、一九六一年)、治安二年(一〇二二)五月三十日条「心誉僧都駆移霊気於女房、其間御心地宜御云〻」(同『小右記　六』、一九七一年)。『権記』長徳四年(九九八)三月三日条「今間邪気移人頗宜」(増補史料大成『権記　二』、臨川書店、一九六五年)など。

(15)『中右記』嘉承元年(一一〇六)九月二十一日条「今日御物気被渡、頗雖温気御、卜筮之所告邪気者、仍御物気被渡也」(大日本古記録『中右記　六』、岩波書店、二〇〇八年)、『殿暦』天永二年(一一一一)五月十三日条「今日依院仰召僧等、渡邪気」(大日本古記録『殿暦　三』、岩波書店、一九六五年)、同永久二年(一一一四)十月二十九日条「件人悩云〻、邪気云〻、被渡物気也」(同『殿暦　四』、一九六八年)、同永久五年(一一一七)六月十四日条「女房不例、仍従今夜加持、渡邪気」(同『殿暦　五』、一九七〇年)など。

なお、院政期古記録における「縛」の用例としては、『水左記』承暦元年(一〇七七)八月二十八日条「又修懺法、此御心地有邪気體、以呪雖不縛附人、或時自縛、或時陳雑事」、『永昌記』嘉承元年(一一〇六)十月二十九日条「日来被繋縛呪護人等、(中略)遞以放除」、同三十日条「霊気多数、今日猶以繋縛」(以上、前掲『水左記　永昌記』)がある。『永昌記』の事例については、上野勝之前掲「平安貴族社会の邪気概念」(前掲書、一七三~一七四頁注(43))を参照した。

(16)『宇治拾遺物語』巻第四第一(上五三)「昔、物の怪わづらひし所に、物の怪わたし候程に、物の怪、物付につきてゐふやう」(前掲『宇治拾遺物語　古本説話集』)、『古事談』巻第三第五五(二五〇)「心誉僧正者、強キ物気不渡之時者、暫閉目入観心給ケレハ、邪気者渡云々」(前掲『古事談　続古事談』)など。

(17)『後拾遺往生伝』性信伝からあげれば、「前太政大臣信長為中納言之時。久煩鬼瘧。已及数月。親王読孔雀経。読誦之中。不敢発動。長以平復」など。

時代は下る例であるが、『春日権現験記絵』巻三第三～五段(続日本の絵巻13『春日権現験記絵　上』、小松茂美編、中央公論社、一九九一年)の藤原忠実病悩に対する一乗寺僧正増誉による病気治療では、第一回目の加持の際には原因がわからぬまま、やや症状が治まっており、再び症状が出た時の加持の際に春日大明神の祟りであると判明している。おそらく原因判定よりも症状が治まったらそれでよしとしたことも多かったのではないだろうか。

(18)前掲『往生伝　法華験記』。

(19)『春日権現験記絵』巻三第四段で一乗寺僧正増誉は「験者と申すは、先づ病相を知る也。生霊・死霊の祟りをも見、大神・小神の所為をも弁へてこそ、加持護念すべきに、愚かにして悟らざりける。返す〳〵浅ましき事也。高き大神の掛けり給ふなるべし。揺き身を以て加持し奉りける事、最も恐れあり」と言っている(前掲『春日権現験記絵　上』)。

(20)大日本古記録『小右記　五』(岩波書店、一九六九年)。

(21)日本古典文学大系『栄花物語　上』(松村博司・山中裕校注、岩波書店、一九六四年)。

(22)なぜ義母であるのかは不明である。さらに、住吉大明神は性信の加持の時点で「縛」されたと思われるが、その時その場にいない義母の身体の中に住吉大明神が「縛」されたのか、あるいは住吉大明神は人間の体内ではなく、どこか別の空間で「縛」されていて、自分の意思を伝えるために義母に憑依したのかも不明である。

説話や往生伝の世界においては、神・病気原因の鬼・天狗・護法などといった霊的存在は、可視化され〈身体〉を持つと想定されている場合もあるようである。それゆえ霊的存在が「縛」され拘束されるのは、必ずしも病者やヨリマシといった人間の体内ばかりではなく、空間において「縛」されている場合も見受けられる。『三宝絵』中巻第二話「役行者」（新日本古典文学大系『三宝絵　注好選』、馬淵和夫・小泉弘・今野達校注、岩波書店、一九九七年。『今昔物語集』巻第十一第三話「役優婆塞、誦持呪、駆鬼神語」に書承）では、役小角に呪縛されて谷底に置かれた「葛木ノ一言主ノ神」は、その後、人に憑いて役小角を讒言する（但し、『日本霊異記』では一言主神が讒言したことによって怒った役小角が神を呪縛したことになっており、順序が逆である）。当該部分は「呪ヲモチテ神ヲシバリテ、谷ノソコニウチオキツ。藤原宮雨ノシタヲヲサメ給ヨニ、一言主ノ神、人ニ付テ云」となっており、ここから考えれば、現実空間において呪縛し放置されていても、呪縛されている霊的存在（神）は人間に憑入し、その人物の口を通して自らの言葉を語ることができると信じられていた、ということになる。

また、神の質がかなり異なる例ではあるが、毎年一人の若い娘を生贄として出させて喰らっていた猿神が退治されるという『今昔物語集』巻第二十六第七話（新日本古典文学大系『今昔物語集　五』、森正人校注、岩波書店、一九九六年）では、猿神は男に刀を突きつけられている状態で宮司に「神託テ宣ハク」（『宇治拾遺物語』巻十第六に同話あり。『宇治拾遺物語』では「一人の神主に神つきていふやう」）とあるように、〈身体〉を拘束されていても人間に憑依して意思を示すことができるようである。

以上のような点から、住吉大明神は性信の加持によって人間には見えないがどこかの空間に「縛」されており、「縛」の状態から自らの意思によって家宗義母に憑依して窮状を訴えたのではないかと、とりあえずは推測しておく。

（23）　神仏など聖なる存在をもとの世界に送り返す場合にも、悪しき存在を放逐する場合にも用いられる「発遣」（本書第三章に詳述)ではなく、悪しき存在の放逐のみに用いられる「辟除」と記している点から、このように判断した。

ちなみに、『小右記』『栄華物語』の例においては、神の出現に対してその後の特別な対応策は何らとっていないようである。『小右記』の場合、その後、貴布禰・稲荷等については何も記されていない。『栄華物語』の場合も、貴船の神への対処法は行われず、「そこらの御祈・御読経・御修法、何くれの御祈の僧ども集り加持参り、よろづにの、しれど」という状態であり、その後、頼通の病に大きく影響していた具平親王の霊が現れて、頼通の病は平癒している。

(24) 前掲『三宝絵　注好選』。なお、大幅に増補された話が『今昔物語集』巻第十二第六話「於山階寺、行涅槃会語」(新日本古典文学大系『今昔物語集　三』、池上洵一校注、岩波書店、一九九三年)に収録されている。

(25) 前掲『往生伝　法華験記』。

(26) 同右。

(27) 前掲『古事談　続古事談』。同書の注釈によると、この話の出典は『法華百座聞書抄』によるか、とされている。

(28) 二十二社の前身となるのが伊勢・石清水・賀茂上下・松尾・平野・稲荷・春日・大原野・石上・大和・大神・広瀬・竜田・住吉・丹生川上・貴布禰の十六社である。十六社奉幣は既に昌泰元年(八九八)五月に見え、その後もしばしば散見しており、醍醐天皇朝ごろには定着していたと考えられている。以上、『平安時代史事典』(角川書店、一九九四年)、清水潔氏による「二十二社」の項、須磨千穎氏による「加茂神社」の項、上島有氏による「松尾大社」の項、真弓常忠氏による「住吉大社」の項、篠田康雄氏による「熱田神宮」の項を参照した。

(29) 中世神仏のコスモロジーにおいて、日本の神が天部の諸尊の次(十界中の天界以下)に位置付けられていた点については、佐藤弘夫「怒る神と救う神」(『神・仏・王権の中世』、法蔵館、一九九八年、第Ⅳ部第二章、三六〇〜三六四頁)、及び、佐藤弘夫「起請文を読む」(前掲『起請文の精神史』、第一章、三一〜三八頁)等に詳しく述べられている。

（30）熱田明神は後述するように『筥崎宮紀』で、日本侵略のために送り込まれた新羅僧に「縛」された諸々の神の代表格として記されてもいる。そして松尾明神は相応が阿尾奢法によって「縛」したとされる点が注目される（『天台南山無動寺建立和尚伝』、『拾遺往生伝』巻下第一話「相応和尚」等）。第四章で詳しく述べるが、阿尾奢法とは漢訳密教経典では聖なる霊的存在を童男・童女に入り込ませて予言を行う呪法であるが、日本では遅くとも鎌倉前期にはヨリマシを用いる加持のことであると考えられていた。相応の阿尾奢法を、疫病流行の原因である松尾明神を相応がヨリマシを用いる加持によって「縛」したものであるとする小山聡子氏の説もある（小山聡子「憑祈禱の成立と阿尾奢法―平安中期以降における病気治療との関わりを中心として―」、『親鸞の水脈』五、二〇〇九年）。この点に関連しては、本書第六章に推論を述べた。

（31）前掲『古事談　続古事談』。

（32）本章で取り上げる話を含む、『古事談』性信説話の考察として、小林直樹前掲「『古事談』性信親王説話考」がある。

（33）参考までに、『古事談』当該部分をあげておく。

〔事例1〕僧正延禅童子、久悩鬼瘧、延禅申請施食与之、童子自傅〔縛〕云、我是神狐也、被責護法不知為方、自今以後永去云云、

〔事例2〕讃岐守顕綱、賜施食上分、毎日食之、明日之分裹紙置之、夢施食紙中忽有光明、側有童子謂曰、弘法大師御坐帋中、開紙見之、有親王所持五鈷、即童子曰、不堪魚鳥臭、明日分今夜可食云云、

（34）小山聡子「護法童子信仰の成立」（『護法童子信仰の研究』、自照社出版、二〇〇三年、第二章）。小山聡子「護法童子信仰の成立と不動信仰」（磯水絵編『論集　文学と音楽史―詩歌管弦の世界―』、和泉書院、二〇一三年）。

なお、小林直樹氏は『古事談』性信説話における「護法」「童子」「天童」を「護法童子」として捉えている（小林直

樹前掲「『古事談』性信親王説話考」）。『古事談』成立の時代に関して言えば、これらを同一視して認識するようになっていたであろう。

例えば『宇治拾遺物語』（前掲『宇治拾遺物語　古本説話集』）巻一五第六（一九一）「極楽寺僧、施二仁王経験一事」では、藤原基経の病悩で極楽寺の僧が仁王経を読んだ時、「びんづら結ひたる童子の、すはえ持たる」が病気原因である鬼を楚で打ち払い、「極楽寺のそれがしが、かくわづらはせ給事、いみじう歎申て、年来読み奉る仁王経を、今朝より中門のわきにさぶらひて、他念なく読み奉て祈申侍る。その経の護法の、かく病ませ奉る悪鬼どもを追払侍る也」と言っている。ここでは『法華経』ではないが、法華経信仰の影響を受けたと思われる『仁王経』の経力によって動く童子が「護法」であり、完全に護法童子信仰の成立した様子をみることができる。

（35）なお、藤原師輔『九暦』延長八年（九三〇）八月十七日には、蓮舟によって語られた円仁の見た夢のエピソードがあり、そこでは、五鈷の金剛杵が空海自身であるとされている（以上、倉本一宏「平安貴族の日記と夢」、『平安貴族の夢分析』、吉川弘文館、二〇〇八年、第二章、七三～七四頁を参照した）。

（36）性信伝には、筑前守頼家が性信から袈裟を貰い、悪い病気にかかった人の枕元にこの袈裟を置くと、ただちに「邪気」が出てきて、病気が治った、というエピソードもある（筑前守頼家申請袈裟。随身赴任。邪病之人以此袈裟置于枕上。邪気即顕。亦更不発。）。施食ではないが、性信が与える物質が呪力を発揮するという点では同系統に属するものである。小林直樹氏は『続本朝往生伝』第七話の慈忍僧正尋禅の三衣筺（袈裟）を守る「護法」の話から、この筑前守頼家の話においても病人から邪気が駆り出されるに際して、護法童子の活躍があったことを予想させるとしている（小林直樹前掲「『古事談』性信親王説話考」）。

（37）大日本古記録『小右記　七』（岩波書店、一九七三年）。この時、陰陽師の占は「不宜」と「吉」に分かれたが、道長は加持すべしとして「不宜」とした陰陽師を勘当し、道長が率先して自ら加持を行ったため、僧たちもそれにならったという。この万寿二年の赤斑瘡流行に関しては、谷口美樹前掲「平安貴族の疾病認識と治療法」が詳しく論じている。

なお、出産後事態は間もなく一転して嬉子は死去し、その原因は道長が強行した加持であるとされた。この事件は道長の精神状態に多大な変化をもたらすこととなった。この事件を含め、道長の生涯における邪気概念の変遷については、上野勝之「摂関期の王権と邪気観念 ―藤原道長の邪気観念―」（前掲『夢とモノノケの精神史』、第四章）に詳しく分析されている。

(38) 奈良国立文化財研究所史料　三『仁和寺史料　寺誌編　一』（一九六四年）。

(39) 大日本仏教全書一〇九『真言付法伝外七部』（一九七九年）。この史料では「家宗并其妻病悩」とあり、夫婦そろって病気になったとされている。

(40) 前掲『真言付法伝外七部』。

(41) 酒向伸行「「もののけ」と憑祈禱」（『憑霊信仰の歴史と民俗』、岩田書院、二〇一三年、第二章第一節、六七頁。初出は一九八二年）。

(42) 前掲『宇治拾遺物語　古本説話集』。

(43) 同右。

(44) 漢訳密教経典『速疾立験魔醯首羅天説阿尾奢法』でも、「此真言応誦七遍。則彼童子戦動。当知聖者入身」（大正21, No.1277, pp.330a23-a24）と、童子の身体が小刻みに動くことが聖者の入り込んだ証左としている。

(45) 前掲『古今著聞集』。

(46) 高見寛孝氏は「日中憑霊文化の比較」において、『太平広記』巻三百四十一「韋浦」で、神を降ろしている間、巫女があくびとくしゃみを繰り返していたという部分をあげて、「わが国のユタを思い起こさせる」としている(『巫女・シャーマンと神道文化 ―日中の比較と地域民俗誌の視覚から―』、岩田書院、二〇一四年、第二章、七三頁)。なお、『十訓抄』第十第十四には「天井の上にあくびさしてやあらむ、とおぼゆる声ありて」という部分があり、浅見和彦氏の校注では「あくび」を一種の神霊現象と見る考え方があったか、としている(新編日本古典文学全集『十訓抄』、浅見和彦校注、小学館、一九九七年)。

(47)　日本古典文学大系『栄花物語　下』(松村博司・山中裕校注、岩波書店、一九六五年)。

(48)　なお、『栄華物語』巻第二十六「楚王のゆめ」(前掲『栄花物語　下』)嬉子死去の場面では、嬉子が「いたう、ちあくばせ給て、いと苦しげなる御けしき」になったのは、「僧なども退けたれば、御もの、けのするなめり」と判断している。

(49)　酒向伸行「憑祈禱と智証門流」(前掲書。初出は一九八三年)によると、浄蔵が活躍した時代(十世紀初頭から後半にかけて)には、ヨリマシを使う呪術が未だ行われておらず、これが成立したのは十世紀末から十一世紀初頭であるという。一般的傾向としては、その頃に治療呪術の変革があったといえようが、本章で取り上げる性信は、十一世紀の人物であるが性信伝にみる限りヨリマシを使った形跡はなく、「邪気」を病人自身の体内に入り込ませて「縛」している。

(50)　横内浩人前掲「仁和寺御室考」。

(51)　横内浩人前掲「仁和寺御室考」。孔雀経法の重要性については『禁秘抄』の「於公家殊御祈者孔雀経法也」という記述が横内氏によって示されている。横内氏によると、仁平三年(一一五三)御室覚法と後継者覚性は「門跡相承本尊大孔雀明王同経壇具等」を御室以外の者が使用することを禁じ、本尊仏具の独占を図り、東寺長者の孔雀経法勤修は御室の許可が必要となるなど、十二世紀後半に王家護持の大法たる孔雀経法は御室の独占的管掌下に置かれたという。

『後拾遺往生伝』性信伝では、治暦年中に内大臣(「師房公ヵ」とする。別伝では「二条関白太政大臣」とあると記す)

に孔雀経法を行ったとあり、この記述のとおりであるならば、性信の時代には皇族以外にも孔雀経法が行われていたことになる。

(52) 新日本古典文学大系『日本霊異記』(出雲路修校注、岩波書店、一九九六年)。なお、役優婆塞の時代の孔雀王経とは、後代さかんに行われた不空訳や義浄訳ではなく、僧伽婆羅訳、帛尸黎蜜多羅訳、鳩摩羅什訳のどれかであるという(前掲『日本霊異記』四一頁注(23)参照)。

(53) 小山聡子氏によると、鎌倉期の真言宗の僧である成賢『作法集』「験者作法」や天台宗の僧である承澄『阿娑縛抄』では、阿尾奢法(ここではヨリマシを用いる加持のことを指す)と不動明王経典及び不動明王の呪文が結び付けられているという(小山聡子「病気治療における憑座と憑依」、『親鸞の信仰と呪術 ―病気治療と臨終行儀―』、吉川弘文館、二〇一三年、第一章第二節、三〇~三一、三六~三七頁。小山聡子前掲「護法童子信仰の成立と不動信仰」)。

(54) 新日本古典文学大系『平家物語 上』(梶原正昭・山下宏明校注、岩波書店、一九九一年)。

(55) 新日本古典文学大系『今昔物語集 四』(小峯和明校注、岩波書店、一九九四年)。

(56) 『拾遺往生伝』には、醍醐内親王の腰痛を不動法で治したり、南院親王(光孝天皇皇子是忠親王)を不動火界呪で一時的に蘇生させたりしているエピソードがある。

(57) 石清水八幡宮史料叢書 二『縁起・託宣・告文』(続群書類従完成会、一九七六年)。『筥崎宮紀』に関しては、吉原浩人「『筥崎宮記』考 ―附譯註―」(『東洋の思想と宗教』七、一九九〇年)を参照した。吉原氏は、思想上からみて匡房以前の成立であろうと考えられる点や、幸清の次の別当宗清によって編纂された『宮寺縁事抄』巻二乙(神道大系 神社編七『石清水』、一九八八年)にもこのエピソードは所収されているが、不動呪や熱田明神は登場せず、八幡大菩薩の威力が弱い点などを指摘している。

(58) 船田淳一「中世の神と死者―忘れられた春日信仰の儀礼―」(大橋直義・藤巻和宏・高橋悠介編、アジア遊学一七四『中世寺社の空間・テクスト・技芸―寺社圏のパースペクティヴ―』、勉誠出版、二〇一四年)、及び、船田淳一「中世春日信仰と死者供養―白毫寺の一切経転読儀礼と穢れをめぐって―」(東北大学大学院文学研究科日本思想史研究室＋富樫進編『カミと人と死者』、岩田書院、二〇一五年)。

(59) 以上、『神道史大辞典』(薗田稔・橋本政宣編、吉川弘文館、二〇〇四年)、佐藤眞人氏による「法楽」の項目を参照した。

法楽の事例としては『平安時代史事典　本編　下』(古代学協会・古代学研究所編、角川書店、一九九四年)の今堀太逸氏による「法楽」の項目が詳細である。

なお、「法楽」とはもともとは仏教用語で、「①仏の教えを信受する喜び。仏の教えが生ずる喜び。②仏の内証の喜び。仏が自らの悟りにひたる喜び。仏としてあることの喜び」を意味していた(『日本国語大辞典』による)。また、「神や仏をよろこばせること」という意味で、中世後期になると、会を作って神社の社殿の前で和歌や連歌を詠み、これを神社に奉納する「法楽和歌」や「法楽連歌」が北野社などを中心に盛んに行われるようになる。また「ほうらくの舞」という言葉や、能楽を神仏に手向ける「法楽能」もある。

(60) 前掲『今昔物語集　四』。

(61) 前掲『宇治拾遺物語　古本説話集』。

(62) 前掲『古事談　続古事談』。

(63) 前掲『水左記　永昌記』。

(64) 参考までにその後の動きを示しておくと、『水左記』同年九月二日条では、邪気が人に付くことによって再び祇園・

貴布禰等の祟りが浮上した。その対策として同九月三日条では、祇園社には「黄牛」を、貴布禰社には八月二十六日の時と同様に賀茂神主の成経を派遣して、金銅製の「御体」と「銀龍」を差し出し、同九月六日条では、祇園社にて神前で十頭の馬を走らせる「十列」という儀礼を奉っている。

(65) 例えば、『平家物語』巻第二「徳大寺厳島詣」（前掲『平家物語　上』）では、藤原実定は厳島社に参籠し、内侍の舞楽・琵琶・琴・神楽などの遊びに対し、「実定卿も面白事におぼしめし、神明法楽のために、今様・朗詠うたひ、風俗・催馬楽なゝど、ありがたき郢曲どもありけり」とある。

(66) 保延六年（一一四〇）十月十四日「大江国通願文」（『平安遺文　古文書編』第五巻、二四三五、「石清水田中家文書」）「於宝前長日開般若妙文、以無相真実之法楽、賁有執権迹之神祇」、「足以賁法楽、足以増威光」。安貞二年（一二二八）五月二十九日「僧盛真願文」（『鎌倉遺文　古文書編』第六巻、三七四六、「大般若経巻六百奥書」）「兼八幡大菩薩増法楽副威光而已」。文永六年（一二六九）十二月二十七日「東厳慧安願文」（『鎌倉遺文　古文書編』第十四巻、一〇五五七、「山城正伝寺文書」）「至心発願　一心諷誦　諸大乗経　真言神呪　功徳威力　八幡権現　法楽庄厳　威光倍増」。文永七年（一二七〇）五月二十六日「東厳慧安敬白文」（『鎌倉遺文　古文書編』第十四巻、一〇六三〇、「山城正伝寺文書」）「五百万遍経王神呪歴歴トシテ貫ク玉ヲ一、先祈念シ　八幡大菩薩法楽庄厳、威光倍増ヲ二」など。

(67) 上野勝之前掲「平安貴族社会の邪気概念」（前掲書、一四四〜一五二頁）。

第三章　「解縛」と「辟除」—異常な状態を終結させる呪術—

はじめに

本章では病気治療呪術における呪術終了時の様相を考察する。それは即ち、一種異常な状態を終わらせ、平常の状態に戻す行為（その行為もここでは呪術として捉える）である。霊的存在が原因の病気治療に関しては、病気になっていること自体が異常な状態ともいえるが、密教僧・修行者が呪術を行うことによって、呪縛や時には序章でみたような病者が投げ出されたり打ち責められたりという状態が起こる。本章では、こうした呪術によって起こった異常な状態は、どのようにして解消されるのかという点に注目したい。つまり、序章で提示した「話の基本構成パターン」における(e)「呪術B」に相当する部分である。

病気治療における霊的存在に対する「縛」の研究が進むとともに、病気治療のプロセスにおける呪術者（験者などと呼ばれる僧侶たち）の行為、呪術の場におけるヨリマシの役割、呪術者が用いる「護法」の働きなどといった、さまざまな問題が解明されてきた[(1)]。霊的存在が原因の病気治療プロセスの中で、呪術の開始と途中経過に関しては、未だ完全に解明されているとはいえないまでも、さまざまな問題提起がなされ注目されてきた。それに対して一連の病気治療呪術における呪術の終了に関してはどうであろうか。

実はこの点については、さほど注目されているとは言い難い状況であった。当然のことであるかのように、呪術者に屈伏した霊的存在が去る、あるいは追い払われる、もしくは逆に、呪術者や周囲の人物たちが霊的存在とある意味で妥協し、霊的存在の要求をのんだりする、というように考えられているだけで、そこで何らかの儀礼や行為が行われるかどうかといったような点まで、深く追求はされていなかった。(2)それは僧の験力を示す話型の中においてさほど重要ではないために、説話中に記述が少ないといった理由もあろうと思われる。しかし近年、上野勝之氏(3)・小山聡子氏(4)の研究によって、呪術の終了時にも目が向けられるようになった。

特筆すべきは上野勝之氏が紹介している「追物之儀」という儀礼(単に「追」「放」とされる場合も含む)である。上野氏の研究によると、ヨリマシ加持は院政期・鎌倉前期に変化が起こり、邪気を渡し、呪縛した邪気を一定期間ヨリマシに留めた後に、邪気を放つ、追うという、「追物之儀」という放逐儀礼が新しく成立してくるという。そして、この邪気を追う日に験者やヨリマシには禄が与えられ、(5)この時点でヨリマシ加持が終了するという。上野氏は順徳天皇『禁秘抄』「護身条」の、邪気を追う日は百日とされているという記述を示した上で、基本的には病者の状態によると思われるが、神事や入内の日時が迫っているために追う例もみられ、その期間は長短さまざまであるが、数日程度から一月以上に及ぶ場合もある、と述べている。(6)

そこで本章では、上野氏らによって明かされた古記録による実態に依拠しつつ、病気治療呪術の終了時、即ち病気原因の悪しき霊的存在が病者本人あるいはヨリマシに入り込んでいるという、一種異様な状態を終結させる際の様相を、説話の構成上からみるとともに、説話記述の背景にあると思われる密教経典に説かれる呪法を例示し、理解を深めたいと考えるものである。

一　説話類にみる「辟除」

日本の古代・中世の説話には、「邪気」などといった悪しき霊的存在が影響を及ぼすことによって起こる病気を、すぐれた呪術力を持つ僧や修行者が治療する場面が多くみられる。(7) それらの中には、上野氏が提示した「追物之儀」あるいは「追う」「放つ」と記される儀礼に類似するものを見出すことができる。

『宇治拾遺物語』(8) 上五三（巻第四第一話）「狐、人ニ付テシトギ食事」には、次のような記述がある。

昔、物の怪わづらひし所に、物の怪わたし候程に、物の怪、物付につきていふやう、「をのれは、たゝりの物の怪にても侍らず。うかれて、まかりとほりつる狐なり。塚屋に子どもなど侍るが、物をほしがりつれば、かやうの所には、食ひ物、ちろぼうものぞかしとて、まうで来つる也。しとぎばし食べて、まかりなん」といへば、しとぎをせさせて、一折敷とらせたれば、すこし食ひて、「あな、むまや、〳〵」といふ。「此女の、しとぎほしかりければ、そら物つきて、かくいふ」とにくみあへり。

「紙給りて、これ、つゝみて、まかりて、たうめや子どもなどに食はせん」といへば、紙を二枚、ひきちがへて、つゝみたれば、大きやかなるを、腰についはさみたれば、胸にさしあがりてあり。かくて、「追ひ給へ、まかりなん」と験者にいへば、「追へ、〳〵」といへば、立あがりて、倒れふしぬ。しばし斗ありて、やがておきあがりたるに、ふところなる物、さらになし。

失せにけるこそ、不思議なれ。

験者の呪術によって現れたのは狐で、ヨリマシは「物付」と表現されている。序章で提示した「話の基本構成パターン」に当てはめると次のようになる。

(a)「物のけ」による病気が起こる。《事件の発端》
(b)（験者が）「物のけ」をわたす。《呪術A》
(c)狐が「物付」につく。《呪術Aの結果》
(d)狐が「追ひ給へ、まかりなん」と験者に言う。《悪しき存在の救いを求める言葉・行動》
(e)験者が「追へ、追へ」と（護法に）言う。《呪術B》
(f)「物付」が倒れ、しばらくして起き上がる。（狐が去る）《呪術Bの結果》
(g)なし。《僧の験力の称賛、褒美の授与、仏教の賛嘆》

この話の中で注目すべきは、(d)と(e)の部分、つまり、「かくて、「追ひ給へ、まかりなん」と験者にいへば、「追へ、〳〵」といへば」である。「追ひ給へ、まかりなん」という狐の言葉を受けた「追へ、追へ」というのは験者の言葉である。ここから病気原因である狐を「追う」という行為がなされていることがわかる。

そして、験者が「追へ、追へ」と命令している相手が護法であることが、小山聡子氏によって明らかにされている。小山氏は護法が験者の使役によって物気などを追い払う例として、『宇治拾遺物語』巻一第九「宇治殿倒レサセ給テ、実相房僧正験者ニ被レ召事」において、天台僧心誉が病人のもとに到着するよりも前に彼の護法が駆けつけて物気を追い払った例や、『拾遺往生伝』巻上第十五話「長慶上人」や、『宇治拾遺物語』巻一五第六「極楽寺僧、施二仁王経験一事」をはじめとする多くの史料によって確認することができるとしている。(9)

この『宇治拾遺物語』の狐の話と類似の話には、『今昔物語集』巻第二十七第四十話「狐、託人被取玉乞返報恩語」(10)がある。長文にわたるため呪術に直接関係する記述のみを引用し、「話の基本構成パターン」に当てはめてみる。

今昔、物ノ気病為ル所有ケリ。物付ノ女ニ、物託テ云ク、「己ハ狐也。祟ヲ成シテ来レルニハ非ズ。只、此ル所ニハ自然ラ食物散ボフ物ゾカシト思テ、指臨テ侍ルヲ、此ク被召籠テ侍ル也」ト云テ、（中略）此ノ男、「由シ無シ」ト思フ心付テ、「然ハ、必ズ我ガ守ト成リ給ハムヤ」ト云ヘバ、狐、「然ラ也。必ズ守ト成ラム。此ル者ハ、努〻虚言不為ズ。亦、物ノ恩不思知ズト云フ事無シ」ト云ヘバ、此ノ男、「此ノ搦サセ給ヘル護法、証ゼサセ給フヤ」ト云ヘバ、狐、「実ニ護法モ聞コシ食セ。玉ヲ返シ得セタラバ、慥ニ守ト成ラム」ト云ヘバ、男、懐ヨリ玉ヲ取出シテ女ニ与ヘツ。狐、返〻ス喜テ受取ツ。其ノ後、験者ニ被追テ狐去ヌ。

「話の基本構成パターン」

(a)「物ノ気病」する所があった。《事件の発端》

(b)（験者がヨリマシを用いる加持を行う）。《呪術A》

(c)「物付ノ女」に狐がつく。《呪術Aの結果》

(d)狐が、食物を求めてこの辺りにいたら（護法に）捕えられた旨を語る。《悪しき存在の救いを求める言葉・行動》

(e)験者が（おそらく護法に命じて）狐を追う。《呪術B》

(f)狐が去る。《呪術Bの結果》

(g)なし。《僧の験力の称賛、褒美の授与、仏教の賛嘆》

『今昔物語集』の話では「此ノ搦サセ給ヘル護法」とあって、狐を拘束しているのが「護法」であることがわかる。この例から考えても『宇治拾遺物語』で「験者」が「追へ、追へ」と命令した存在が「護法」であろうという点が首肯できよう。『宇治拾遺物語』における　狐の「追ひ給へ、まかりなん」の言葉からは、「験者」が「追う」という行為をしなければ去ることができない狐の立場を見て取ることができよう。おそらく「護法」によって拘束され、狐は逃げ出すことができない「縛」の状態なのである。

なお、『今昔物語集』の話でも「験者ニ被追テ狐去ヌ」とあり、験者（実際には「護法」であろう）が狐を追っている。病気治療呪術において「追う」という放逐儀礼が一般化している様子をうかがうことができる。

さて、『宇治拾遺物語』では病気原因である狐が「追い給へ、まかりなん」と言っているのであるが、同様の例はほかにもある。三善為康（一〇四九～一一三九）の手になる『後拾遺往生伝』巻中第九話「上人義尊」[11]がそれである。

又往年血字ヲ〔以チテ〕法花経ヲ書ス。邪魔形ヲ現シ、相ヒ随ヒテ障ヲ成セリ。然而心驚動セ〔不〕。一心ニ念仏ス。魔遂ニ便リヲ得不。更ニ給仕ノ僧妙円ニ着キテ、屢狂乱ヲ成セムトス。〔于〕時ニ上人験徳ヲ以チテ、降伏結縛スレハ、〔即〕魔ノ曰ハク、〔妬キカナ〕〔哉〕。吾レ初メ師ニ着カムト欲シテ、遂ニ相ヒ近ツクコト能ハ不。更ニ常随ノ僧ヲ煩セムトスレハ、還リテ繋縛セラル〔被〕。得脱ス可カラ不。冀ハクハ辟除セラレ〔被〕、永ニ〔以〕来ラ不ト。此ノ誓言ニ依リテ〔即〕辟除シ了リヌ。其ノ後数年、魔事有ルコト無シ。（原漢文）

「話の基本構成パターン」に整理すると次のようになる。

（a）魔が給仕の僧妙円を煩わしたため、妙円は狂乱状態になった。《事件の発端》
（b）なし（義尊が魔を何らかの方法を用いて「降伏結縛」した）。《呪術A》
（c）魔が「降伏結縛」された。《呪術Aの結果》
（d）魔は「辟除」を願い、誓いの言葉を述べた。《悪しき存在の救いを求める言葉・行動》
（e）義尊によって「辟除」が行われた。《呪術B》
（f）魔は（立ち去り、）後に現れることはなかった。《呪術Bの結果》

(g)なし。《僧の験力の称賛、褒美の授与、仏教の賛嘆》

(b)が「呪術A」で、その結果が(c)となり、(e)が「呪術B」で、その結果が(f)である。ここでは(b)で、例えば呪文を唱えたとかいうような、具体的な方法が記されているわけではない。しかし、義尊が魔を「結縛」したことが文中に記されているので、(b)での義尊の何らかの呪術と、(c)での呪術の結果を想定することができよう。そして(e)では、(b)で「結縛」されて逃れられなくなった魔を「辟除」し、それによって(f)で魔は立ち去ったのであろう。このケースではヨリマシが用いられた形跡がないので、魔はおそらく妙円自身の身体の中に「繋縛」され、妙円の口を通して妙円についてわずらわせた理由などを語っているのであろう。そして「冀ハクハ辟除セラレ[被]、永ニ[以]来ラ不」とあることから、「辟除」という行為は魔の懇願によって行われたことがわかる。それはつまり、「辟除」が行われなければ魔は立ち去ることができないということを示している。先程の狐の例では、病気原因の霊的存在の語りは、自分の正体と病気にした理由、そしてこの場から去るので追ってほしいという希望、となっている。つまり呪術の流れから言えば、狐の話における「追う」という行為が、「上人義尊」では「辟除」ということになる。

そこで、説話における「辟除」の例をもう少しみてみよう。同じく『後拾遺往生伝』巻上第三話「入道二品親王[12]」には、前章で扱った仁和寺性信（一〇〇五～一〇八五）が住吉大明神を縛した話がある。この話は、呪術の場には無関係と思われる家宗の義母が後日登場するなど、解釈できない部分が多い。また、病気原因が邪気などではなく住吉大明神であるという点で、特殊な例である。しかし、密教僧による病気治療呪術の話であることは疑いなく、ここには「辟除」だけでなく「解縛」（縛を解く）の語も文中に認められる。重複するが、再度テキストと「話の基本構成パターン」をあげておく。

又上野ノ守家宗カ妻、数日病悩ス。護身ヲ請ハムカ為、共ニ禅室ニ参ル。忽チニ効験ヲ得テ、即チ[以]家ニ帰ル。

後チ七、八日アリテ。家宗任〔国〕ニ赴ク。其ノ姑ハ〔者〕紀伊ノ守孝信カ〔之〕妻ナリ〔也〕。俄ニ来リ家宗ヲ捕ヘテ云ハク、何ソ我レヲ放タ不シテ遠ク関東ニ赴クヤ〔哉〕ト。家宗問フニ〔之〕、答ヘテ曰ハク、住吉ノ大明神ナリ〔也〕ト。親王加持ノ〔之〕後モ、尚シ未タ辟除セ《未》トイヘリ〔者〕。仍リテ共ニ禅室ニ参リ、解縛シテ帰リ了リヌ。

（原漢文）

「話の基本構成パターン」

(a) 家宗の妻が病気になる。《事件の発端》

(b) 仁和寺へ行く（そして性信に「加持」をしてもらう）。《呪術A》

(c) （住吉大明神が「縛」され、家宗妻の病気が癒える）。《呪術Aの結果》

(d) 家宗義母が、「辟除」がなされていないという住吉大明神の言葉を語る。《救いを求める言葉・行動》

(d)' 再び仁和寺の性信のもとに行く。(d)を受けての行動

(e)-1 「解縛」する。《呪術B》

(e)-2 （「辟除」する）。《呪術B》

(f) 家宗たちが帰る。《呪術B、もしくは呪術全体の結果》

(g) なし。《僧の験力の称賛、褒美の授与、仏教の賛嘆》

性信は十一世紀中頃から後半に活躍した密教僧であるが、性信伝全体をみてもヨリマシが用いられた記述はない。(b)部分では文中に性信が呪術を行ったとは記してはいないが、後の部分に住吉大明神が「親王加持ノ〔之〕後モ、尚シ未タ辟除セ《未》」とあり、(b)部分で性信が「加持」を行ったことがわかる。同様に、(c)では「縛」が起こったことを想定してよいであろう。最後の部分で「解縛」という説明があるので、それ以前は「縛」の状態であったと理解でき

るのである。するとやはり(b)と(c)の関係と、(e)とおそらく全てが丸くおさまったであろう(f)の関係をみることができる。つまり、(b)の性信の加持というのは「呪術A」であり、(e)の性信の「解縛」は「呪術B」ということになるわけである。

(e)部分の「呪術B」には「辟除」をしたとは記していないが、「辟除」が「追う」行為だとしたならば、「呪術B」では「解縛」だけでなく「辟除」も行われたであろうことが推測できる。(d)における住吉大明神の言葉は「辟除」を懇願しているわけではないが、「辟除」が必要であることを示しており、その言葉を受けて「解縛」が行われている。「我レ(住吉大明神)ヲ放タ不」とは、「縛」からの解放を意味するだけでなく、「尚シ未タ辟除セ《未》」と同様に、放逐儀礼を行っていないという意味があると考えられる。「追物之儀」において用いられるのと同様の「放つ」という語が用いられている点にも注意を払いたい。

「辟除」の例がみられる説話をもう一例あげておこう。先にみた『後拾遺往生伝』からは二百年以上時代が下る史料ではあるが、『真言伝』(正中二＝一三二五年成立[13])の浄蔵の伝記である。これも第二章で部分的にみた史料である。

『真言伝』巻第五「浄蔵法師」

延喜年中ニ唐朝ノ僧長秀。幼クシテ父ト共ニ婆斯国ニユク間。悪風ニ相テ日本燈爐ノ島ニ吹ヨセラル。叡山ニ登テ。座主増命僧正ノ弟子ト成テ。受戒得度ス。然ニ重病ニ沈テ苦痛ス。僧正示シテ云。我朝験者十人。其内ノ第三ノ験者浄蔵ヲ遣ストノ給フ。法師長秀ニ向テ。声ヲ励シテ薬師ノ呪ヲ誦スルコト百八返。一心ニ加持ス。此時長秀五體振動シ。身心迷乱ス。口ニ風冷ヲハクコト数百返。法師辟除ヲナスニ尋常ニ成ヌ。感嘆シテ云。巨唐ハ印度ニトナレリト云ヘトモ。未タ如レ此ナル人ヲ見聞セス。我生々世々ニ値遇頂礼シ奉ラント。座主和尚大ニ感シテ。法師ニ法衣ヲ賜フ。

「話の基本構成パターン」

(a) 唐僧長秀が重病になる。《事件の発端》
(b) 浄蔵が薬師の呪文を百八返唱えて加持をする。《呪術A》
(c) 長秀の五体が振動し、身心が乱れ、口から数百返息をはく。《呪術Aの結果》
(d) なし。《悪しき存在の救いを求める言葉・行動》
(e) 浄蔵が「辟除」する。《呪術B》
(f) 長秀が平常の状態に戻る。《呪術Bの結果》
(g) 長秀が浄蔵を褒めたたえ、天台座主増命が浄蔵に法衣を与える。《僧の験力の称賛、褒美の授与、仏教の賛嘆》

この浄蔵による唐僧長秀の病気治療エピソードは、『拾遺往生伝』巻中第一話「大法師浄蔵」にもあるが、内容がかなり異なっており、『拾遺往生伝』には「辟除」の語はみられない[14]。また、この『真言伝』においても、病気原因の悪しき霊的存在が「縛」されたという記述はみられず、霊的存在の語り（言葉）も記されていないため、詳細は不明である。しかし、浄蔵が「加持」をしたことが記されており、第二章で示したとおり、身体の震えやあくび（ここでは「口ニ風冷ヲハクコト数百返」）をするという状況から、憑霊現象が起こっていることは間違いがない。

ところで、「入道二品親王」の中には「解縛」と「辟除」という二種類の語が登場している。住吉大明神が「辟除」を求め、それを受けて「解縛」が行われている点から考えると、「解縛」と「辟除」はいずれも異常な状態を終結させる場合に用いられ、呪術の終了に相当する行為である。が、しかし、一話の中に「解縛」と「辟除」という二種の言葉が用いられているということは、各々の概念が異なるということを意味しているのではなかろうか。おそらく「解縛」で病者自身あるいはヨリマシの身体の中に「縛」され拘束されている状態の霊的存在を自由にし、その後「辟除」をして追うという流れになるのだろう。では、この「辟除」が本当に「追う」という行為に当たるのかどうか、さらに「縛」「解縛」と「辟除」の関係を確認するために、次節では漢訳密教経典の事例を参照してみたい。

二　漢訳密教経典中における「辟除」の諸相

「解縛」は「縛を解く」と読めば良いであろう。文字通り「縛」の状態から解放することであろう。一方「辟除」は、一般には「ヘキジョ」と読み、「はらい清める」という意味である。但し「辟除」は漢訳密教経典によく登場する語であり、その場合は「ビャクジョ」と読む。そこで漢訳密教経典中にみられる「辟除」の用例を拾ってみると、「辟除一切不祥諸作障者」(『金輪王仏頂要略念誦法』、大正19, No.948, p.189b17)や「辟除伝屍病鬼難」(『青色大金剛薬叉辟鬼魔法』、大正21, No.1221, p.99c23)や「邪鬼悪神無不辟除」(『仏説灌頂経』、大正21, No.1331, pp.515b24-b25)や「辟除邪悪万事吉祥」(同, p.518b09)や「辟除一切諸悪魔障」(『成就妙法蓮華経王瑜伽観智儀軌』、大正19, No.1000, p.597b19)や「心想辟除諸作障者。魔鬼神毘那夜迦退散馳走」(『大悲心陀羅尼修行念誦略儀』、大正20, No.1066, pp.128v28-b29)など、数え上げればきりがない。これらは全て、好ましからざるものを除去するという意味で用いられている。

「辟除」はその性質から、「辟除結界」や「結界及辟除」というように、「結界」とセットで登場する場合が多い。「辟除結界」という語は、法蔵館『密教大辞典　四(改訂増補)』に項目があげられている。そこでこれを参照してみよう。

(前略)諸魔を辟除し道場を結界するをいふ。修法の際、本尊聖衆を召請する時、諸天八部衆等皆本尊所属の眷属なるが故に悉く随従して道場に来臨す。然るに大力の諸魔等は諸天八部衆の眷属なるが故に共に道場に来る、仍てこの諸魔を辟除して後に、修法道場を結界せんが為に印明を結誦す。(後略)

以下、この『密教大辞典』の記述を参考にしながら、具体的に経典記述をみてみよう。『蘇悉地羯羅経』に基づく供養次第法を説く『蘇悉地羯羅供養法』(別本)巻第一では、「次辟除者。凡所作諸事。先須辟除。然後方作一切諸事。教説如是」(大正18, No.894, pp.706b27-b28)、「云何名為辟除。謂於道場華香等衣裳。及座等諸物。所有諸難。擯逐令去。名辟除也即得清浄」(同, pp.710a09-a11)と「辟除」を説明している。一切の諸事を行う前に「辟除」を行うべきことが説かれており、「辟除」とは即ち、儀式を行う際に、道場や用いる法具全てから悪しきものを追い払い、結界して清浄な状態を保つことであると理解できる。

また、『密教大辞典』の記述にある、仏菩薩に従う大力諸魔を「辟除」するという具体的例は、『仁王護国般若波羅蜜多経陀羅尼念誦儀軌』「第三入道場儀軌」に「即能辟除大力諸魔随仏菩薩善隠顕者。遠去他界」(大正19, No.994, pp.516c16-517a01)としてみられる。「遠去他界」とあり、狭い範囲の結界内に入らせないだけでなく、諸魔を遠く他界へ去らせるという点にも注目しておきたい。

無論、儀式の前段階としてだけではなく、好ましからざるものを除去する呪術自体にも「辟除結界」という語をみることができる。『底哩三昧耶不動尊聖者念誦秘密法』巻上では、「若有夢諸悪相者。即誦此明曰(「明」(=真言)略)誦一百八遍。於所眠処如法辟除結界」(大正21, No.1201, pp.16a16-a20)と、悪夢をみた時の処置方法として、眠る時に「辟除結界」すべきことを説いている。

経典中に「降伏法」や「降雨法」とともに「辟除法」をあげ、その方法を述べるものには、『仏説瑜伽大教王経』巻第五「相応方便成就品第八」がある。

復次辟除法。持誦者依金剛瞬拏明王相応法。用旋風所吹樹葉。上書真言及所降人名。復取彼人足下土。与所書葉同処用足踏之。即誦本尊真言。速得辟除。乃至帝釈天不能救護。何況諸凡人復次辟除法。持誦者用獯狐翅。上書真言及所降人名。以浄行婆羅門髪纏之。即誦真言加持密埋地中。復想二大明王於彼打之。次想吽字化成微小金剛杵。入所降人身変成羯磨杵。有大熾焔打彼降人。身分肢節悉令乾枯。又想諸金剛拏枳儞。悉来喫所降人身血。如是作法速得辟除。誦此真言曰

（真言省略）

誦此真言已依法相応。彼降伏人速得身分乾枯。乃至除滅。（大正18, No.890, pp.579a15-b01）

この例は「魔」や「毘那夜迦」といった霊的存在ではなく、人間が対象である。降伏する人物を痛めつけ、無きものとする方法が説かれている。つまり、ここでは「辟除法」とは、好ましからざるものを遠くへ追い払うだけでなく、好ましからざるものを痛めつけて、その結果、除き滅するという全てのプロセスをもって「辟除法」と呼んでいる。

以上のように漢訳密教経典の「辟除」とは、①好ましからざる霊的存在を結界内に入らせない、②好ましからざる霊的存在を遠く異界へ追い放つ、③好ましからざる人物を痛めつけ滅する、となる。

三　漢訳密教経典中における「辟除」と「発遣」

さて、往生伝や説話類においては呪術につきものの「縛」ではあるが、漢訳密教経典ではどうであろうか。意外なことに「縛」と「辟除」の関係が述べられている例は多くはない。以下にいくつかの例を示してみよう。

『金剛童子持念経』

次結辟除諸障縈縛毘那夜迦印。二羽十度内相叉以屈二恵入掌。甲相背各捻二念指面。急握拳。心想毘那夜迦。作障難者皆被五繫縛之。辟除真言曰

（真言略）（大正21, No.1224, pp.133c14–c17）

試みにこの呪法の流れを、「話の基本構成パターン」を一部変更して、「呪術の構成パターン」として当てはめてみると、次のようになる。

(a) なし。《発端》

(b) 「辟除諸障繋縛毘那夜迦印」を結ぶ。《呪術A》

(c) 悪しきものが「繋縛」される。《呪術Aの結果》

(d) なし。《霊的存在の言葉》

(e) 「辟除真言」を唱える。《呪術B》

(f) なし（悪しきものが「辟除」される）。《呪術Bの結果》

この部分は「辟除諸障繋縛毘那夜迦印」についての説明である。「二羽十度内相（中略）急握拳」というのは、印を結ぶ時の手の形である。重要部分は「心想毘那夜迦。作障難者皆被五繋縛之」と、好ましからざるものを「繋縛」した後に「辟除真言」を唱える点である。これは病気治療とは無関係の例であるが、悪しきものを「縛」し、拘束あるいは痛めつけた上で「辟除」している点では、日本の説話にみる病気治療法と一致しているといえる。

『西方陀羅尼蔵中金剛族阿蜜哩多軍荼利法』（以下『阿蜜哩多軍荼利法』と略す）「序品第一」

軍荼利下語呪

（呪略）

此呪法若教人下語者呪水或白芥子七遍。当面散之焼香即下語

軍荼利能縛呪

（呪略）
此呪呪花一遍或水一遍。当面上散之手即答之。或作許声即解
軍荼利発遣呪
（呪略）
此呪焼香誦七遍鬼神即発遣　（大正21, No.1212, pp.52c01–c19）

「呪術の構成パターン」
(a) なし。《発端》
(b)–1「軍荼利下語呪」を用いる、その他。《呪術A》
(c)–1（鬼神が?・）下って語る。《呪術Aの結果》
(b)–2「軍荼利能縛呪」を用いる、その他。《呪術A》
(c)–2（鬼神が「縛」され?・）答える。
(d) なし。
(e)–1（鬼神の「縛」を?・）解く。《呪術B》
(e)–2「軍荼利発遣呪」を用いる、その他。《呪術B》
(f) 鬼神が「発遣」される。《呪術Bの結果》

さまざまな軍荼利呪が記される中に以上のような部分がある。意味がわかりにくい例なのではあるが、これが儀礼の一連の流れであるとすると、①下し語らせ→②縛し→③（縛を）解き→④（鬼神を）発遣する、ということになる。ここでの「鬼神」の存在が一体何なのか、病気と関わりがあるのか、あるいは阿尾奢法のように予言をする存在なのか

がよくわからないのだが、「軍荼利下語呪」の「即下語」とある部分で下されて語るのは、おそらく後に「発遣」される「鬼神」であろう。そして次の「軍荼利能縛呪」の「即答之。或作許声即解」は、行者の問いに対して「鬼神」が答えたなら「縛」を「解」くのであろうと思われる。この「軍荼利能縛呪」の部分では、引用では略した呪が何物かを「縛」する呪であり、「許」という声を出すことによって（縛を）解くものと思われる。そしてここでは、「（縛を）解」く「許」の声と「発遣」する呪は別に存在しており、「縛」を「解」くことは「発遣呪」にではなく、「能縛呪」の範疇に入っている。ここから考えると「解縛」と「発遣」は別の概念である。

ところで、右に示した『阿蜜哩多軍荼利法』では「辟除」の語が出ておらず、「発遣」の語が用いられている。「発遣」とは通常、儀礼を行う時に勧請した神仏を、儀礼終了後にもとの世界に戻すことをいう。しかし、漢訳密教経典ではしばしば、悪しき存在を放逐するという「辟除」の語と同様の意味で用いられている。例えば『蘇悉地羯羅経』「供養次第品第十八〈亦名念誦法〉」では、「若欲成就諸余事者。応当発遣諸為障者。若不遣除。後恐傷及。所以先須作遣除法。誦忿怒真言。或用当部成弁諸事真言。誦此遣除」（大正18, No.893, pp.615c08-c11）とあり、仏菩薩ではなく諸の障りをなすものに対して「発遣」（「遣除」「遣除法」とも）の語を用いている。以下、その点を念頭に置いていただきたい。

日本の病気治療呪術説話を考える上で非常に興味深い例が、『不空羂索神変真言経』に存在する。

『不空羂索神変真言経』巻第二十五「広大明王三三昧耶品第五十四」

世尊若当降伏考〔拷〕治一切瘧鬼神等或余鬼神説誠実語。誦念之時。便観自身奮怒無敵。身出火焰涌在空住。密結鉤印索印看瘧鬼神。或余鬼神是男是女并及眷属。随所在処輪擲其印。御縛来著有疾病処。種種命縛考〔拷〕打刑罰訶譴治語。自云臣伏乞命乞去。便復以印真言約勒即速発遣。（大正20, No.1092, pp.366c08-c14）

これによると、病気原因の「瘧鬼神等」や「余鬼神」を呪術によって縛して打ち責め、屈伏させる。その時、病気原因は命乞いをし、去らせてほしいと願うのである。その屈伏の言葉によって速やかに「発遣」が行われる。「呪術の構成パターン」に当てはめてみると、

(a) 瘧鬼神・余鬼神を降伏しようと思う。《発端》
(b) 鬼神やその眷属などに印を擲つ。《呪術A》
(c-1) 鬼神が制御され、「縛」され、疾病のある所に「著」く。《呪術Aの結果》
(c-2)「縛」した鬼神を打ち責め拷問する。《呪術Aの結果》
(d) 鬼神が、屈伏したので命を助けてほしい、去らせてほしいと述べる。《悪しき存在の救いを求める言葉・行動》
(e)「発遣」する。《呪術B》
(f) なし。《呪術Bの結果》

となり、日本の説話に描かれた病気治療呪術のプロセスと同様の形がみられる。鬼神の言葉「臣伏乞命乞去」は、①屈伏した、②命を助けてほしい、③去らせてほしい、という三点であり、この内容も説話記述と一致している。病気治療呪術終了儀礼において特に注目すべきは、鬼神が去らせてほしいと懇願している点であり、先にみた『宇治拾遺物語』狐の話、『後拾遺往生伝』「上人義尊」と一致している。漢訳密教経典の記述は現実の信仰とは乖離しているとして従来あまり顧みられてこなかったが、往生伝・説話類に語られる世界と漢訳密教経典記載の呪法とは、思った以上に近似した世界にあるといってよい。

四 「追う」という行為の重要視

第二節でみた漢訳密教経典の「辟除」は、好ましからざるものを追い払うという点を基本としつつ、ある程度幅を持った意味で用いられていた。それに対して、日本の説話の中では、「辟除」を単純に呪術の終了(浄蔵による唐僧長秀の治療)、もしくは呪術の後の霊的存在を「遠くへ追い払うこと」(『後拾遺往生伝』「入道二品親王」、同「上人義尊」、『宇治拾遺物語』及び『今昔物語集』の狐の話)と解釈しているらしい。往生伝・説話にみられる病気治療呪術においては、「辟除」をもって呪術が終了したと認めることになり、上野勝之氏が明らかにした古記録に記された現実の病気治療呪術において、「追物之儀」をもって一連の病気治療が終了するという点と一致していることが理解できる。

説話における異常な状態(根本的には、霊的存在が影響を及ぼしているがための病気という状態であるが、直近には、病者自身やヨリマシの体内に霊的存在が入り込んでいる状態)を終息させる呪術(病気治療呪術の終了)は、①霊的存在の縛を解く、即ち、憑入状態である霊的存在を人間の身体の中から出す(この時点では霊的存在はまだ近くにいて、憑着状態に近いといえる)、②「辟除」によって霊的存在を遠くの異界へと追いやる(あるいは戻す)[15]、という二段階になっている。ただし、病者本人やヨリマシの身体の中に霊的存在を「縛」した場合に限って言えば、「解縛」は「縛」という呪術、もしくは「辟除」という呪術のいずれかに包摂されるものとみなされていたのではないだろうか。「入道二品親王」でも「上人義尊」でも、霊的存在が口にしたのは「辟除」の語である。『宇治拾遺物語』狐の話でも狐が口にしたのは「追ひ給へ」である。「縛」を解いてくれることを願うのではなく、「辟除」を願っていた。これは呪術の最終段階が「辟除」であり、「辟除」の前提として「解縛」があるからではないかと思われる。

『阿蜜哩多軍荼利法』にみたように、漢訳密教経典では基本的に「解縛」と「辟除」は別の概念である。ただ、次のような例も存在する。

『不空羂索神変真言経』巻第二十七「神変阿伽陀薬品第六十三」

若縛病人散病者頂。言縛即縛問作鬼病而皆説之。放如故者以水灑之。（大正20, No.1092, pp.377a25-a26）

「呪術の構成パターン」

(a) 病人がいる。《発端》
(b) (「阿伽陀薬」を)病者の頂に散ずる。《呪術A》
(c) 鬼が「縛」される。《呪術Aの結果》
(d) 鬼に問いかけると答える。《霊的存在の言葉》
(e) 鬼を「放」つ。《呪術B》
(f) なし(鬼が放逐される)。

ここでも、病人を「縛」し、問いかけに対して答え終わった後に、「放つ」という行為がなされている。「放つ」は「辟除」「発遣」「追う」と同一であろう。上野勝之氏が指摘している日本の院政期以降に現れた「追物之儀」にも、「追」とともに「放」の語が用いられている。[16]但し、この「神変阿伽陀薬品」の「放」は、「縛」(拘束)からの開放とこの世界からの放逐の両方の意味が込められているのではないだろうか。

『七倶胝独部法』

若有短命長病衆生。月十五日夜暁焼安悉香。誦此真言一千《〔百八〕》遍。魔鬼失心狂走。狐擒悪鬼皆於鏡中見形。教殺即殺教放即放。更不再来増寿無量。（大正20, No.1079, pp.187c01-c04）

「呪術の構成パターン」
(a) 短命長病の人がいる。《発端》
(b) 真言を誦す。《呪術A》
(c) 魔鬼が鏡中に現れる。(魔鬼が鏡中に封じ込められる?)《呪術Aの結果》
(d) なし。《霊的存在の言葉》
(e) 魔鬼を「放」つ。《呪術B》
(f) 魔鬼が(放逐され)再び来ることはない。《呪術Bの結果》

これは病気原因の悪しき霊的存在を、病者にではなく鏡に入り込ませて拘束し、屈伏させている。やはり最後に「放即放」とあるが、これも同様の例であろう。

そこで改めて前掲の漢訳密教経典の記述を見直すと、「縛」と「辟除」の関係がみられる『金剛童子持念経』「辟除諸障繋縛毘那夜迦印」部分では、「繋縛」と「辟除」の記述はみられるものの、「解縛」には触れていない。そして日本の病気治療説話の内容と非常に近い『不空羂索神変真言経』巻二十五「広大明王三三昧耶品」の記述の場合も、「縛」と「発遣」(「辟除」の意味で用いられている)については記しているが、やはり「解縛」については触れていない。「縛」され責められている病気原因の鬼神が願ったのも「乞去」と、去らせてほしいということであり、「縛」を解いてほしいとは言っていない。『阿蜜哩多軍荼利法』「序品第一」の例においても、「下語呪」「能縛呪」「発遣呪」は存在するが、(縛を)「解」くことは「能縛呪」に含まれており、「作許声」とあるのみで呪は説かれていない。一連の病気治療呪術の終了に関しては、「解縛」より「辟除」が重要視されている。往生伝が「解縛」を記さず「辟除」を記す点は、このような漢訳密教経典記述の影響が強いのではないだろうか。

「辟除」の重要性は古記録からもうかがうことができる。小山聡子氏は『明月記』嘉禄二年（一二二六）三月七日条の「出身病七ヶ日許、雖渡邪気猶更無其憑、追邪気了云々」という記述を示した上で、「物気を憑座の体内で呪縛して屈伏させることが出来ない場合には、物気を辟除する必要があった」、「こうすることによって、物気を呪縛して弱らせることはできないものの、遠ざけて病気を快方に向かわせることはできる、と考えられていたのである」と述べている。[17]このような例からも、現実的な解決策として「辟除」（追う）という行為が非常に重要視されていたことが知られる。

さらに小山氏は、「辟除」は行われていなかったものの、摂関期においてもそれに近いことが行われていたことを指摘している。小山氏は三巻本『枕草子』一本二三「松の木立高き所の」において、ヨリマシである「女童」がひどく泣きながら物気の言葉を語った後に、「いみじうことわりなどいはせて、ゆるしつ」と、僧が物気に詫び言を言わせて許した例や、『源氏物語』「手習い」の身投げをした浮舟を僧都が加持した時、浮舟を苦しめていた物気がヨリマシに憑依させられ、「この僧都に負けたてまつりぬ。今はまかりなん」と言っている例をあげている。[18]

つまり、往生伝や説話・漢訳密教経典・現実社会の儀礼のいずれもが、「辟除」、即ち放逐するという行為の重要性を示しているのである。[19]

ところで、上野勝之氏が示した古記録の「追物之儀」（「追」「放」）はヨリマシを用いる場合に限られるようだが、往生伝・説話記述における「辟除」（追う・放つ）ではヨリマシを用いない場合にもなされている。院政期・鎌倉期はヨリマシを用いる加持が一般的であるため、古記録にみられる「追物之儀」がヨリマシを用いる加持の場合にみられるのは当然といえば当然である。ヨリマシを用いない加持の場合を考えるに際しては、成賢（一一六二～一二三一）『作法集』[20]「験者作法」の記述が参考になる。ここには悪しき霊的存在が原因の病気に対する治療法として、ヨリマシを用いない方法とヨリマシを用いる方法の二種類が詳細に説かれている。[21]この『作法集』「験者作法」では、ヨリマシを用いない方法の最後のプロセスが「次問善悪後撥遣。〈用本尊印左転。〉而後弾指。蘖車蘖車莎呵」となっている。川崎一洋氏によると「次問善悪後撥遣」は「次に（病人に身体の具合の）善悪を問い、その後、（病魔を）送り返す」、そして「蘖車蘖車莎呵」の真言は「ゲッシャ、ゲッシャ、ソワカ」で、「行け、行け、幸いあれ」の意味であるという。[22]

ここでも呪術終了時に「撥遣」（「発遣」と同様の意味で用いられていると思われる）しており、「行け、行け」と追い払っている。つまり、少なくとも鎌倉前期においては、ヨリマシを用いない加持の場合でも「辟除」を行い、それによって呪術が終了すると考えられていたことが理解できる。ヨリマシを用いない病気治療呪術で「辟除」を行っている説話記述が存在するのも、現実と乖離したものではないことがわかる。

おわりに

以上の考察より、呪術終了時の様相をある程度知ることができた。

①日本の往生伝・説話に記される「辟除」とは、病気治療呪術において病気原因である霊的存在を遠くへ追い払うことと考えてよい。

②往生伝・説話では「辟除」（「追う」）によって病気治療が終了する。その点は古記録記載の現実社会における病気治療が「追物之儀」をもって終了するのと一致している。

③病気治療の話では、「辟除」の前提として「解縛」があるらしく、「辟除」の語（あるいは「辟除」に相当する行為）

だけで語られる場合が多い。それは漢訳密教経典で「解縛」には触れず「辟除」を記す点や、現実の日本社会における病気治療での「追う」行為の重視と一致している。説話記述が漢訳密教経典記載の呪法と非常に近い構造を持つ点、説話記述が決して現実とかけ離れたものではなく、現実に行われていた儀礼を反映した部分が存在する点を、本考察において示すことができたのではないかと思う。

註

（1）代表的なものとしては小松和彦氏の研究をあげることができる。小松和彦「護法信仰論覚書 ―治療儀礼における「物怪」と「護法」―」（『憑霊信仰論』、伝統と現代社、一九八二年。その後、一九九四年に講談社学術文庫にて発行）。小松和彦「悪霊祓いの儀礼、悪霊の物語 ―憑霊信仰の一断面―」（大系仏教と日本人3『密儀と修行』、春秋社、一九八九年）など。なお、「護法信仰論覚書」の大部分は『現代宗教』第七号（エヌエス出版会、一九七六年）にて発表されており、小松氏の提示したプロセスが一九七〇年代半ばには一応の完成をみていたとみなしてよいであろう。

小松氏が「護法信仰論覚書」において提示したプロセスは以下のようなものである（註（1）・註（2）の小松氏が示したプロセス内の用語としては、小松氏が用いている「物怪」表記をそのまま用いる）。

①ある人が病気になる。
②病気をなおすために験者が招かれる。
③験者は経文・呪文を唱えて「護法」を召霊する。
④「護法」を病人の体内に送り込む、つまり憑依させる。
⑤この「護法」が病人の体内に入り込んでいる「物怪」と闘い、病人の体から「物怪」を駆り出す。

⑥駆り出された「物怪」は通常、「憑坐」の体に引き移される。
⑦「憑坐」に駆り移された「物怪」は験者の祈禱によって姿を現し、いろいろと喋り出す。
⑧「護法」が「憑坐」の体内に入り込み、「憑坐」に乗り移った「物怪」を再び「憑坐」の体内から駆り出す。
⑨「憑坐」から「物怪」が去ったとき、病人はなおる。

その後の研究者たちの成果により、小松氏の説が部分的に訂正されていることについては、本書序章註（6）・註（10）に記した。

（2）小松和彦氏のプロセスによる呪術終了時の状況は、「「物怪」の怒りを慰撫するために、その原因となっていることを除去したり、祀りあげたりすることによって、あるいはそれとは逆に「物怪」を病人から隔離したり縛り上げたり（それは「憑坐」を隔離したり縛り上げることによって可能となる）、祈禱をさらに激しく続行したりすることによって「物怪」を「憑坐」の体から駆り出して、然るべきところに追い払う、あるいは祀り上げる」（小松和彦前掲「護法信仰論覚書」）というふうに説明されている。

（3）上野勝之「平安貴族社会の邪気概念」（『夢とモノノケの精神史—平安貴族の信仰世界—』、京都大学学術出版会、二〇一三年、第三章）。

（4）小山聡子「病気治療による憑座と憑依」（『親鸞の信仰と呪術—病気治療と臨終行儀—』、吉川弘文館、二〇一三年、第一章第二節）。小山聡子「光源氏と六条御息所の死霊—死霊への対処をめぐって—」（『説話』一二、二〇一四年）。

（5）院政期の貴族社会における「物付」（ヨリマシ）の研究には、小山聡子「院政期の憑祈禱における物付の待遇—禄を中心として—」（『日本宗教文化史研究』一九—一、二〇一五年）がある。これにより、「物付」の担い手、及び、治療関係者（験者・物付・陰陽師・医師など）に下賜された禄の比較により、「物付」の待遇とその重要性が明らかにされた。

（6）以上、上野勝之前掲「平安貴族社会の邪気概念」（前掲書、一四五〜一五二頁）。
上野氏があげている「追物之儀」三例から、邪気・物気が渡されたという記述を見てみると、
例①『殿暦』嘉承二年（一一〇七）

「渡す」

五月十五日条「自今夜渡物、〈律師頼基渡之、〉」

五月十六日条「律師渡物、女房落居」

「追う」

六月三日条「女房修法自今日延行、猶不快故也、今日も聊不快、雖然非大事、律師頼基来渡物」

六月九日条「今日女房心地平復、仍物気を放頼基律師許ニ以盛家装束一具ヲ送」

例②『殿暦』天永二年（一一一一）

「渡す」

八月二日条「女房両三日不例、仍渡物気、有其験」

「追う」

八月三十日条「今日依無障女房物気今日放之、修法僧二人、〈頼延、山、行延、三井寺、〉各給装束一具」

この例では「渡」した記述は八月二日条にしか見えず、誰が渡したのかも不明である。八月三十日条の「追物之儀」で、修法僧として装束を賜っている頼延・行延の記述があるのは八月四日条（「女房猶不快、仍僧等祈、〈頼延阿闍梨、山、行延阿闍梨、三井寺、〉」であり、その後も物気を渡した可能性がないとはいえない。

例③『玉葉』建久二年（一一九一）

「渡す」
九月六日条「自今夜以智詮阿闍梨渡物気」
九月二十二日条「自明日即可渡物気也」
九月二十三日条「即此夜始修不動法、〈智詮権法橋、〉又渡邪気也、病躰邪気無其疑之故也、物恠渡云々」
十一月一日条「加之日来御邪気余残、（中略）今月猶暫可渡御物気」
「追う」
十月十五日条：邪気を追った記述はないが、智詮・物付が纏頭（御衣）を賜っている。
九月二十三日条で渡した邪気はこの日に追われて一応の治療が終了したと考えられた可能性がある。
十一月七日条「又明後日、可追物験者（智詮）賞〈法眼、〉事、同可奏聞之由仰了」
十一月八日条「中宮御験者賞事尤可然、但今暫猶不可被逐物気歟」
十一月九日条「今暁追邪気、（中略）、寅刻、験者智詮法橋参上、追物之儀如例」
十一月に入ってから渡した邪気はこの日に追われたと思われる。

（7）本書全体の統一のため「僧や修行者」としたが、この場合は病気治療に限定されるため「験者」（霊による病＝邪気・瘧などを加持で治病する者）と言って差し支えないと思われる。
平安から鎌倉時代の「験者」の定義に関しては、上野勝之「ヨリマシ加持の登場 ―その成立と起源―」（前掲書、第二章、九二～九三頁）を参照した。なお、この上野氏の定義は、徳永誓子氏が加持（印契・真言・観想により仏の力を他者に及ぼそうとする行為）を通じて治療を行う者（徳永誓子「修験道成立史の史的前提 ―験者の展開―」、『史林』八四―一、二〇〇一年。徳永誓子「熊野三山検校と修験道」（『年報中世史研究』二七、二〇〇二年）としたものをより限定的にしたものであるとする。

（8）新日本古典文学大系『宇治拾遺物語　古本説話集』（三木紀人・浅見和彦・中村義男・小内一明校注、岩波書店、一九九〇年）。

なお、引用部分の冒頭に「物の怪」とあり、「怪」に「け」と読み仮名が付されている。森正人氏は「枕草子一本第二十三段「松の木立高き」における〈もののけ〉調伏」（『日本文学』六五―一、二〇一六年）において、新日本古典文学大系『枕草子』一本第二十三段の「物の怪《け》」と表記される部分を、「凡例に「仮名には適宜漢字をあて、もとの仮名は振り仮名の形で残した」とあるから、底本の陽明文庫本には「物のけ」と表記されていることが知られる」として、「物の怪」は適切ではなく、「物気」「物の気」が適切であることを述べている。新日本古典文学大系『宇治拾遺物語』も同様の凡例が記されており、当該部分の底本が「物のけ」であったことがわかり、『枕草子』同様に「物の怪」ではなく「物の気」が適切であろう。

（9）小山聡子前掲「病気治療における憑座と憑依」（前掲書、四六頁）。森正人氏も「〈もののけ〉考―現象と対処をめぐる言語表現―」（『国語国文学研究』四八、二〇一三年）において、この『宇治拾遺物語』の話の適切な解釈として小山氏の論（小山聡子「鎌倉時代前期における病気治療―憑座への憑依を中心として―」、『明月記研究』一三、二〇一二年。これは小山総子前掲「病気治療における憑座と憑依」の初出論文である）を引用している。

（10）新日本古典文学大系『今昔物語集　五』（森正人校注、岩波書店、一九九六年）。

（11）読み下しは、国文学研究資料館編、真福寺善本叢刊七　第二期『往生伝集【訓読・解題・索引篇】』（臨川書店、二〇〇四年）による。底本は日本思想大系『往生伝　法華験記』（井上光貞・大曽根章介校注、岩波書店、一九七四年）と同じである。原文は以下のとおりである（前掲『往生伝　法華験記』）。

又往年以〔虫損〕血字書法花経。邪魔現形。相随成障。然而心不〔虫損。内本〕驚動。一心念仏。魔遂不得便。更着給仕僧妙円。屢成狂乱。于時上人以験徳。降伏結縛。即魔曰。妬哉。吾初欲着師。遂不能相近。更煩常随僧。還被繫縛。不可得脱。冀〔兼〕被辟除。永以不来。依此誓言即辟除了。其後数年。無有魔事。

(12) 読み下しは、前掲『往生伝集【訓読・解題・索引篇】』による。原文は以下のとおりである(前掲『往生伝　法華験記』)。
又上野守家宗妻。数日〔板本「月」〕病悩。為請護身。共参禅室。忽得効験。即以帰家。後七八日。家宗赴任〔国〕。其姑者紀伊守孝信之妻也。俄来捕家宗云。何不放我遠赴関東哉。家宗問云。答曰。住吉大明神也。親王加持之後。尚未辟除者。仍共参禅室。解縛帰了。

(13) 大日本仏教全書一〇六『真言付法伝外七部』。

(14) 参考までに『拾遺往生伝』(前掲『往生伝　法華験紀』)の当該部分をあげておく。
又延喜年中。唐僧長秀《父共。別伝如此》行波斯国。漂蕩海路。寄燈楼島。僅来皇朝。久煩胸病。為求救療。啓天台座主増命僧正。〈諡号静観〉僧正命云。本朝験者十人。其中以第三験者浄蔵遣之者。大法師以薬師真言百八遍加持之。即以平喩。唐僧感歎云。我朝隣於印度。然而未有如此人。即知無第一二歟。

別伝云。此東海別島。聖人来坐也。希有哉々々。定知無第一二歟。

(15) 説話世界においては、時には病気原因の霊的存在が病者やヨリマシの身体の中ではなく、一般の生活空間において「護法」に拘束されている場合もみられる(本章註(19)の事例)。

(16) 上野勝之前掲「平安貴族社会の邪気概念」(前掲書、一四五～一五二頁)。上野氏が提示している「追物之儀」の記述は、本章註(6)に掲げた。

(17) 小山聡子前掲「病気治療における憑座と憑依」(前掲書、四六頁)。

（18）小山聡子前掲「光源氏と六条御息所の死霊」。

（19）説話世界での例から「追う」という行為をしなかった場合どのようになるのかを、院政期に成立した往生伝の一である大江匡房（一〇四一～一一一一）の『続本朝往生伝』（前掲『往生伝　法華験記』）第六話「僧正遍照」からみてみよう。そこでは、病気原因である天狗は遍照の修法（密教呪術）によって、炉壇の火に焼かれて灰になる。その灰を厠の近くに捨てたがために、天狗は「食気に就きて」蘇生する。しかし、天狗が門を出ようとすると、「護法」が拘留しており、少しも歩くことができなかったという。このように霊的存在が人間の身体の中に拘束されているのではなく、人間の周辺にいる場合には、拘束状態を続けていても何ら問題はない。但し、この話の場合でもそうであるが、「縛」していたとしても霊的存在は隙をうかがって逃げ出すことがある。そして悪しき霊的存在が人間の周辺にいれば、それだけで人間にどのような悪影響を及ぼすかわからない。やはり、追いやって遠くに去らせる「辟除」が必要となろう。

（20）『平成版真言祈禱大系Ⅲ　成賢作法集』（川崎一洋編著、四季社、二〇〇三年）。

（21）森本仙介「天皇の出産空間 ―平安末・鎌倉期」（岩波講座　天皇と王権を考える８『コスモロジーと身体』、岩波書店、二〇〇二年）。上野勝之前掲「ヨリマシ加持の登場」（前掲書、八六～八九頁）。小山聡子前掲「病気治療における憑座と憑依」（前掲書、二九～三二頁）。

（22）前掲『成賢作法集』の川崎一洋氏の注釈・現代語訳を参照した。

第四章　阿尾奢法の日本的受容 ―予言の法から病気治療呪法へ―

はじめに

「阿尾奢法」という密教の呪法がある。「阿尾奢」（ほかにも「阿尾捨」「阿毘舎」など）は梵語の「アーヴェーシャ」の音訳で、「遍入」「召入」などと訳される。『速疾立験魔醯首羅天説阿尾奢法』（大正21, No.1277　以下『魔醯首羅天説阿尾奢法』と略す）（空海・円仁・恵運・円珍が請来）をはじめとして、漢訳密教経典では主として、人間には知り得ない三世（前世・現世・来世、あるいは過去・現在・未来）の善悪・吉凶など一切の事を、聖なる超自然的存在を現すことによって知る方法としてみえる（本書では便宜上「予言の阿尾奢法」または「予言の法」と呼ぶ）。ところが日本においては「阿尾奢法」とは、悪しき霊的存在が原因の場合に行う病気治療加持であると捉えられていたようである。

早くから鈴木昭英氏(1)・酒向伸行氏(2)などにより、『魔醯首羅天説阿尾奢法』が日本におけるヨリマシを用いる加持に影響を与えたであろうという指摘はなされていた。ヨリマシを用いる加持（修験道では「憑祈禱」と呼ぶ）とは、病者とは別にヨリマシという人間を用意しておき、病気原因の悪しき霊的存在をヨリマシの身体に入り込ませて行う病気治療法である。「邪気」「もののけ」などが原因の病気治療法に関しては多くの論考がある(3)ものの、阿尾奢法が特別に取り上げられることはなかった。しかし、二〇〇二年に森本仙介氏(4)に、また近年、小山聡子氏(5)・上野勝之氏(6)によって、日本中世史の方面から古記録や聖教を用いての、病気治療におけるヨリマシを用いる加持と阿尾奢法に関する成果が出されるに至り、研究が一気に進展した。

そこで、近年の研究の成果を参照しつつ、本章では漢訳密教経典に説かれている病気治療呪法の記述を中心に、本来的には予言の法であった阿尾奢法が、日本においては病気治療加持と認識されるようになった理由について推測してみたい。

一　漢訳密教経典にみられる阿尾奢法

まず、漢訳密教経典に説かれる阿尾奢法を簡単に説明すると、次の四パターンに分けることができる。以下、いくつか事例を掲げる。

〔A〕童男・童女に聖なる存在を入り込ませて、三世一切の善悪・吉凶などを語らせる法

『速疾立験魔醯首羅天説阿尾奢法』

若欲知未来事者。当簡択四五童男或童女。可年七八歳。身上無瘢痕癥〔醫〕記。聡慧霊利。（中略）行者次応自身為魔醯首羅天。（中略）此真言応誦七遍。則彼童女戦動。当知聖者入身。（中略）誦此真言必速応験。問未来善悪一切災祥（事）。若不語或語遲。則結棒印（中略）結此棒印。則語〔諮〕問種種事已。以大印真言加持閼伽。三灑童女面。即結解。（大正21, No.1277, pp.329b19–330b11）

『守護国界主陀羅尼経』巻第九「陀羅尼功徳軌儀品第九」

称心所欲見其善悪。当以童男或有童女。身無瘢痕清浄無過。澡浴身體著解〔鮮〕白衣。誦此真言用加持之。我当至彼自

現其身。随其所問三世之事悉皆弁説。随心疑惑悉皆断除。（大正19, No.997, pp.569b14-b18）

『蘇婆呼童子請問経』巻中「下鉢私那分品第八」

又若欲童子所下。即箇取十箇　或八　或七　或六　或五　或四　或三　或二或年十二或八歳者。身分血脈及諸骨節悉皆不現。円満具足。（中略）私那下已。即有此相現時。為眼目歓悦視物不瞬無出入息。即当応知私那已下。即取遏伽水及焼香供養。心念最勝明王真言。即応敬問。尊者是何類神。自他有所疑惑。即応速問。彼自当説三世之事求利失利及苦楽等。所聞之教宜速受持。勿生疑惑所聞〔問〕事畢即速発遣。（大正18, No.895, pp.728b22-c13）

〔B〕物体（鏡・玉・剣など）に聖なる存在を現して、三世一切の善悪吉凶などを知る法

『守護国界主陀羅尼経』巻第九「陀羅尼功徳軌儀品第九」

若欲先知善悪吉凶定不定者応当誦此陀羅尼曰（陀羅尼略）

次説持念軌儀。（中略）或於剣中或鏡或牆。或指或掌或燈或仏像。或水精或壇或琉璃中。称心所欲見其善悪。（大正19, No.997, pp.569a21-b15）

『蘇婆呼童子請問経』巻中「下鉢私那分品第八」

復次蘇婆呼童子。若念誦人問下鉢私那者。応当如法請召。所謂手指或銅鏡及清水横刀燈焔宝等。虚空尊像童子真珠火聚石等。於如是処。鉢私那下者。請召来已。当即自説天上人間。及過去未来現在。超越三世善悪等事。一一具説。（大正18, No.895, pp.728a16-a21）

『蘇婆呼童子請問経』巻中「下鉢私那分品第八」

又若欲令彼鏡中相貌現者。則先取其鏡。以梵行婆羅門呼摩之灰。揩鏡令浄。或七八遍乃至十遍置於曼荼羅上。仰

著鏡中。即現出世間事
又於横刀中看事法者。又同如鏡
若欲於手指面上看吉凶者。先以紫礦水清浄其指。後以香油塗之。即現諸吉凶事
若欲於水中看者。浄漉其水置於瓶中或甕中。然後遣一童子於中看之。即皆見一切吉凶
又欲令見下。於宝等及真珠中看者。即以浄水灑於宝等及珠上。端心浄住念誦真言百八遍。即現一切相貌
又若欲令尊像所下者。以花供養即自現之。燈中亦如前法。乃至夢中為説諸事。如上所説。（大正18, No.895, pp.728a29–b15）（傍線部はCに該当する）

〔C〕夢中に聖なる存在が現れることにより、三世一切の善悪・吉凶などを知る法

『金剛峯楼閣一切瑜伽瑜祇経』巻下「金剛吉祥大成就品第九」

若欲知未来之事。即結印安於左脇。誦真言一百八遍。随印便睡。本尊阿尾奢。即於夢中見一切吉凶之事。（大正18, No.867, pp.264a18–a20）

〔D〕中期密教にみられる行者が仏と一体となる法

『金剛頂一切如来真実摂大乗現証大教王経』（初会金剛頂経）巻下「大曼荼羅広大儀軌品之二」
則結忿怒拳摧薩埵金剛印。随意金剛語。誦大乗現証百字真言。則阿尾捨。纔阿尾捨已。則発生微妙智。由此知他心。悟他心。於一切事知三世。（大正18, No.865, pp.218b07–b10）
『金剛頂一切如来真実摂大乗現証大教王経』（初会金剛頂経）巻下「大曼荼羅広大儀軌品之三」
則一切印縛。於自身口心金剛。得自在。即結金剛遍入三昧耶印。誦此心真言　噁
則成遍阿尾捨。如親友加持。則三昧耶印。想念大薩埵。（大正18, No.865, pp.222b22–b25）

『金剛峯楼閣一切瑜伽瑜祇経』巻下「金剛吉祥大成就品第九」

若持此讃王　纔一遍称誦　諸仏悉雲集　三十七智円　若当誦両遍　諸仏悉入身　一切阿尾奢〔舎〕　及以三界主　（大正18, No.867, pp.263a05-a08)

このうち最も一般的なものがAで、『魔醯首羅天説阿尾奢法』に説かれている。これらのパターンの関係性については、『蘇婆呼童子請問経』（以下『蘇婆呼経』と略す）「下鉢私那分品第八」から知ることができる。そこでは、鏡中・刀・手指・水中・宝・真珠・像・灯中とともに、傍線部で示したように夢中が並列されており、BとCは同列に扱われていることがわかる。そして、「枯木尚入其中令遣下語何況人耶」（大正18, No.859, p.728b21）という記述の後、童子に入り込ませる法が説かれており、AとBも同じ法の変種であることがわかる。Dは、前期密教におけるAの影響[7]を受け、中期密教時代に行者を悟りに導く瑜伽法や、弟子の心中に金剛の智慧を遍入せしめる灌頂儀礼に発展したものである。Dを除外するとA・B・Cはいずれも予言の法ということができる。

二　『作法集』「験者作法」の記述における注目点

さて、日本における阿尾奢法に関しては、鎌倉時代初期の醍醐寺座主成賢（一一六二〜一二三一）の『作法集』[8]「験者作法」に触れないわけにはいかない。『作法集』は醍醐寺座主勝賢（一一三八〜一一九六）が授けた折紙を守覚法親王（一一五〇〜一二〇二）が集成した『秘抄』を、勝賢の弟子である成賢が増補改訂したものである。この史料に記された「阿尾捨行」については、近年、森本仙介氏[9]・小山聡子氏[10]・上野勝之氏[11]によって詳しく分析されている。

それらの先行研究をもとに『作法集』「験者作法」の内容を簡単に紹介しておくと、そこには「阿尾捨行。唐云摂縛行」として、ヨリマシを用いない方法とヨリマシを用いる方法の二種類の阿尾奢法が、以下のように記されている。

〔A〕ヨリマシを用いない方法

先加持病人時。我身為本尊性。謂「想我身本来清浄具世尊性。」又「観。自心月輪上有本尊種子。光明遍照曜自信〔身カ〕成本尊。」又「観。有羅字。於病人心月輪上焔熾然。焚焼病人罪障患観畢。」〈但成本尊身用本尊印。〉契相印五処〈額。右肩。左肩。心。喉　各誦真言一辺〉又火炎発生印。用法界生印。誦真言投病者身上。次作本尊印当心。以金剛眼而観病人。〈先右方。次左方。次上。次下。〉　如是見已誦本尊真言。以印左転三匝。次以印招霊魂。〈用同印明。已上画〔昼カ〕時。〉　若夜見病人者。先左方次右方。次下次上也。如是見已転印亦如前。又有置眼之字真言印亦如前。

次行者発願曰

至心発願　唯願大日　本尊聖者　三部五部　両部界会　諸尊聖衆　四大八大　教令輪身　諸大明王
外金剛部　威徳天等　一切三宝　哀愍於我　仏法霊験　決定現前　於此病者　消徐〔除カ〕苦患　令得安穏
若有勢神　作悩乱者　我以法施　令離業道　若霊鬼者　我降伏彼　令入正見　以法水味　令得飽満
我為仏使　作阿尾捨　護法天等　助我威力　同心加護　是以為善　為仏種子　非我所能　是仏法力

次五大願　次般若心経　次改座所。嘔倶吒座也。坐已以瞋怒眼而誦坐真言。〈真言略〉
次持念珠。並執金剛杵挙声誦呪。〈本尊呪〉　先称本尊名号而後誦呪。　加吽発吒字。〈若加持男以杵右転。若加持女左転。出吽発吒字時。作摧破勢。〉　次問善悪後撥遣。〈用本尊印左転〉而後禅〔弾カ〕指。〈真言略。「行け、行け、幸いあれ」の意〉

〔B〕ヨリマシを用いる方法

行者先呼未開女及童男随用一人。令彼洗手漱口内外清浄。如上香水灑頂而後行者。観彼五輪清浄之儀。結印誦大日五字真言。印彼童頂令成堅固。次勧請守護者招人〔入カ〕童身。〈用四字明。請弱吽鑁斛也〉令説善悪死生等。而後更誦本尊明。先呼作病霊鬼縛入童身。若人〔入カ〕身者童即挙動。若不実若実。若魔若霊其相各異。可視蘇磨呼童子経。若実移者病者微安。爾時行者以印加持病人令堅固巳〔己カ〕。而後封童種種問訊。覆護人身真言(真言略)

まず、ヨリマシを用いない方法は、①験者が本尊と一体化する、②霊魂を招く、③「我は仏使として阿尾捨法を為す、護法天らは我を助け同心加護せむ」と述べる、④善悪を問い発遣する、となっている。

次に、ヨリマシを用いる方法は、①童男・童女を清める、②守護者を勧請して童身に招き入れ、善悪死生を問う、③霊鬼を呼び童子に縛すると童子が震え出す、④霊が童子に移れば病者が安らぐので、病者を加持する、⑤童子に対して種々尋問する、となっている。

この史料に関しては、上述のとおり既に森本氏・小山氏・上野氏の詳細な研究があるのだが、本章では改めて次の二点に着目したい。第一点は、ヨリマシを用いる方法のみならず、ヨリマシを用いない方法についても阿尾奢法であると認識している点である。ヨリマシを用いず病者本人に病気原因の霊的存在を入り込ませて屈伏させる方法から、あらかじめヨリマシを用意して病気原因をヨリマシに入り込ませて屈伏させる方法への変化は、一九八〇年代酒向伸行氏によって十世紀末頃に起こったことが明らかにされている(12)。その二種類の方法がここではいずれも阿尾奢法と認識されていることになる。

従来阿尾奢法に関する考察は、漢訳密教経典にみる予言の阿尾奢法が童男・童女に霊的存在を入り込ませることから(予言の法では聖なる存在であり、病気原因の悪しき霊的存在とは異なるが)、ヨリマシを用いる病気治療加持との関係や影響のみに関心が払われていた感がある。しかし、「験者作法」の記述によれば、少なくとも鎌倉前期においてヨリマシを用いない病気治療呪法も阿尾奢法であると認識されていたということになる。この点は日本における阿尾奢法の成立を考える上で注意すべきではないだろうか。

「験者作法」において注意したいいま一点は、ヨリマシを用いる方法の③と④の間に入っている記述「若不実若実。若魔若霊其相各異。可視蘇磨呼童子経」である。病気原因が「魔」であるか「霊」であるかは童子の様子からわかるといい、それには『蘇磨呼童子経』(『蘇婆呼経』)を見るべしとする。『蘇婆呼経』は空海が重要視し、真言密教の修法の伝授にも多く依用されている。『蘇婆呼経』巻中「下鉢私那分品第八」には、確かに童子の顔つきや様子から入り込んだ霊的存在の種類、つまりそれが聖なる存在であるか、あるいは悪しき「魔」などであるかを判断する方法が説明されている。[13]目的はあくまでも「鉢私那」と呼ばれる聖なる存在を童子に入り込ませて、三世一切の事を語らせることであるが、予言の阿尾奢法を修した場合、聖なる存在ではなく、不本意にも「魔」などの悪しき存在が入り込む場合がしばしばあったようである。同経では童子の様子から「魔」などが入り込んだことがわかった場合は、すみやかに「発遣」、即ち他世界へと送り返す必要があること、そしてその方法を説いている(大正18, No.895, pp.728c15-c27)。この悪しき霊的存在が童子に入り込むことがあるという経典記述の存在は、日本の病気治療加持を考える上で重要な示唆を与える。

三　ヨリマシを用いない加持と漢訳密教経典の病気治療呪法

漢訳密教経典にはヨリマシに病気原因を入り込ませる病気治療法は殆どみられない。[14]但し、病者自身に病気原因を入り込ませている例は、少なからず見受けられる。病気原因の鬼などを病者自身の身体に入り込ませ、縛するなどして痛めつけ、病気原因に屈伏の誓言を述べさせた後に去らせる、あるいは追い払うという、日本の往生伝などにみられるヨリマシを用いない病気治療法と類似した呪法である。

第三章に示した『後拾遺往生伝』[15]巻中第九話「上人義尊」が非常にわかりやすい例である。繰り返しになるがそこに記された呪術の流れを簡単に確認しておくと、「魔」が給仕の僧につく→義尊が「魔」を「降伏結縛」する→「魔」は給仕の僧を煩わせた理由を語って、「辟除」（追い払うこと）を願い、二度と来ないという誓いの言葉を述べる→「辟除」を行う→以後「魔」が寄り付くことはなかった、となっている[16]。

では、以下に漢訳密教経典の呪法をみていこう。まず『守護国界主陀羅尼経』（以下『守護経』と略す）「陀羅尼功徳軌儀品第九」の一部分をあげる。『守護経』は空海がはじめて日本にもたらし、最澄・空海がともに重要視した。はじめに「若欲先知善悪吉凶定不定者応当誦此陀羅尼」（大正19, No.997, pp.569a21-a22）として陀羅尼を掲げ、剣・鏡・牆（＝囲い・垣根）・指・掌・灯・仏像・水精・壇・瑠璃の中に「称心所欲見其善悪」（同，pp.569b14-15。本章第一節Bにて示した箇所）という物体を用いる阿尾奢法、続いて童男・童女を用いた予言の阿尾奢法（同，pp.569b15-b18。本章第一節Aにて示した箇所）を説いた後に、以下の記述がある。

若為癲癇鬼魅所著。当以楊枝及石榴枝。以上真言加持七遍。焼安悉香於地画彼鬼神形像。令前童子執楊枝等。鞭彼図画鬼神形像胸背等処。時彼病人如撻其身。嗥叫啼泣叩頭求救。従今永去不敢更来。時阿闍梨令鬼立誓。若再来者願我眷属喪滅無余。鬼立誓後更不再来病者平復。（同，pp.569b18-b25）

この部分を「呪術の構成パターン」によって示してみると、次のようになる。

(a) 鬼魅による病人がいる。《発端》
(b) 聖者が入り込んだ童子に鬼神の画像を鞭打たせる。《呪術A》

（c）（病人に鬼が入り込み）病人が身を打たれるがごとくに泣き叫ぶ。《呪術Aの結果》
（d）病人（病人に入り込んだ鬼）が救いを求め、二度と来ないという誓いを立てる。《霊的存在の言葉》
（e）なし。《呪術B》
（f）（鬼が去り）病者が平復する。《呪術全体の結果》

当該部分は鎌倉初期の真言僧である覚禅（一一四三～一二一三以後）の『覚禅鈔』巻第三十「守護経」に「除鬼病」として引用されるなど、よく知られていたものと思われる[17]。予言の阿尾奢法によって「聖者」（秘密主金剛主）が入り込んだ童子に鬼神を鞭打たせると、病人が苦しみ、二度と来ないという誓いの言葉を述べて病気原因の鬼が去り、病気が治ると説く。童子に「聖者」が阿尾奢、病人に病気原因の鬼が阿尾奢するという二重の阿尾奢となっている例といえる。鞭打たれるのは鬼神の絵であるため、絵は鬼の象徴といえるが、傍線部のように病人が苦しみ泣き叫び許しを乞うという点から、病気原因の鬼が入り込んでいるのは病者自身である。

次に、影響力のある経典ではないが、呪法における呪者、病気原因の霊的存在、病者という三者の関係を明確に示している例として、『迦楼羅及諸天密言経』の一部分をあげる。

在其行病鬼神之身与我二小指無異。今当降伏之。其鬼神則被縛之。病者作鬼語求哀請命。当問其故教令赦。病差矣。（大正21, No.1278, pp.331b28-c02）

ここからは、病をなす鬼神を降伏しようとする時、鬼神は「縛」され、病者が鬼の言葉を語って命乞いをするので、鬼に病者を病気にした理由を問い、教化して赦すと、病は癒える、という流れがわかる。

次に、『不空羂索陀羅尼自在王呪経』（以下『自在王呪経』と略す）「成就除鬼著病法分第十二」に説かれている病気治療呪法をあげる。便宜上、番号を付して分けた（以下同様）。

①復次有法。若患瘧鬼之病経四日者。先応泥作四角之壇。散諸香華。令其病者壇中而坐。復以麺作病人形像。応誦不空羂索心王神呪称病人名。用淳鑌鉄刀段段截之。病人見聞心即驚怖。瘧鬼捨離永不復来

②復次有法。若欲呪人。（中略）応取童男或復童女。洗浴清浄妙香塗身。（中略）応焼沈香誦不空羂索神呪。呪華三遍散童子面。童子身動。若欲令語応誦此呪。呪浄水灑童子面呪曰（呪略）誦此神呪。不得以手触所呪人。如此呪已童子即語。若問去来現在好悪之事。皆能答之。其持呪者若欲発遣著童子神。復応誦此呪。呪曰（呪略）

③復次有法。（中略）応作壇場散諸香華。復焼沈香安置病人於壇中坐。呪之令動。其持呪人以無名指押。（中略）病人即語作是誓言。我令放捨終不敢来。若不発語応以此呪更治罰之。呪曰（呪略）誦此呪已。所呪病人身如火熱作如是言。我今即去永不復来（大正20, No.1097, pp.426c16-427a24）

①から③までの流れについては後に触れることとし、まずここでは③をみてみたい。③部分を「呪術の構成パターン」によって示すと、以下のようになる。

(a)　病人がいる。《発端》
(b)　呪を用いる、その他。《呪術A》
(c)　（病気原因が病人に入り込む）。《呪術Aの結果》
(d)　病人（に入り込んだ病気原因）が、二度と来ないという誓言を述べる。《霊的存在の言葉》
(e)　なし。《呪術B》
(f)　なし。《呪術Bの結果》

史料の傍線部分に注目してほしい。ここでは病人が「我令放捨終不敢来」「我今即去永不復来」という「誓言」を

述べているので、病人に病気原因が入り込んでいることが明らかである。①において、病人の形像を切り刻むのを見て病人が驚き怖れるというのも、病人に瘧鬼が入り込んで病人の人格が瘧鬼に変転しており、その瘧鬼が恐怖しているものと思われる。また、③には病人の身体が火のように熱くなるとあるが、これは病人の身体に入りこまされた病気原因の霊的存在を痛めつけるのであろう。『法華験記』や往生伝にみられる、悪しき霊的存在を入り込まされ「縛」された病者自身の身体が、おのずから投げ出されたり打ち責められたりするのと同様であろう。護法に相当するような存在の関与はみられないが、十世紀末以前の日本で行われた、ヨリマシを用いず、病気原因を病者に入り込ませる方法と非常に似通っている。

ほかにも『大威力烏枢瑟摩明王経』巻下には、「若療鬼魅立方壇。以香水灑之。焼安悉香坐病人加持之。又加持水七遍灑彼面。彼大叫彼〔被〕撲如不語。又灑之語矣」（大正21, No.1227, pp.155c29–156a02）とあり、病者に加持した水を注ぎかけると、「彼」（鬼魅に人格変転した病人）は大いに叫び、また水を注ぎかけると語る、とする。烏枢沙摩明王に関しては、『陀羅尼集経』巻第九「金剛烏枢沙摩法印呪品」の「是法印呪若欲除病。知是鬼神所為不降伏者。可作此法誦呪縛之。当即遠送去後与作結界法事。所病鬼神更不得入」（大正18, No.901, pp.862b14–b16）からも、病気原因の鬼神を「縛」して降伏し、「遠く送り去らせる」ということがわかる。

このような病者に病気原因を入り込ませ、呪術で屈伏させて語らせる例も、日本では阿尾奢法であると捉えられていた可能性がある。

四　漢訳密教経典における予言の法と病気治療呪法の混在

阿尾奢法が日本ではヨリマシを用いる病気治療法であると認識された点については、小山聡子氏が不動明王経典から考察している。

〔A〕『金剛手光明灌頂経最勝立印聖無動尊大威怒王念誦儀軌法品』（『不動立印軌』）

又法壁画剣　以倶哩迦龍　纏交於剣上　加持一千遍　剣中観婀字　発生威焔光　令病者看之　便即阿尾捨　問者皆実説（中略）又法以無病　童男或童女　作阿尾捨法　問三世諸事　皆悉得成弁〔就〕（大正21, No.1199, pp.6b22–c22）

〔B〕『底哩三昧耶不動尊威怒王使者念誦法』

又法加持瘧病令自縛下語。又加持鏡。於中聖者現問事皆語。又取一童子或童女。令浄洗浴著鮮浄衣置道場中。召請聖者入道場加持。被此童子問一切事皆得（大正21, No.1200, pp.12a20–a23）

小山氏は上のAとBの経典記述を示した上で、鎌倉中期比叡山の僧である承澄（一二〇五～一二八二）の『阿娑縛抄』（十三世紀制作）巻第一一六「不動本」には「便即阿尾捨。問者実説　文〈下文云。童男或童女作阿尾捨法。問三世事〉」としてAを引用していることに注目し、Aの記述が鎌倉時代には阿尾奢法について説かれたものとして重要視されていたことが明らかな点、『阿娑縛抄』ではAの病気治療について説かれた箇所である「問者実説」までと、直接病気治療とは関連しない「童男或童女」以下の箇所を結び付けている点を指摘した。さらにBにおいては、『作法集』「験者作法」の前半部分に記された阿尾奢法とほぼ一致する「又法加持瘧病令自縛下語」という部分が、清浄にした童子もしくは童女にさまざまなことを語らせることができるとする「又取一童子或童女」以下の記述と、一連の

ものだと解釈された可能性があるのではないかとしている。(18)

日本における阿尾奢法に関しては、不動明王信仰の影響が最も強くみられるが、そこまで明確ではなくとも、A・Bと類似する他の漢訳密教経典記述も存在する。次に示す①と②は毘沙門関係経典で、「阿尾奢」の語は出ないものの、やはり病気治療呪法と予言の阿尾奢法が紛らわしく判別できないような記述である。

①『摩訶吠室囉末那野提婆喝囉闍陀羅尼儀軌』

若欲知童男童女鬼病所悩者。以泥作夜叉形。於鏡前著呪一百八遍。問其惑〔病〕人病人即自説神鬼名字。（大正21, No. 1246, pp.223b16–b18）

②『北方毘沙門天王随軍護法真言』

呪左手大母指作印。而去欲得於鏡看事。呪童子〔男〕童女問吉凶。其人即自下語。令道所病鬼姓名。即知是何等之病。（大正21, No.1248, pp.226b21–b24）

①では病人が「神鬼」の名を説くとあるが、それが童男・童女とどう関係するのか、文脈から具体的様相はわからない。②では童男・童女に吉凶を語らせる予言の法に続けて、「其人」に何物かが「下」り、病鬼の名を語るので、病気の原因を知ることができるとするが、「其人」が童男・童女を指すのか、病人を指すのか、また、「其人」以下の部分が童男・童女を用いる予言の法と一連であるのか、別の法であるのかもわからない。

そしてこういった童男・童女を用いる予言の阿尾奢法と病気治療呪術の混在、もしくは混乱を招くような記述や文脈のみならず、実は多くの漢訳密教経典では構成上、予言の阿尾奢法と病気治療呪法は連続して、関連呪法のように説かれているのである。

一例として『西方陀羅尼蔵中金剛族阿蜜哩多軍荼利法』（以下『阿蜜哩多軍荼利法』と略す）「軍荼利看事法〔品カ〕第

十六」に説かれる呪法の流れをあげておく。

①此呪法。（中略）遣童子或童子或童女。清浄洗浴著新浄衣。呪水洗面遣看。於中所有吉凶之事。総於中現。若失物者。亦看在何処作何色是誰将去何処安置。悉於中見。心中所疑一切亦如是看於中悉見一切。

②（前略）著取鬼病人。清浄澡浴著鮮潔衣。坐著壇中。取藤枝或竹打地。其鬼即叫喚啼哭告言。莫打我更不来也。呪師即報云。与我作誓。若来我更作法。其鬼即去。病者即差

③又法。取無病童男童女。清浄操浴著鮮潔白衣。（中略）乃至小児動転下語。過去未来一切吉凶事総説

④（前略）即遣人看水中。所有過去未来見在事。悉於中見。一如前法。呪者応知

⑤又法。欲作一切事。先須画軍荼利像。（中略）誦護身呪訖即誦心呪。乃至像動。（中略）乃至出声語。善哉善哉。呪者汝何所求。即応答我所問。一切過去未来見在。随所問者。一切総善所出語声。一切童男童女皆悉得聞。（後略）（大正21, No.1212, pp.60c07–61b03）

①童男・童女を用いて水面に一切吉凶の事を見る（予言の法）、②病人を壇中に座らせ地を枝で打つと、鬼が泣き叫ぶので、二度と来ないという誓いを立てさせて去らせる（病気治療呪法）、③童男・童女に何ものかを下し語らせると、過去未来一切吉凶の事をすべて説く（予言の法）、④甕を覆しこぼした水の中に、人を用いて過去・未来・見在（げんざい＝現世）の事ことごとくを見る（予言の法）、⑤軍荼利像が動き、一切過去・未来・見在の、問うところのすべてを声に出して語る（予言の法）、となっている。

「軍荼利看事法」というタイトルから、軍荼利明王を看る、即ち現す法であるということが想像される。内容もそれに見合う何種類かの予言の阿尾奢法が続けて説かれているが、②部分のみ病気治療呪法が入り込んでいる。

五　予言の法が含む病気治療法への移行を可能にする要素

前節では、漢訳密教経典において予言の阿尾奢法と病気治療呪法が混在している様子をみた。

ここでいま一度、先にあげた『自在王呪経』の記述に戻ってほしい。ここでも①と③の病気治療呪法の間に、②の童男・童女を用いた予言の法が入っており、『阿蜜哩多軍荼利法』「軍荼利看事法」と類似の構造がみられる。そして、『自在王呪経』②部分の予言の法では、童子に入り込んだ聖なる霊的存在が問うところをすべて答えた後には、「若欲発遣著童子神」とあり、童子に「著」いた神を「発遣」（神仏など聖なる存在をもとの世界に送り返すこと）する。②部分の「呪術の構成パターン」を示しておく。

(a)　なし（「去来現在好悪之事」を知りたいと思う）。《発端》
(b)　「不空羂索神呪」を誦する、その他。《呪術A》
(c)　童子の身体が振動する（童子に「神」が入り込む）。《呪術Aの結果》
(d)　問えば、童子が「去来現在好悪之事」を語る。《霊的存在の言葉》
(e)　童子に「著」いた「神」を「発遣」する。《呪術B》
(f)　なし（神がもとの世界に戻る）。《呪術Bの結果》

用語は異なるものの、同様の状態を示している記述をもう一例あげておく。

『仏説妙吉祥最勝根本大教経』巻下「焔鬘得迦明王最上儀軌分第九」

復次童子入悟成就法。持明者揀一諸相具足端厳童子。（中略）持明者速誦大明。依法令童子入悟。童子応時入悟。

行叉〔入〕問曰知見何事。童子即説過去未来現在之事真実不虚。或説世間之事可作不可作。（中略）持明者於焔鬘得迦明王前。献閼伽及以香花。即誦仏三昧。童子聞此三昧忽然倒地。法得成就。持明者喚起童子。復令洗浴已。与其飲食及種種財物等還送本処。（後略）（大正21, No.1217, pp.92a03-a17）

「呪術の構成パターン」

(a)「童子入悟成就法」を行おうと思う。《発端》
(b)「大明」を誦す。《呪術A》
(c)童子が「入悟」する。《呪術B》
(d)問えば、童子が「過去未来現在之事」を説く。《霊的存在の言葉》
(e)-1「仏三昧」を誦す。《呪術B》
(f)童子が地に倒れる。《呪術Bの結果》
(e)-2（童子に入り込んでいた霊的存在を）「本処」に送り返す。《呪術B》

この経典は妙吉祥（文殊）菩薩が焔鬘得迦（大威徳明王）の姿をとって大威徳法を説くもので、当該の第九章は諸々の成就法を説く部分である。童子の身体に霊的存在が入り込んだことを「入悟」と記す。童子が三世の事などを語り終わった後、行者が三昧を誦すると、童子は地に倒れる。日本の病気治療説話では『宇治拾遺物語』[19]巻第四第一話で、験者に追われて（実際に追う行動をするのは護法）狐が去った後、「物付」（ヨリマシ）が倒れ伏している。おそらく霊的存在が人間の身体から抜け出した瞬間であろう。そして最後の傍線部にある「還送本処」は「発遣」と同様である。

この予言の阿尾奢法と同様の構造を、実は病気治療呪術にもみることができる。『自在王呪経』と同じく不空羂索観音経典である『不空羂索神変真言経』は、天平七年（七三五）に入唐僧玄昉によって請来され、「光明真言」が説かれていることで著名である。第三章にもあげたが、巻第二十五「広大明王三三昧耶品第五十四」の「御縛来著有疾病処。種種命縛考〔拷〕打刑罰訶譴治語。自云臣伏乞命乞去。便復以印真言約勒即速発遣」（大正20, No.1092, pp.366c08-c14）では、「御縛来著有疾病処」の表現から、呪術によって病気原因である「瘧鬼神等」や「余鬼神」は統御され、「縛」され、疾病のある所に「著」くということがわかる。先に示した『自在王呪経』の予言の阿尾奢法における「著童子神」の表現から考えると、病気原因が病者の身体の中に入り込まされ、病者が鬼神に人格変転している状態であろう。そして病気原因の屈伏の言葉によって「発遣」（ここでの「発遣」は放逐するという「辟除」の意味）が行われる。[20]

『蘇婆呼経』「下鉢私那分品」でも、予言の法としての聖なる「鉢私那」を儀礼終了後に送り返す場合にも、また、不本意にも入り込んだ「魔」などを強制的に去らせる場合にも、同じ「発遣」の語を用いている（大正18, No.895, p.728c13, 同, c21）。つまり、予言の法における聖なる存在、病気治療における病気原因のいずれにも人間に入り込ませる場合には「著」、そして他世界に送りやる場合は「発遣」という語が用いられる。同じ語を使っているということは、目的は異なるものの、ある種同様の概念として捉えられていたということであろう。

そして、予言の阿尾奢法と病気治療呪法は、①人間の身体に霊的存在を入り込ませ、②霊的存在に語らせ、③霊的存在を身体から出し、④霊的存在をもとの世界に送り返す、あるいは追いやる、という同じ流れ（病気治療の場合は①と②の間に霊的存在を痛めつけるなどのプロセスが入る）で進められているといえる。

さらに、手順の類似のみならず、二種の呪法がより根本的な共通性を持ち、一組のものとして説かれる理由を推測させるような漢訳密教経典記述が存在する。

『阿蜜哩多軍荼利法』「軍荼利諸使者呪品第二十」

（呪略）

①此呪能治一切鬼神。能作一切事。擁護自身。亦能擁護他人。以縦結呪索。或呪水或呪灰。焼安悉香。縛一切鬼神。呪水七遍。向面上散。弾指即縛。呪水七遍。頂上散。即下語所問一切事実答。此呪能成就如是等法。②此呪亦能発遣著人鬼不敢著。（大正21, No.1212, pp.67c20–c25）

「呪術の構成パターン」

(a)　一切鬼神を統治しようと思う。《発端・動機》

(b)　呪した水をふりかける、その他。《呪術A》

(c)　鬼神が「縛」される。《呪術Aの結果》

(d)　鬼神が問うところの一切（予言と思われる）のことに答える。《霊的存在の言葉》

続く記述（別の法）

①先と同じ呪を用いる（一連のものとみなしてしまうと、(e)《呪術B》に相当する）。

②鬼を「発遣」（放逐）したり、人に著かなくしたりする（一連のものとみなしてしまうと、(f)《呪術Bの結果》に相当する）。

①は鬼神という病気原因となり得る存在を「縛」するというものではあるものの[21]、冒頭の「能治一切鬼神」から理解できるように、「一切鬼神」を統治する法、即ち鬼神を使者として使役する法である可能性を持つ。呪をもって「縛」し屈伏させた鬼神を、思い通りに使役するということかもしれない。使者使役法の一環であるとすると「即下語所問一切事実答」とは、鬼神を何者かに入り込ませて、人間には知り得ない事象を語らせるものと思われる。つまり、病気治療呪術ではない。②は「此呪亦能発遣著人鬼不敢著」に「此呪亦」とあることから、①とは別の呪術を指していることが理解できる。そしてこの②の方は、「不敢著」と鬼が人に「著」かないようにすることから、病気治療呪術

と関連する可能性を大いに持つといえる。

但し、傍線部分のみを一見すると、①と②を一連のものとして、病気原因となっている「鬼神」を縛し、病者の身体に入り込ませて病気にした原因等を語らせ、その後「発遣」することにより、鬼は二度と人間に「著」かなくなる、という解釈をしてしまいがちである。それほど当該部分は経典記載の病気治療呪法とも、そして日本の説話に描かれた病気治療呪術とも似通っている。

そして最も重要なのは、①で用いたと同じ呪が、②では人に「著」いた「鬼」を「発遣」したり、鬼が以後人に「著」かないようにすることにも有効であると説いている点である。即ち、これは予言の阿尾奢法の呪を病気治療にも用いることができるということを示している。先述の『蘇婆呼経』巻中「下鉢私那分品第八」では、予言の阿尾奢法を修した際、聖なる存在の「鉢私那」ではなく、不本意にも「魔」といった悪しき存在が入り込んだ場合に「発遣」する方法を説いていた。予言の阿尾奢法を行った場合、悪しき霊的存在が入り込んでしまうことが少なからずあるならば、悪しき霊的存在を追いやる呪法の付随が必須である。それは、修法などの儀礼において仏菩薩を召請する時、随従してくる諸魔を「辟除結界」することが、漢訳密教経典にしばしば説かれている点からも理解できよう。『阿蜜哩多軍荼利法』の当該部分からは、予言の阿尾奢法には病気原因ともなりうる「鬼神」をも、使者的なものとして使役できるという側面があることが理解できる。鬼神使役の阿尾奢法では、「鬼神」を人に入り込ませることができるとともに、「鬼神」を自由に「発遣」する（別世界へ放逐する）ことができる、即ち、「鬼神」を自在に操ることができるということである。

すると、阿尾奢法には聖なる使者的存在も、人に災いをなす魔や鬼神も、霊的存在を自在に操ることができる呪法という側面があることになる。ここに予言の阿尾奢法と病気治療呪法の接点があり、転換を容易にする可能性があるのではないだろうか。

おわりに

日本ではまず漢訳密教経典記載のヨリマシを用いない病気治療呪法が取り入れられ、十世紀末以前に行われていたのであろう。ヨリマシを用いる加持の成立の背景には、上野勝之氏が推測している[22]ように、ヨリマシを用いない加持の時代に偶発的に病人ではなく、近くにいた別の人物に憑依する例などもあったと思われる。それが『蘇婆呼経』の、「魔」など悪しき霊的存在が童子に入り込むこともあるという記述によって裏付けられたかもしれない。日本では予言の阿尾奢法は発展しなかったが、漢訳密教経典のヨリマシを用いない病気治療法の周辺には、予言の阿尾奢法が一連のものとして説かれており、本来的に非常によく似た形をとっている。病気治療呪術と予言の法が混乱したかのような記述や、予言の法が病気治療呪法にも用いられる可能性を含んだ記述もみられる。そういった複合的な要因から日本的阿尾奢法が開発され、病気治療呪法も阿尾奢法と認識されるに至ったのではないかと、現時点では推測しておくこととする。

註

（1）鈴木昭英「麓山信仰と修験道」（『霊山曼荼羅と修験巫俗』、法蔵館、二〇〇四年、二一一頁。初出は一九六四年）。
（2）酒向伸行「憑祈禱と智証門流」（『憑霊信仰の歴史と民俗』、岩田書院、二〇一三年、七一～七二頁。初出は一九八三年）。
（3）山折哲雄「憑霊と除祓」（『日本人の霊魂観』、河出書房新社、一九七六年）。小松和彦「護法信仰論覚え書き ―治療

儀礼における「物怪」と「護法」—」(『憑霊信仰論』、伝統と現代社、一九八二年。講談社学術文庫版、一九九四年。初出は一九七六年)。酒向伸行前掲『憑霊信仰の歴史と民俗』。森正人「モノノケ・モノノサトシ・物恠・恠異—憑霊と怪異現象とにかかわる語誌—」(『国語国文学研究』二七、一九九一年)など。

(4) 森本仙介「天皇の出産空間—平安末・鎌倉期」(岩波講座 天皇と王権を考える8『コスモロジーと身体』、岩波書店、二〇〇二年)。

(5) 小山聡子「憑祈禱の成立と阿尾奢法—平安中期以降における病気治療との関わりを中心として—」(『親鸞の水脈』五、二〇〇九年)。小山聡子「病気治療における憑座と憑依」(『親鸞の信仰と呪術—病気治療と臨終行儀—』、吉川弘文館、二〇一三年、第一章第二節)。小山聡子「護法童子信仰の成立と不動信仰」(磯水絵編『論集 文学と音楽史—詩歌管弦の世界—』、和泉書院、二〇一三年)。

(6) 上野勝之「ヨリマシ加持の登場—その成立と起源—」(『夢とモノノケの精神史』、京都大学学術出版会、二〇一三年、第二章)。

(7) 乾仁志「金剛界マンダラを通してみた密教の特色—特に金剛鈴菩薩を中心として—」(『日本仏教学会年報—仏教と智慧—』七三、二〇〇八年)参照。この論文では、『真実摂経』における阿尾捨法の導入について詳しく論じられている。

(8) 平成版真言祈禱大系Ⅲ『成賢作法集』(川崎一洋編、四季社、二〇〇三年)。

なお、成賢『作法集』については、布施浄慧「作法集の研究」(『川崎大師教学研究紀要 仏教文化論集』一、一九七五年)に詳しい。

『作法集』は成賢の師である醍醐寺座主勝賢(一一三八〜一一九六)が、守覚法親王(一一五〇〜一二〇二)に授けた折紙を集めて成立した『秘鈔』三十巻本の中にも収録されているが、大正新修大蔵経所収本である十八巻本には『作法集』

は含まれていない。

（9）森本仙介前掲「天皇の出産空間」。

（10）小山聡子前掲「病気治療における憑座と憑依」（前掲書、二八～三二頁）。小山聡子前掲「憑祈禱の成立と阿尾奢法」。小山聡子前掲「護法童子信仰の成立と不動信仰」。

（11）上野勝之前掲「ヨリマシ加持の登場」（前掲書、八六～九一頁）。なお、上野氏により「験者作法」は『作法集』以外にも、比叡山の承澄『阿娑縛抄』、東寺亮禅述・弟子亮尊記『白宝口抄』、高山寺に院政期写本『験者次第』、鎌倉中期写『験者用心法』、金沢文庫に『験者秘密作法（阿尾捨法）』と題する写本があることが明らかにされている（上野勝之前掲「ヨリマシ加持の登場」、前掲書、八六頁）。

（12）酒向伸行前掲「憑祈禱と智証門流」（前掲書、七二～七九頁）。近年、上野勝之氏の成果によって、『阿娑縛抄』第百七十五「験者作法」にある「厳範阿闍梨験者次第可用之」という記述が紹介され、そこから、厳範による「験者次第」が存在した点、その厳範とは源信の孫弟子にあたる十一世紀前半の比叡山横川の僧であるという点が明らかにされた（上野勝之前掲「ヨリマシ加持の登場」、前掲書、八九～九〇頁）。

（13）所作（密教の祈禱儀礼）を基本とする経典『蘇悉地羯羅経』巻中「供養次第品第十八〈亦名念誦法〉」には、「念誦之時。像見声語（引用者注：別本2では「像現声語」、大正18, No.893, p.686c03）。先応揀錬（引用者注：別本2では「簡択」、同頁同行）。即誦部尊主真言及印。若是魔作自然而退。或出語言与本法異。当知魔作。或出語言勧作悪事。亦知是魔」（大正18, No.893, pp.619c07‒c10）という記述がある。儀礼においてはからずも悪しき霊的存在が現れることは多かったと思われる。

（14）漢訳密教経典においてヨリマシを用いた阿尾奢法と治病の関係が見出される例として、上野勝之氏は『大薬叉女歓喜母并愛子成就法』「若人患鬼魅病者。准前加持一童女問之。知其病祟所作。即以法発遣彼鬼魅。病人無不除差」（大正21, No.1260, pp.287c09–c12)をあげている(上野勝之前掲「ヨリマシ加持の登場」、前掲書、一〇一頁)が、この経典は「治病において特に注目されたという事実はないようである」（同書、一一九頁注(56))としている。

(15) 日本思想大系『往生伝　法華験記』（井上光貞・大曽根章介校注、岩波書店、一九七四年）。

(16) それ以外の例としては、追い払うという記述はないが、『天台南山無動寺建立和尚伝』（山本彩氏が「『天台南山無動寺建立和尚伝』の諸本について」、『人間文化研究科年報』一四、一九九九年、にて紹介している龍谷大学本による)の相応による西三条女御と染殿后の病気治療場面がある。序章で用いた「話の基本構成パターン」に当てはめて示しておく。なお、『拾遺往生伝』巻下第一話「相応和尚」には、いずれも病気原因が屈伏の言葉を述べたという記述はない。

（西三条女御治療）（句点は引用者が付した）

天安二年。西三条女御〈良相右大臣女子也〉。已嬰重病殆及死門。右大臣頻馳書信丁寧被請和尚（中略）。和尚謙下不寄近辺。遥坐廂簷聊以誦呪不幾呪縛。彼此雷同未知誰験。而間擲出自几帳之上。過度於衆人之中。如飛到於和尚之前。擗踊昇降高声叫喚。和尚宜行可還本処之由。亦如飛還於帳裏。数剋之後其声漸下。所着霊気陳喁伏之詞。種々雑語不可勝計。大臣感激歓喜云々。（後略）

「話の基本構成パターン」

(a) 西三条女御が重病になる。《事件の発端》

(b) 相応が呪を誦す。《呪術A》

(c)-1 女御が「呪縛」状態になる。《呪術Aの結果》

(c)-2 几帳の上から投げ出され、相応の前に来て踊り叫ぶ。《呪術Aの結果》

(d) ついている「霊気」が屈伏の言葉を述べる。《悪しき存在の救いを求める言葉・行動》
(e) なし。《呪術B》
(f) なし。《呪術Bの結果》
(g) 女御の父である大臣が感激する。《僧の験力の称賛、褒美の授与、仏教の賛嘆》
（染殿后治療）病気原因の「天狐」は紀僧正であり、不動の呪では縛することができないため、「汝是非紀僧正後身柿本天狐哉」と言い、大威徳呪で加持するようにという、不動の告げがある。その後の呪術のみを記す（句点は引用者が付した）。
後日依召復参彼宮。仰意行事一如明王教喩之旨。応時結縛天狐降伏屈指。陳自今以後不可復来之由。少時解脱其後皇后不有御悩。此尊霊験宛如生身。（後略）
「話の基本構成パターン」（後日部分のみ）
(a) 染殿后が「天狐」に悩まされる。《事件の発端》
(b) 「汝是非紀僧正後身柿本天狐哉」と言い、大威徳呪で加持する。《呪術A》
(c) 「天狐」が「結縛」される。《呪術Aの結果》
(d) 「天狐」が以後二度と来ないと述べる。《悪しき存在の救いを求める言葉・行動》
(e) なし。《呪術B》
(f) 「天狐」が「解脱」（縛が解けて逃れる）する。（呪術Bはみられないが、(d)を受けてのものと思われる）
(g) 相応に告げを与えた不動尊像の威力と、その由来を記す《僧の験力の称賛、褒美の授与、仏教の賛嘆》

(17) 大正、図像部第四巻、三四四頁。

(18)　以上、小山聡子前掲「病気治療における憑座と憑依」（前掲書、三六〜三七頁）。

(19)　新日本古典文学大系『宇治拾遺物語　古本説話集』（三木紀人・浅見和彦・中村義雄・小内一明校注、岩波書店、一九九〇年）。

(20)　「発遣」が悪しきものを放逐するという意味の「辟除」の代わりに用いられることについては、本章第三章で述べた。ちなみに、この『不空羂索神変真言経』「広大明王三三昧耶品」引用部分直後には、一切の善悪相をわきまえる法として、夢中に観音が現れて一切の善悪諸法を説くという、阿尾奢法の一種とも考えられる法が続いており、やはり病気治療法と予言の法との関連をうかがわせる。

(21)　予言の阿尾奢法と使者使役法が密接に関わる点については、本書第五章第一節において述べた。

(22)　上野勝之前掲「ヨリマシ加持の登場」（前掲書、一〇八頁）。

〔補記〕　マケイシュラ天の表記は「摩醯首羅天」「魔醯首羅天」の二種がある。本書では基本的に「摩」の表記を用いたが、『速疾立験魔醯首羅天説阿尾奢法』は経典名も本文も「魔」である。なお、史料表記をそのまま用いた場合については「　」に入れた。

第五章　阿尾奢法と使者童子

はじめに

阿尾奢法に関する基本的な知識、及び、先行研究において明らかにされた日本における阿尾奢法の理解や実態に関しては、既に前章で述べた。本章では阿尾奢法と護法の問題に焦点を当て、漢訳密教経典を素材として考察することとする。

前章で取り上げた醍醐寺成賢『作法集』「験者作法」は、日本における阿尾奢法理解を知るための重要な史料である。ここに記述されている「我為仏使　作阿尾捨　護法天等　助我威力　同心加護」、「次勧請守護者招人《〔入カ〕》童身」の「護法天」「守護者」とは護法であることが、森本仙介氏[1]・小山聡子氏[2]によって指摘され、阿尾奢法に護法が関与することが明らかにされた。ここでいう「阿尾奢法」とは、日本において「阿尾奢法」と呼ばれていたヨリマシを用いる病気治療加持であり、漢訳密教経典にみられる三世一切の事を知るための予言の阿尾奢法ではない。しかし、日本において阿尾奢法と護法が関係付けられている以上、漢訳密教経典の予言の阿尾奢法の場合にも護法と関連するような要素がないかどうかを調べてみる必要があるだろう。そこで本章では、漢訳密教経典の予言の阿尾奢法とその関連呪法における、童男・童女に入り込ませる霊的存在の性質に使者的な要素がみられることを示し、予言の阿尾奢法と護法童子的な存在との接点を探ってみようと思うものである。

なお、本章では漢訳密教経典に登場する「使者」あるいは童子形をとる「使者」について触れるが、これは使役法によって呼び出し使役する存在である。具体的に悪しき存在を屈伏させたり、病気治療に活躍したりする例はみられないので、これを「護法童子」と呼ぶのは適切ではない。(3) 但し、修行者・僧に従属し、行者の命を受けて使役に応じるという点で、「護法童子」と似通った性質を持っている。そこで本章では、便宜上「使者童子」と呼ぶこととする。

一　使者を用いる法としての阿尾奢法

「はじめに」で触れたように、予言の阿尾奢法には使者を用いる法という側面があると考えられる。そして予言の阿尾奢法は、行者による使者使役法と結び付いている場合がある。『守護経』の秘密主金剛主の如く使者ではない場合も見受けられるが、三世の事を知る阿尾奢法の場合、童子あるいは鏡などの物体に入り込む存在には「使者」や「神」と表現されるものが多い。

「使者」と「神」とでは全く性質や存在が異なるという印象を受けるかもしれない。しかし、漢訳密教経典の予言の阿尾奢法関係部分にみられる「神」という表記は、「使者」と非常に近い存在として認識されている場合が多いように思われる。例えば『西方陀羅尼蔵中金剛族阿蜜哩多軍荼利法』（以下『阿蜜哩多軍荼利法』と略す）「軍荼利使者法品第十二」の「若呪神問汝求何事。応如是答。汝与我為使者」（大正21, No.1212, pp.58c19-c20）からわかるように、「呪神」は「使者」とすることができる。

『蘇婆呼童子請問経』で童子に入り込ませる「鉢私那」は、入り込んだ時に行者が「尊者是何類神」（大正18,

No.895, pp.728c10–c11）と尋ねている点から、「神」と認識されていることが理解できる。[4] この「鉢私那」はどういった尊格であるのかは不明とされているのだが、金剛智訳『薬師如来観行儀軌法』に「奉請鉢私那童子」（大正19, No.923, p.28c12）とあり、鉢私那は童子であるという認識がみられる。

『不動使者陀羅尼秘密法』「別画使者法第三」では予言の阿尾奢法を説く部分に「龍神」が登場している（大正21, No.1202, pp.24b18–19）が、この「龍神」は、おそらく後の文脈に登場する「古力迦龍王」であると思われ、そこにはこれを行者が使役する呪法が説かれている。同じく『不動使者陀羅尼秘密法』の「制吒迦」「矜羯羅」も、行者の命に従って使役される使者的存在の童子であるが、経典本文では「神」と表現されている（大正21, No.1202, pp.24c11–c12）。[5]

入り込ませる存在を「使者」と明記する例としては、まず最も著名な『速疾立験魔醯首羅天説阿尾奢法』（以下『魔醯首羅天説阿尾奢法』と略す）をあげることができる。経典中に「速疾成弁使者之法」（大正21, No.1277, p.329b16）と記されており、四、五人の童男あるいは童女に入り込むのは「聖者」とも表現されているが、那羅延天の乗物である「迦楼羅使者」である。[6] 准提観音経典では『七倶胝仏母所説准提陀羅尼経』に「又法塗一小壇。取一銅椀盛満浄灰。令童子両手按灰椀上。持誦者応誦真言。本尊使者入童子身。其椀即転即下語童子。（中略）即取滑石過与童子。童子即於地上書過去未来事吉凶善悪。及失脱経論廃忘難義真言印。即得知解」（大正20, No.1076, pp.180a02–a08）とあるように、「童子身」に「本尊使者」を入り込ませ、『仏説七倶胝仏母准提大明陀羅尼経』では一連の予言の阿尾奢法を説く中に、「或於浄潔鏡面。以好花念誦一百八遍。散置鏡上使者即（身）現鏡中」（大正20, No.1075, pp.173b29–c01）という法があり、鏡の中に「使者」が現れる。

それ以外にも、『大仏頂如来放光悉怛多般怛羅大神力都摂一切呪王陀羅尼経大威徳最勝金輪三昧呪品』の「若欲令使者看事。一切善悪悉知」（大正19, No.947, p.184c24）という記述は、「使者」が何物かに入り込むことには触れてはいないが、予言の法であることは間違いなさそうである。また、意味がとりにくい例ではあるが、『蘇悉地羯羅経』（以下『蘇悉地経』と略す）巻上「真言相品第二」には、「若復有人。欲求摂伏諸余鬼魅及阿毘舎。当用使者及制吒迦等所説真言。速得成就」（大正18, No.893, pp.604c07-c09）とあり、ここでも阿尾奢と「使者」「制吒迦等」が関連付けられている。

さらに、行者による使者使役法と予言が結び付いている例として、次のようなものがある。

『大仏頂広聚陀羅尼経』巻第五

又法。欲作使者法取髑髏七枚。浄潔如法。（中略）次第著行坐。取前香焼供養。勿令人見。於深蜜処作之。欲駆使時。焼香呪二十一遍。即著髑髏。自行動転開門出去。還走自来随。便出語所問吉凶事来。向呪師説之。所須金銀銭財珍宝。亦能知処亦能取得。随意多少。所欲駆使。随意不離。（大正19, No.946, pp.174b19-b28）

髑髏七枚を用いる「使者法」である。「欲駆使時」「所欲駆使。随意不離」などの文言からも、この呪法が基本的に使者を使役する法であることが明確である。しかし、二重傍線部にみられるように予言の要素が含まれている。傍線部で示したように「著髑髏」とあることから、鏡・玉・仏像などの代わりに、髑髏に使者を入り込ませる形での、物質を用いる予言の阿尾奢法の一種であろう。(7)

『聖迦柅忿怒金剛童子菩薩成就儀軌経』巻中

又法持誦者。或飲乳或食大麦。取蚯蚓糞揑作和修吉龍王形。持誦者坐彼王上念誦。若動揺当知法成就。龍王毎日能供十二人食。亦能説過去未来事。（大正21, No.1222, pp.110a27-b02）

龍王が毎日食を提供するという行為は、駆使・使役の一環とみてよいと思われ、「龍王」を使者的存在として用いる法であることがうかがえる。そこに「龍王」に「過去未来事」を説かせるという予言の要素が付随している。傍線部では「龍王形」の「動揺」を記すが、これは「龍王」が「龍王形」に入り込んだことを示しており、これも霊的存在を物質（ここでは像）に入り込ませる形の予言の阿尾奢法であろう。「動揺」という現象は、童子に聖者を入り込ませるパターンの阿尾奢法でも同様で、『魔醯首羅天説阿尾奢法』では「此真言応誦七遍。則彼童女戦動。当知聖者入身」（大正21, No.1277, pp.330a23–a24）と、童子の身体が小刻みに動くことを、聖者が入り込んだことの証左としている。[8]

この『大仏頂広聚陀羅尼経』と『聖迦柅忿怒金剛童子菩薩成就儀軌経』の例では、使者的存在（前者では「使者」、後者では「龍王」）を駆使する法と、使者的存在に問うところの吉凶等を語らせる法とは、同一の法として説かれている。この二例に関して言えば、予言の阿尾奢法は使者使役法の一部であるといえる。つまり、少なくとも予言の阿尾奢法と使者の使役法は関連性を有するものであることが確認できる。

二　不動明王経典にみる使者童子

さて、護法童子信仰の形成と発展に最も大きな影響を与えたのは不動明王信仰である。[9] そこで不動明王経典に目を向けてみよう。

不動明王の使者・眷属としてはセイタカ・コンガラを含む八大童子が思い浮かぶ。『聖無動尊一字出生八大童子秘要法品』では、「使者現身随意奉仕」させるためには、本尊と八大童子の画を描き、菩提心をおこし、山中で焼香・散華・真言などの供養法を行うことが説かれている（大正21, No.1204, pp.32b27–c04）。

セイタカ・コンガラを現して駆使する方法が詳しく説かれていることで知られるのは、金剛智訳『不動使者陀羅尼秘密法』「別画使者法第三」である。便宜上、番号をつけ段落ごとに分けて記す。

①若欲得見不動使者。乃至種種千事（万事）人間之事皆可称心者。当画不動使者。（中略）皆得成就。放光隠形縛一切鬼神皆得成就。仮令無画像。（中略）即得念誦。一切世間鬼神病瘧〔瘧病・疫病瘧〕等。誦七遍或至二十一遍無不即差。
②於此画像前。浄泥地（作壇）焼安悉香。取一明鏡当心安之。口加念誦。令一小児女子〔童子童女〕等看鏡中。問其所見即皆言説所求願事。須喚龍神。但得名字。
③立童男女清浄者。誦呪呪之。其神等入此童子心中。便共行者語三世之事。所問皆答。
④若欲得矜羯羅成就者。月生一日起首。早起清浄。画像前散花。（中略）矜羯羅即現形云。須作何駆使。行人報云須矜羯羅今日已後有事須問。常相随逐更莫東西。矜者問事也。羯邏者駆使也。（中略）
⑤此神作小童子形。有両種。一名矜羯囉恭敬小心者是。一名制吒迦難共語悪性者是。猶如人間悪性在下。雖受駆使常多過失也。若無事時向道。且去還来。莫向道無事好去。若向道無事好去。即便長去更不来矣。第一須記不得邂逅。西国有僧駆使多年。一朝誤（遣）遂不復来。乃涕〔啼〕哭悔恨不復更至
⑥若欲使古力迦龍王者。於壁上画一剣。以古力迦龍王繞此剣上。龍形如蛇。中剣〔剣中〕書此阿字。（中略）古力迦龍王自現其形作人形状。常相随逐（行人）任所駆使（大正21, No.1202, pp.24b05–25a12）

注意すべき点は、「制吒迦」「矜羯羅」を現して駆使する法（④⑤部分）の直前にあたる②と③の部分に予言の阿尾奢法が説かれていることである。特に③部分では、童男・童女を呪すると「其神等」が童子の心中に入って、行者とともに三世の事を語り、問うところをみな答えるという、最もポピュラーな形の予言の阿尾奢法である。

同様のパターンは『不動使者陀羅尼秘密法』と密接な関連を持つとされる不空訳『底哩三昧耶不動尊威怒王使者念誦法』（以下『一巻底哩三昧耶』とする）、同『底哩三昧耶不動尊聖者念誦秘密法』（以下『三巻底哩三昧耶』とする）、同『金剛手光明灌頂経最勝立印聖無動尊大威怒王念誦儀軌法品』（以下『不動立印軌』とする）でもみられ、童子に三世の

事を語らせる阿尾奢法の直後に、『一巻底哩三昧耶』では「成就繫迦囉法」（大正21, No.1200, pp.12a24-b03）、『三巻底哩三昧耶』では「成就繫迦羅法」（大正21, No.1201, pp22c03-c11）、『不動立印軌』では「使者成就之法門」（大正21, No.1199, pp.6c22-7a12）と、使者を出現させ、支配し使役する法が続く。

つまりいずれの場合も、予言の阿尾奢法と使者童子を出現させる法は一連の流れの中で説かれているということである。②の最後にあたると思われる「須喚龍神。但得名字」は③にもつながると思われ、③の「其神」とあるのも「龍神」を指すのであろう。そしてこの「龍神」は⑥の「古力迦龍王」と思われる。⑥にみる「古力迦龍王」は行者に使役される使者としての役割を示している。そして前節でも少し触れたが、注意すべきは「龍神」（「古力迦龍王」）も「制吒迦」「矜羯羅」も、いずれも「神」と表記されていることである。②もしくは③で「龍神」に触れ、④⑤で「制吒迦」「矜羯羅」の法を記し、⑥で再び「古力迦龍王」を使役する法に戻っているのは、単なる記述の錯綜であるとも思えない。前節での事例を併せて考えると、予言の阿尾奢法は、霊的存在を使者として使役する法の一種であると考えることができる。童子に「龍神」（「古力迦龍王」）を入り込ませて三世の事を語らせる阿尾奢法と、「制吒迦」「矜羯羅」などを出現させ使役する法が、使者的存在を用いる同種、一連の呪法として説かれ、また理解されていたのではないかと想像させる。

③部分における「其神等」は、「其神」に「等」がついている点で、「龍神」だけではなく他の「神」の場合もあることを暗示する。使者的性格を持つものが予言の阿尾奢法で用いられる点を念頭に置くならば、あくまでも想像の域を出ないのだが、次の④⑤の部分で同様に「神」と表記される「制吒迦」「矜羯羅」をも含む可能性がある。

この点に関しては、近年、小山聡子氏により、天台僧安然『聖無動尊決秘要義』の制多迦童子に関する記述「随逐大心者。阿尾奢一切ノ事業其性麤悪」が紹介され、制多迦童子が阿尾奢する性質（憑依する性質）を持つこと、それゆえ治病に携わる童子としてふさわしかったことなどが論じられている。(10) 安然が制多迦童子に阿尾奢する性質があると考えたのには何らかの根拠があるのであろう。

『蘇悉地経』は天台宗で『大日経』『金剛頂経』とともに「台密三部秘教」にあげられ、非常に重要視された経典である。その巻上「真言相品第二」には、本章第一節にも示したように、「若復有人。欲求摂伏諸余鬼魅及阿毘舎。当用使者及制吒迦等所説真言。速得成就」（大正18, No.893, pp.604c07-c09）という記述がある。「諸余鬼魅」を「摂伏」する時、そして「阿毘舎」（阿尾奢）には「使者及制吒迦等所説真言」を用いると説いている。『蘇悉地経』の「制吒迦」は固有名詞ではなく、一般名詞としての奴僕・男性の使者を示すものと思われるが、「制吒迦」といえば不動明王の二童子を連想するがゆえに、この文言の「制吒迦」が不動明王の制多迦童子と捉えられた可能性は大きい。さらに、「鬼魅」は病気をもたらす存在として知られているため、この記述からは「使者及制吒迦」が病気治療の場において病気原因の「鬼魅」を屈伏させる存在であることを連想させる。予言の阿尾奢法が使者使役法と密接な関係を持ち、かつ、前章で考察したように予言の阿尾奢法と病気治療呪法が一連のものとして説かれることも含めて、「制多迦」は阿尾奢、そして病気治療呪法と結び付けられたのであろう。

次節では、予言の阿尾奢法と使者としての超自然的童子が関係する例を具体的にみることとする。

三　観音経典にみる使者童子

不動明王の二童子は著名であるが、使者童子を現す呪法はそれだけではない。興然（一一二一～一二〇三）『五十巻鈔』や覚禅（一一四三～一二一三以後）『覚禅鈔』には准提観音法として「青衣童子」を現す法が抄出されている。この部分はいずれも善無畏の軌からの引用とするが、大正新修大蔵経所収の善無畏訳の二軌に見当たらないため、院政期以降の東密諸鈔に抄出される伝善無畏訳の『七倶胝仏母心大准胝陀羅尼二十五部大三曼荼羅独行灌頂懺悔大道場法』（略称『独行法』）からの引用であろうと考えられている[11]。覚禅は興然に受法しているため、興然の『五十巻鈔』第九「準堤」[12]から当該部分を掲げておく。

「青衣二童子事行人事」

又云。又若シ毎日夜六時ニ此陀羅尼一千八十遍シテ。経テ二四十九日ヲ一。如レ此念誦セハ。即誦二両青衣童子ヲ一。当下現シ二其身ヲ一。事中念誦ノ人上。其二童子。各自有二使者七人一。其左辺ノ童子ハ知二生ケル人間ノ善悪吉凶人間之事ヲ一。其右辺ノ童子ハ知ル二冥道中ノ善悪ヲ一。若シハ欲レ知ント二人ノ官録年寿吉凶等ノ事ヲ一。但勅シテ二右辺ノ童子ニ一。令下於二冥道一抄中与セ姓ヲ上。勅シテ二司命及閻羅ニ一。命レハ速ニ当ニレ報。毎二勅之時一結レ印ヲ誦スルコト二陀羅尼ヲ一七遍。即於冥中ニ一。具ニ知ル二善悪ヲ一。其右辺ノ童子自ラ現二其身ヲ一。一々向二本師ニ一説ク。若ハ能ク四十九日ナリ。如レ此六時ニ念シ。念シ已テ後。但作法ノ時。誦スレバ二陀羅尼七遍ヲ一。法即成セン。但早朝ニ長ニ誦スルコト一百八遍。亦更ニ不三別シテ加二遍数ヲ一。其両箇ノ童子ノ間。取二名字ヲ一須ク二使シテ即使一云々

表題に「青衣の二童子、行人に事える事」とあるように、基本的には行者が二童子を駆使するための呪法であろう。第一節でみた『大仏頂広聚陀羅尼経』には、「使者法」として髑髏を用いて使者を駆使し、その一環として行者が問うところの吉凶の事などを説かせる予言の阿尾奢法が説かれていた。『聖迦柅忿怒金剛童子菩薩成就儀軌経』では像を用いて「龍王」を出現させ、使役し、過去未来の事を説かせるという、おそらくこれも一種の予言の阿尾奢法であろうと思われる法がみられた。『聖迦柅忿怒金剛童子菩薩成就儀軌経』では使者的存在は龍王であり[13]、『大仏頂広聚陀羅尼経』における使者も童子であるとは記されていない。しかし『五十巻鈔』「準堤」では童子であることが明記さ

れている。

『五十巻鈔』「準堤」の法は使者使役法の一環と考えられるものの、具体的な童子の役割は行者の日常生活の世話などとは異なっている。左辺の童子は生きている人間に生ずる善悪吉凶のことを知り、右辺の童子は冥道のことを知るとする。人の官録・年寿・吉凶などのことが知りたければ、右辺の童子に命じて司命及び閻羅に勅すれば、冥中においてつぶさに善悪を知ることができるとする。左辺の童子と右辺の童子の役割記述にやや混乱があるように思われるが、二童子の役目は人間には計り知れないことを知らせるという点、即ち、予言に特化されている。青衣の童子といえば、東密において青色で現される金剛童子（台密では黄色）を連想させるが、[14]ここでの二童子は閻魔庁や冥界と関わっており、『今昔物語集』震旦の説話に頻出する「青衣」の人物などの場合、「青衣」が冥界の者の着衣であり、異界の象徴であることから、[15]冥界の童子と考えるべきであろう。

この二童子の出現記述には、人間の童子あるいは像などの物体といった〈器〉の存在がみられず、この呪法を「アーヴェーシャ」、つまり入り込むという意味の阿尾奢法ということはできない。但し、使者の童子を用いて（ここでは冥道をも含む）善悪吉凶を知るという、予言の阿尾奢法と共通の目的がみられることは注目に値するだろう。

さて、セイタカ・コンガラの名称は不動明王に固有のものではない。[16]「セイタカ」は奴僕の意味、「コンガラ」は奉仕者の意味である。前節で示した『不動使者陀羅尼秘密法』⑤の部分でも、「矜羯羅」の「矜」とは「問う」、「羯邏（羅）」とは「駆使」の意味であることが記されている。『蘇悉地経』別本二巻上「請問品第一」には「諸余使者制吒制徴等」（大正18, No.893, pp.663c25-c26）という表現があり、「制吒制徴」とは男性の使者と女性の使者のことであるという。[17]

不空羂索観音の経典である李無諂訳『不空羂索陀羅尼経』にも、セイタカ・コンガラを出現させ、駆使する法が記されている。不動の二童子はセイタカが忿怒形、コンガラが柔軟相であるが、『不空羂索陀羅尼経』ではセイタカを柔軟相、コンガラを忿怒相に作る点で逆である。(18)

『不空羂索陀羅尼経』と、その同本異訳とされる宝思惟訳『不空羂索陀羅尼自在王呪経』（以下『自在王呪経』と略す）には、使者童子を出現させる呪法が「第五」「第六」「第八」の三箇所で説かれている。基本的にはいずれも、童子の絵や像を作り、それを供養したり、誦したりすると使者童子が現れ、行者はこの童子を駆使することができるというものである。二経典の内容はほぼ同じであるため『不空羂索陀羅尼経』を掲げておく。

「不空羂索明主呪王成就緊羯羅品第五」

　爾時復説成就緊羯羅法。若欲受持緊羯羅者。聖者不空羂索緊羯羅。一切作事悉皆成弁。作於夜叉童子之形。瞋面怒目髪赤黄色。向上聳竪猶如火焔。鼻作膈腣狗牙上出。吐舌舐脣身有両臂。著青色衣持索。（中略）応誦不空羂索呪王〔王呪〕一百八遍。時緊羯羅則来現前。随所処分依命而作。若須駆使令其問事。即詣彼所。如其所見所聞之事如実来報。（後略）（大正20, No.1096, pp.411b25-c08）

『自在王呪経』「成就使者能弁事法分第五」（大正20, No.1097, pp.423b-c21）でも像の姿は「夜叉童子」と同様であるが、「緊羯羅」という名はみえず「使者」（不空羂索王神呪之使）とする。

「不空羂索明主呪王成就制摘迦品第六」

　爾時復説制摘迦法。若欲受持制摘迦者。彼人応作不空羂索制摘迦像。作童子形歓喜相貌。（中略）応誦不空羂索王呪一千八遍則得成就。制摘迦験亦当現身則得自在。随所処分依命即作。所見所聞皆来相報。随所駆使受教来去。悉為能成一切事業所応作者。悉皆能成弁一切利益。亦能与財。（後略）（同, pp.411c23-412a09）

『自在王呪経』「成就駆策僮僕使者分第六」（同, pp.424a06-b17）では「制摘迦」という名はみえず、像を「僮僕使者」

（不空羂索王神呪之僮僕）とし、現れる存在は「使者」とする。

「不空羂索明主呪王成就使者品第八」

若其欲得降伏使者。彼持呪人画一使者作小児形。一切厳具以為荘厳作歓喜面。頭上五髻身形可喜。（中略）誦不空羂索王心呪一百八遍。則来現前問呪者言。欲求何願我当与汝。呪者告言。我今須汝充為侍者受我教命。彼作是言所有教命。我悉為作作者成弁。従是已後所有教命悉為成弁。終不敢違皆依命作。（中略）若如是者則得帰伏。能与財物能示伏蔵。随所須物彼皆将来。有所見聞皆向耳中。而来告示説之令知。終不乏少所須之物。皆令憶念前生之中所有事務。過去未来現在之事。若其問者皆悉為説終無不実。（同, pp.413a15–b04）

『自在王呪経』「成就策使羅刹童子分第八」（同, pp.425a28–b21）では、像は「羅刹童子」（如童子像）とし、現れる存在も「羅刹童子」である。

『不動使者陀羅尼秘密法』と『不空羂索陀羅尼経』『自在王呪経』を比べると、同じ使者童子を出現させ駆使する法ではあるものの相違がみられる。一点目の相違は童子の像や画の有無である。『不動使者陀羅尼秘密法』では童子の像や画を作ることは述べられていない。「若欲得矜羯羅成就者。（中略）画像前散花」の部分に「画像」とあるが、そこには説明が一切付されておらず、ここで用いるのは「矜羯羅」の画像ではなく、先の部分に述べられている不動明王の画像であろう。それに対して、『不空羂索陀羅尼経』『自在王呪経』では使者童子の像や画を作ることが詳細に記されており、像や画の重要性がうかがえる。

相違の二点目は、『不空羂索陀羅尼経』『自在王呪経』には出現した童子が三世の事を語るという予言の要素が明確に加わっていることである。傍線で示した部分がそれにあたり、「第五」「第六」にもこの要素がみられるが、「第八」部分でそれが極めて明確に出ている。『自在王呪経』の同様部分も掲げておくと、「第五」では「于時使者随所見聞悉皆具説」（大正20, No.1097, p.423c08）、「第六」では「然其使者若耳所聞若眼所見皆来説向持呪之人」（同, pp.424a23–a24）及び「所有一切隠密之事。及吉祥事皆来向説」（同, pp.424a28–a29）、「第八」では「而此童子若眼所見若耳所聞。皆来密向持呪之人耳辺而説。令持呪者憶念宿世所有生事。若持呪人問童子過去未来現在之事。皆依実答終無虚妄」（同, pp.425b17–b21）である。「第八」では、問えば出現した童子が三世の事を語り、みな間違いがないとあり、完全に予言の阿尾奢法と同様の形をとる。

漢訳密教経典にみられる予言の阿尾奢法には、本書第四章で示したように、鏡・剣・玉・水面・仏像などの物質を霊的存在の〈器〉として用いるものがある。鏡・剣・玉・水面などの場合は霊的存在の姿がそこに映し出されるのであろうと想像ができる。[19] では、像を用いる場合はどういった形態をとるのであろうか。

第一節でみた『聖迦柅忿怒金剛童子菩薩成就儀軌経』は、ミミズの糞をこねて作るという非常に簡易で一時的なものではあるが、「龍王形」つまり像を用いて行う呪法であり、念誦によって「龍王形」が動揺し、龍王が像に入り込んで現れたことを示していた。

より具体的に状態を知ることができる例を次にあげてみる。

『陀羅尼集経』巻第四「観世音巻上」

> 観世音菩薩来入道場。其栴檀像自然揺動。爾時三千大千世界。一時振動。其像頂上仏面出声。讃行者言。善哉善哉善男子。（後略）（大正18, No.901, pp.824c19–c22）

十一面観音を作り作法を行うと観音が道場へやってくるとする。ここでも十一面観音の像が自然に揺れ動いており、観音自体が像に入り込んでいることがわかる。さらにここでは、傍線部にみられるとおり、頂上の仏面が声を出して行者に語りかけている。

『阿蜜哩多軍荼利法』「軍荼利看事法第十六」

> 又法。欲作一切事。先須画軍荼利像。（中略）誦護身呪訖即誦心呪。乃至像動。即起焼香供養礼拝。却坐誦呪。乃至出声語。善哉善哉。呪者汝何所求。即応答我所問。一切過去未来見在。随所問者。一切総善所出語声。一切童男童女皆悉得聞。（後略）（大正21, No.1212, pp.61a22-b03）

傍線部の「乃至像動」「乃至出声語」から「軍荼利像」が動き、声を出して語り出すことが理解できよう。『陀羅尼集経』では現れた観音は三世の事を説かないが、『阿蜜哩多軍荼利法』の例では過去・未来・現在の問うところの一切を答えるとあり、完全に仏像に聖者が入り込む形の予言の阿尾奢法といえる。

以上の二例から、おそらく『不空羂索陀羅尼経』『自在王呪経』の場合も、現れた使者童子は像に入り込み、像が声を出して語るものであろうと推測できる。

準提（准胝）観音法「青衣童子」の場合、使者が現れて人間には計り知れないことを語るという、予言の法ではありながら、像の使用については言及されていない。青衣の二童子は「当現シ其身ヲ」、「自ラ現其身ヲ」と記述されており、眼前に姿形をともなった童子が出現するイメージである。不空羂索観音経典の諸童子も「緊羯羅則来現前」（『不空羂索陀羅尼経』「第五」）、「制摘迦験亦当現身」（同「第六」）、「則来現前」（同「第八」）というように、何物かに入り込むというより、使者童子が行者の眼前に現れるというイメージである。しかし、「その身を現す」という表現が、現実の姿形を伴う出現に限定されるかというと、必ずしもそうではないようである。

例えば『不空羂索神変真言経』における病気治療呪法においては、「当加持病者。得作病鬼現身而来所問皆説」（大正20, No.1092, pp.383c28-c29）とある。漢訳密教経典にみる病気治療呪法の場合、病気原因の鬼が病者の口を通して語る場合が多いことを考えると、病鬼が姿形を伴って行者や病者の目の前に出てきたとは考えにくい。第四章で示した

『守護経』の予言の阿尾奢法では、「我（引用者注：聖者＝秘密主金剛主）当至彼（引用者注：童男童女）自現其身」（大正18, No.997, p.569b17）と言っており、童男・童女の身体に霊的存在が入り込むことをも「その身を現す」と表現している。『阿蜜哩多軍荼利法』「軍荼利成就壇品第三」の「金剛族壇法」を説く部分では、壇中に画像を安置し、大呪を誦して軍荼利を請ずると、「即画像動出語。真身即現。所欲即得円満」となるとする（大正21, No.1212, pp.54b02-b16）。これなどは画像が動き声を出しているので、画像の中に軍荼利が入り込んだことを「身を現す」と表現しているととれる。

以上のような例から考えると、不空羂索観音経典のような像を用いて使者を現す呪法において、像の中に霊的存在が入り込み、像が動く、像が語り出すなどという形で霊的存在が現れた場合でも、「その身を現す」といった表現がなされている可能性はある。

出現した使者童子が行者の日常生活における雑事や世話をするならば、使者の〈肉体〉が必要であろう。しかし不空羂索観音経典のように財をもたらす、伏蔵（地中に隠れている宝）の場所を示す、使者が見聞したことを語る、三世の事を語るなどの場合、使者の〈肉体〉は必ずしも必要ではない。使者の言葉が必要なだけである。予言の阿尾奢法において使者が入り込む〈器〉が像や画である場合は、像や画の中に使者が現れて像が語れば事足りるのである。

おわりに

本章においては、漢訳密教経典から予言の阿尾奢法と「使者童子」（いわゆる護法童子と似通った点を持つ）を現す呪法が関連を有することが確認できた。以上に述べてきたことを簡単にまとめると以下のようになる。

①予言の阿尾奢法には「使者」や、使者的な性質を持つ「神」を用いる呪法という側面がある。

②予言の阿尾奢法は使者を使役する法と一体になっている場合がある。
③予言の阿尾奢法の中には、童子の像を用いて使者童子を現す法がみられる。

日本において霊的存在の童子が病気治療の場において活躍するものとして語られるようになった理由の一つとして小山聡子氏は、護法は加持祈禱の時にヨリマシの童子に憑依し、童子と護法が一体化するため、これらが重ね合わせて捉えられたとしている[20]。その背景に漢訳密教経典の予言の阿尾奢法を想定することも可能であろうか。予言の阿尾奢法では使者(使役される性質を持つ霊的存在)が用いられ、その使者が童子に入り込む場合においては童子と使者が一体となる、即ち、童子が使者そのものになるという構造がみられる。そして本書第四章でもみたとおり、予言の阿尾奢法と悪しき霊的存在が原因の病気治療呪法は、さまざまな共通点を持ち、予言の法は病気治療法としても用いられる可能性を内包する。

ただ、病気治療加持においてヨリマシとなる人物については、『枕草子』[21]一本「松の木立たかき所に」段で「物怪にいたうなやめば、移すべき人とて、おほきやかなる童の、生絹の単衣、あざやかなる袴長うきなして」とあるように、童女が用いられる場合もみられるが、一般的に女房などの女性が用いられる場合が多く、童子(男子)が用いられる例が殆どみられない点など気にかかる部分がある。なお継続して考えてみたい。

註

(1) 森本仙介「天皇の出産空間 —平安末・鎌倉期—」(岩波講座 天皇と王権を考える8 『コスモロジーと身体』、岩波書店、二〇〇二年)。
(2) 小山聡子「病気治療における憑座と憑依」(『親鸞の信仰と呪術 —病気治療と臨終行儀—』、吉川弘文館、二〇一三年、

第一章第二節)。小山聡子「護法童子信仰の成立と不動信仰」(磯水絵編『論集　文学と音楽史―詩歌管弦の世界―』、和泉書院、二〇一三年)。

(3)　護法童子信仰に関しては、小山聡子『護法童子信仰の研究』(自照社出版、二〇〇三年)、及び、小山聡子前掲「護法童子信仰の成立と不動信仰」が詳細である。小山氏の定義に従い、護法童子とは験力のある僧侶に使役される信仰上の子どもで、病気治療において活躍する存在である、と捉えることとする(小山聡子前掲「護法童子信仰の成立と不動信仰」)。

なお、「護法」が童子形でイメージされるようになった変遷や経緯については、小山氏の著作・論文のほか、酒向伸行「護法信仰の変容と治病」(『憑霊信仰の歴史と民俗』、岩田書院、二〇一三年、第三章)がある。酒向氏と小山氏とでは「護法」と「童子」についての捉え方が根本的に異なっている。その点に関しては、本書序章を参照してほしい。

(4)　『蘇婆呼童子請問経』の同本異訳である『妙臂菩薩所問経』巻第三「召請鉢天説事分第八」(大正18, No.896, pp.754b13-755b11)では「鉢天」と訳されている。

(5)　ほかに「神」と表記する例としては、『不空羂索陀羅尼自在王呪経』「成就除鬼著病法分第十二」(大正20, No.1097, p.427a09)、『底哩三昧耶不動尊聖者念誦秘密法』(『三巻底哩三昧耶』、大正21, No.1201, pp.22b28-c02)で、いずれも童男あるいは童女に「神」を入り込ませている。

(6)　この法を説くのが「魔醯首羅天」であることや、『秘密曼荼羅教付法伝』「恵果伝」で恵果の行う阿尾奢法が童子に「摩醯首羅天」を遍入させることなどから、遍入するのは「魔醯首羅天」と思いがちだが、異本の経典名に『速疾立験魔醯首羅天説迦楼羅阿尾奢法』とある点や、遍入の前段階に「行者次応自身為魔醯首羅天」(大正21, No.1277, p.330a04)とある点から、行者自身が「魔醯首羅天」となり、童子に迦楼羅を遍入させる法であると考える。

なお、天台宗の澄豪（一一五九～一三五〇）の口決を弟子が筆録した『瑜祇経聴聞抄』巻下「金剛吉祥大成就品第九」「百八明讃事」に「此阿尾舎ト者爰ニハ取縛ト翻ス。詫二宣シテ行者ニ示スニ一切ノ事ヲ一也。一切ノ事ヲ示シ及以三界主タラン云ニ有二二義一。一云三界云〔主〕成ト云義。一ニハ三界ノ主ノ摩醯首羅ヲ入テレ身。阿尾舎セント云義有リ」（続天台宗全書　密教2　経典注釈I、一九八八年、三二六頁）とある。やはり摩醯首羅天を入り込ませる法と捉えられているが、この場合、摩醯首羅天を自身の身体に入り込ませて、自身が三界の主である摩醯首羅天となり、それゆえ三世一切の事を知る、と言っているようである。『金剛峯楼閣一切瑜伽瑜祇経』巻下「金剛吉祥大成就品第九」の、行者自身が聖者と一体になる阿尾奢法「若当誦両遍　諸仏悉入身　一切阿尾奢〔舎〕　及以三界主」（大正18, No.867,pp.263a7-a8）という記述と、『魔醯首羅天説阿尾奢法』の行者自身が「魔醯首羅天」となり阿尾奢法を行うという点が重なって、このような解釈が生じたのであろうか。

（7）『不空羂索陀羅尼経』「不空羂索明主呪王取伏蔵品第九」（大正20, No.1096, pp.413b05-c02）には、墓地に行き未だ壊れていない死体を用いて行う阿尾奢法の一種と考えられる法が説かれている。

なお、彌永信美氏が「密教儀礼と「念じる力」―『宝鏡鈔』の批判的検討、および『受法用心集』の「髑髏本尊儀礼」を中心にして―」（ルチア・ドルチェ・松本郁代編『儀礼の力―中世宗教の実践世界―』、法蔵館、二〇一〇年）で紹介している『受法用心集』の「髑髏本尊儀礼」は、「髑髏にこもった「七魄」を男女の「和合水」に含まれる「三魂」と合わせて「生身の本尊」を生み出すことを目的とした一種の招魂の術」とされるが、「此の経（引用者注：経典不明）に教ふる所の法を行はば本尊急にたちどころにあらはれ、明かに三世の事を示して行者にきかしめ」や、「此の本尊、言を出して物語す。三世の事を告げさとす故に是を聞きて振舞へば事神通を得たるが如し」など、阿尾奢法の要素を強く感じさせるものである。

（8）現代の民俗事例である美作の護法祭では、護法実の手にする榊葉が前後に揺れ出すと、護法善神が護法実に憑依したとみなされる。
平安時代末から鎌倉時代初期の例としては、『今昔物語集』巻十九第九話に「護法ノ付タル物ノ様ニ振ヒテ」、同巻第十三話に「護法ノ付タル者ノ様ニ振ケルヲ」などがある（酒向伸行「「もののけ」と憑祈禱」、前掲書、第二章第一節、六七頁）。

（9）この点に関しては、小山聡子前掲『護法童子信仰の研究』、及び、小山聡子前掲「護法童子信仰の成立と不動信仰」に詳しい。

（10）小山聡子前掲「護法童子信仰の成立と不動信仰」。

（11）柴田賢龍訳注『訳注　薄草子口決 ―注釈篇』（山城屋文政堂、二〇〇二年）、二六六頁。『独行法』は安然の『八家秘録』・親尊の『録外経等目録』にも記載がないという（同二六二頁）。善無畏訳の二軌とは『七仏倶胝仏母心大准提陀羅尼法』（大正20, No.1078）と『七倶胝独部法』（大正20, No.1079）のことであろう。

（12）『真言宗全書』第二十九巻「五十巻鈔　自第一巻至第二十二巻」。

（13）李無諂訳『不空羂索陀羅尼経』「不空羂索明主呪王降伏龍品第十四」（大正20, No.1096, pp.417a9-418a03）には龍を現して使役する法が説かれている。この法により行者がはじめて龍を現す時には、池の水がことごとく涸れ、「其中所有龍及龍女。以歓喜形来現其前」（同, pp.417a14-a15）と記されており、おそらく龍本来の姿形を現していると思われる。その場において行者から使役に応じるように告げられた龍は、姿を消して一旦本宮に帰る。その後、行者が龍を念じると龍はすぐさま現れるが、今度は「尋時則到隠没龍身。以天妙形如童子状」（同, p.417a25）と「龍身」ではなく童子の姿を現しているのである。使役に応じるように命じられた龍は、それにふさわしい形として童子形で現れたといえよう。

但し、本文中で用いた『不動使者陀羅尼秘密法』「別画使者法第三」の「古力迦龍王」は童子ではなく人として現れる（大正21, No.1202, pp.25a11-a12）。

なお、使役される存在としてではないが、説話にも龍が童子形をとる例がある。『今昔物語集』巻第二十第十一話「龍王、為天狗被取語」（新日本古典文学大系『今昔物語集　四』、小峯和彦校注、岩波書店、一九九四年）では、「讃岐国万能ノ池」に住む龍が小蛇の姿で日に当たっていたところ、鵄の形をした天狗にさらわれて洞窟に連れて行かれた。洞窟には同様にさらわれてきた比叡山東塔の房の僧がおり、その僧が持っていた水瓶の水一滴によって龍の神通力が復活し、龍が小童の姿と化して僧を背負って洞窟を蹴破って外に出る。僧を背負って飛ぶという部分は龍の使者的な役割が反映されているかもしれない。

(14)『法華験記』巻中第四四「叡山西塔宝幡院の陽勝仙人」には、『法華経』を誦していた僧のもとに、かつては比叡山千光院の延済和尚に仕え、現在は陽勝仙人に仕えているという「青衣の童」が現れる。この「青衣の童」を、日本思想大系『往生伝　法華験記』（井上光貞・大曽根章介校注、岩波書店、一九七四年）当該部分頭注（一〇八頁）では、「金剛童子に黄青の二あり。身体の青色なる童子を暗示するか」とする。酒向伸行氏はこの童子を「青面金剛」を表象するとしている（酒向伸行「護法信仰の変容」、前掲書、第三章第一節、一一七頁）。

(15)巻六第二十七話：「表衣（引用者注：小峯和明氏の注釈によると「青衣」が適当とする）ノ夜叉童子」が「諸ノ荒神ノ悪鬼等」を国の境界から追い払う、巻六第三十二話：臨終時に「青衣ノ童子」が兜率天宮へいざなう、巻七第四十八話：死んだ時「青キ使者」に捕らえられる、巻九第二十八話：死んだ時「青キ衣ヲ着テアリ」という数十人に捕らえられる、巻九第三十五話：殺された人物が「二人ノ青衣着タル人」を従えて、殺した人物の前に現れる、巻十第七話：死んだ楊貴妃が「青キ衣着タル」姿である、など（新日本古典文学大系『今昔物語集　二』、小峯和明校注、岩波書店、一九九九年）。小峯和明氏による注釈（六八頁注（12）「「青衣」は異界を象徴」、一〇七頁注（36）「（青衣は）冥界の者の着衣。異界を示す記号」など）を参照。なお、『今昔物語集』「本朝付仏法」の例としては、巻第十七第十七話（前掲『今昔物語集　四』）に、蔵満という人物が死んだ時に、「青キ衣ヲ着セル官人両三人来テ、大キニ嗔ヲ成シテ、蔵満ヲ捕フ」とある。

（16）阿部宥精「不空羂索陀羅尼自在王呪経　解題」（『国訳一切経』印度撰述部　密教部5）参照。

（17）新国訳大蔵経、密教部2『蘇悉地経・蘇婆呼童子経・十一面神呪心経』（三崎良周・林慶仁校注、大蔵出版、二〇〇二年）三崎良周氏による当該部分、四五頁注（15）による。

（18）但し、覚禅（一一四三～一二一三以後）『覚禅鈔』には、不空羂索観音と不空忿怒王と不動明王は同体であることが記される（巻第五十「不空羂索上」（大正、図像部第四巻、五〇六～五〇七頁）、巻第二十七「仁王経下」（同、三一五頁））。それゆえか『覚禅鈔』巻第七十八「不動法上」の「矜羯羅」「制多迦」についての説明では、「陀羅尼経云〈緊羯羅品五〉」「陀羅尼経云〈制摘迦品六〉」として「聖者不空羂索緊羯羅」「不空羂索制摘迦像」の記述を引用し、「〈陀羅尼経者。不空羂索経。類秘抄被引之〉」（大正、図像部第五巻、二〇八頁）と記す。つまり、少なくとも鎌倉初期の真言宗では不空羂索観音経典の制摘迦・緊羯羅は不動明王の制多迦・矜羯羅と同一と考えられていたことがわかる。但し、「類秘抄被引之」とあるが、『真言宗全書』第三十六巻「小野類秘鈔」（勧修寺流開祖・寛信（一〇八五～一一五三）撰述の事相書）には当該部分は見当たらなかった。

（19）例えば、『蘇婆呼童子請問経』「下鉢私那分品第八」の「若欲於水中看者。浄漉其水置於瓶中或甕中。然後遣一童子於中看之。即皆見一切吉凶」（大正18, No.895, pp.728b07–09）などがある。また、『七倶胝仏母所説准提陀羅尼経』には「又法欲知事善不善成就不成就」として香油を塗った右手親指面を童子に見せると、「現諸仏菩薩形像。或現文字具説善悪」（大正20, No.1076, pp.179b15–b18）とあるが、これは香油を塗ることによって光沢をもった指面に姿や映像が映るのであろう。

(20) 小山聡子「護法童子信仰の成立」(前掲『護法童子信仰の研究』、第二章、一〇〇～一〇一頁)。

(21) 新日本古典文学大系『枕草子』(渡辺実校注、岩波書店、一九九一年)。

付論　十羅刹女信仰の変容 ―説話中における童子との関係を中心に―

はじめに

「十羅刹女」とは「十人の羅刹女」のことである。「羅刹」はサンスクリットのラークシャサを音写したもので、その女性形であるラークシャシーという語を「羅刹女」とした。ラークシャサ（羅刹）は、『リグ・ヴェーダ』や『ラーマーヤナ』に凶暴な祭祀破壊者・食人鬼として登場する。さまざまなグロテスクな姿を持ち、その容貌と同じようにさまざまな悪事をなす。幼児に死をもたらしたり、墓をあばいて死者を喰らったり、人々に愚かな行為をそそのかしたり、つまりは悪の力そのものを象徴しているのである。(1)

人肉を喰らう羅刹女の話は広く一般的にみられるもので、唐の玄奘（六〇〇～六六四。一説に六〇二～六六四）の『大唐西域記』十一「僧伽羅国」（僧伽羅が羅刹の国に漂着し、そこから逃げ出し、後に羅刹女を退治して僧伽羅国を建国する話）は非常に有名な話であり、『今昔物語集』巻第五第一話（天竺部）にも収録されている。『弘賛法華伝』巻第六第二話には遊行の僧を誘惑して食べようとする羅刹女の話があり、これも『今昔物語集』巻第七第十四話（震旦部）に収録されている。『法華験記』巻下第百十には山中でもとの姿を現して男を追いかける羅刹女の話がある。これらの羅刹女はいずれも男を誘惑して食べる目的のために、本来の鬼の姿を隠し、美しい女性の姿をして現れている。

「羅刹」「羅刹女」はともに一般的な名詞である。しかしこれが「十羅刹女」と記されると、固有名詞的な意味合いを持ち、『法華経』「陀羅尼品第二十六」に登場する「十人の羅刹の女」のことを指す。十人はそれぞれ「藍婆」「毘藍婆」「曲歯」「華歯」「黒歯」「多髪」「無厭足」「持瓔珞」「皐諦」「奪一切衆生精気」と呼ばれる。彼らは仏の前で『法華経』を受持（＝教えを守る）する者や法師を守護することを誓い、十羅刹女の呪に従わず、説法者を悩ますものがあれば、その者の頭はバラバラに割れるだろうと言うのである。

十羅刹女の言葉の中には「若しくは夜叉にしても、若しくは羅刹にしても、若しくは餓鬼にしても、（中略）悩ますことなかれ（若夜叉。若羅刹。若餓鬼。（中略）亦復莫悩）[2]」とあり、羅刹は法師を悩ませる存在、そして十羅刹女はその法師を悩ませる存在を戒める立場ということが示されており、ただの羅刹と十羅刹女が対極の性質を持つことが理解できる。「十羅刹女」も「羅刹」である限り本来は鬼であり、人肉を食らい、人に害を及ぼす存在であるが、仏法に帰依して仏法を護る護法神的な存在となったものと思われる。

日本の説話類に関して言えば、人肉を喰らう鬼女としての「羅刹女」も、『法華経』に説かれる「十羅刹女」も、『日本霊異記』『三宝絵』『日本往生極楽記』にはみられず、『大日本国法華経験記』（以下『法華験記』と記す）にはじめて登場する。以下本付論で取り上げるのは鬼女としての羅刹女ではなく、『法華経』持経者を守護する十羅刹女の説話である。

十羅刹女に関して、美術史の立場からは「普賢十羅刹女像」や「平家納経」「扇面法華経冊子」などの法華経美術を取り扱った研究[3]が、宗教史の立場からは日蓮の十羅刹女信仰に関する研究[4]がなされている。

一方、十羅刹女の説話に関する研究としては、唐鎌聡子氏の「『法華験記』における羅刹女について」[5]が管見に触れる程度である[6]。

このように若干の先行研究において『法華験記』の十羅刹女については言及があるものの、その後の十羅刹女説話については殆ど顧みられてはいない。確かに『法華験記』（鎮源著、長久年間＝一〇四〇～一〇四四年成立）に収録された十羅刹女説話は、初期の十羅刹女信仰を示していると思われ重要である。しかし、『法華験記』以降の十羅刹女説話についても目を向けてみる必要があるのではないだろうか。

十羅刹女に関する話は『法華験記』に五話あるが、それだけでなく以降の説話集にも収録されている。『拾遺往生伝』（三善為康著。康和四＝一一〇二年以後、天永二＝一一一一年より遠からぬ時に成立）には『法華験記』を出典とすると思われる一話がある。『今昔物語集』（十二世紀前半成立）には『法華験記』を出典とする話が四話収録されており、さらに新しい話が一話加わっている。『宇治拾遺物語』（十三世紀初め頃成立）には新しい話が一話、『古今著聞集』（橘成季撰。建長六＝一二五四年成立）には『法華験記』の同話が一話と新しい話が一話ある。

そこで本付論では、『法華験記』にみられる十羅刹女の信仰が、以下の『今昔物語集』『宇治拾遺物語』『古今著聞集』では如何に変容していくのかを検討したい。そこで、各々の説話を事例として掲げ、奉仕・守護・使役といった役割を示していた十羅刹女が、その後、役割及び存在自体が十羅刹女と童子とに分離し、十羅刹女が童子に変じる存在から童子を遣わす存在へと変容した過程を明らかにしたい。

一　『法華験記』における十羅刹女

では『法華験記』に収録された五話の十羅刹女説話を順番にみてみよう。『法華験記』には十羅刹女の登場する話が五話ある[7]（以下『法華験記』は原漢文）。

巻中第四十九「金峰山薢岳の良算聖」（以下「良算の話」とする）羅刹に関する記述が二箇所あるので、①と②という形で分けて示すこととする。

①常にこの観を作さく、身はこれ水の沫のごとく堅からざるの身にして、命はまた朝の露のごとく即ち滅ゆるの命なり。宝のごとく翫びて愛し護るとも、羅刹の供を受くるにあらずや。[8]

②最初に鬼神畏るべき形を現じて、聖人を擾乱するに、もて怖づることをせず。後には菓蓏をもて来りて供養せり。熊・狐・毒蛇またまたかくのごとし。端正の天女時々来り至りて、三匝囲遶し、頭面礼敬してもて退き去る。また十羅刹の中の皐諦女ならくのみ。[9]

①は良算の心の中の思いが述べられている部分である。ここには「羅刹の供を受くる」とあり、この部分の「羅刹」を日本思想大系『往生伝　法華験記』の頭注では「十羅刹女」とする。後の②の部分で十羅刹女の中の皐諦女が出てくることが念頭に置かれていることは間違いないだろうが、この部分は『法華経』「法師功徳品第十九」「諸の天・龍・夜叉・羅刹・毘舎闍も　亦、歓喜の心をもって　常に楽って来りて供養せん。（諸天龍夜叉　羅刹毘舎闍　亦以歓喜心　常楽来供養）[10]」の「羅刹」も想定に入れた方がよいであろう。『法華経』「陀羅尼品第二十六」の十羅刹女の言葉では、「寧ろ我が頭の上に上とも、法師を悩ますことなかれ。若しくは夜叉にしても、若しくは羅刹にしても、（中略）亦復、悩ますことなかれ（寧上我頭上。莫悩於法師。若夜叉。若羅刹。（中略）亦復莫悩）」と、法師を悩ます存在としてあげられていた「夜叉・羅刹」が、この「法師功徳品」では法師に供養する存在として示されていることにも注意したい。「羅刹の供を受くる」は、②の部分の鬼神や熊・毒蛇といった本来凶暴な動物たちが、良算に供養するという部分とも関連していると思われる。すると①部分の「羅刹」を含め、②部分で「鬼神」「熊・狐・毒蛇」に続い

て「十羅刹の中の皐諦女」が記述されることで、これら全てが類似した性質を持つものと捉えられる可能性が出てくる。

②の傍線部は、良算のもとに美しい天女が時々来て礼拝して去っていったが、それは十羅刹の中の皐諦女であったという。ここでは「十羅刹の中の皐諦女」が「端正の天女」の姿で現れている。皐諦は十羅刹女の中の九番目の羅刹女である。『法華経』「陀羅尼品第二十六」では、十羅刹女が言葉・呪・偈などを述べ、最後に仏が「皐諦よ、汝及び眷属は…」と呼びかけており、皐諦が十羅刹女を代表していると思われる。ここで皐諦が現れているのは、おそらくそのためであろう。

なお、ここで「三匝囲遶し、頭面礼敬して」と出てくるが、インドでは古来、尊敬対象に右肩を向けて時計回りに回るのがきまりで、仏教でもこの儀礼を取り入れたという。仏教では右遶三匝を基本とし、仏像のまわりを三周する儀礼を行道という。(11) 経典には仏のまわりを三周、もしくは一周や七周めぐる表現は極めて一般的であり、「良算の話」では皐諦女は良算を仏同様に遇しているということがわかる。ここでの皐諦女は奉仕・守護・使役といった役割を果たすものではないが、良算と皐諦女の上下関係で言えば明らかに良算が上であろう。

巻中第五十九「古き仙の霊しき洞の法空法師」（以下「法空の話」とする）

山鳥・熊・鹿纔に来りて伴となりぬ。妙法の薫修、自然に顕現して、十羅刹女形を現して、供給し走使せり。一の比丘あり。名づけて良賢と曰ふ。（中略）慮の外に山の路に迷ひて、この仙の洞に至れり。即ち聖人を見て、奇特希有の念を生して、頃日寄住せり。羅刹女の端正美麗なるを見て、欲愛の心を生しぬ。羅刹女、聖人に白して言はく、この破戒無慚の類、清浄善根の境界に来り至れり。当に現罰を与へてその身命を損ずべしといふ。聖人答へて曰く、吁、この説を作すことなかれ。当に守護を加へて、人間に送り遣るべしといふ。一の羅刹女、忽ちに本の形を現じたり。甚だ怖畏すべし。僧を提げて将て去る。数日の行路を、一時に飛び去りて、人間に投げ捨てて還り来れり。良賢、心神例ならずして、僅に身命を存することを得たり。(12)

文中に「一の羅刹女」とあるので、十人そろっていたかどうかはわからないが、複数の羅刹女が法空のもとにいたことになり、それらはいずれも「端正美麗」の姿に変じて現れていたようである。

十羅刹女は自然に現れて、持経者法空に「供給走使」する。話の後半部では、道に迷ってやってきた良賢という僧が、十羅刹女の美しい姿を見て愛欲の心を起こす。十羅刹女は良賢に「現罰」を与えることを主張するが、法空にたしなめられ、恐ろしい本来の姿を現して良賢を提げて飛び、人里に捨てて帰ってくる。十羅刹女は奉仕もしくは守護という役割を担っているといえるだろう。

但し、十羅刹女からしてみれば良賢は法空の清浄な生活を乱す外敵にあたるのかもしれないが、良賢は法空を悩乱したわけではなく、良賢に愛欲の目で見られたことによって不愉快な思いをさせられているのは、法空というよりは十羅刹女の方であろう。その怒りによって十羅刹女は良賢を殺すと言っているが、法空の言葉に従い良賢を殺すことを止め、人里に捨て去っている。つまり、自らの意思よりも法空の言葉に従う態度がみられるのである。

巻中第四十一「嵯峨の定照僧都」（以下「定照の話」とする）

僧都急の事ありて、山階寺より京に上るに、淀河に着きぬ。悪き風頻に吹きて、河浪極めて高くして、船往還すること能はず。僧都急の事あるに依りて、船に乗りて河を渡るに、衆人驚怖して皆言はく、船漂倒するときには、僧都当に水に沈むべしといへり。歎き恐るるの間、天童十人計、河の中より出で来りて、船を捧げて水に泛ぶに、浪に寄らずして、安穏にして岸の上に着き竟りぬ。即ち天童還りて河の中に入りて、去る所を知らず。見る人皆感歎を生じて、涙を流して随喜せり。これいまだ曾よりあらざることなりといふ。僧都示して云はく、これ法華の十羅刹、天童に変じ現じて我を渡すらくのみといへり。(13)

定照が急な用で波の高い河を渡るとき、天童が十人ばかり河の中から出てきて船を捧げて渡しており、これを見て驚いている人々に、定照は法華の十羅刹が天童に変じて自分を渡したのだと説明している。この話の中での十羅刹女の役割は、僧である定照を危険から守ること、つまり守護である。そして、十羅刹女は天童の姿に形を変じて現れている。「天童」とあるので、十羅刹女の変じた童子はおそらく美しい姿であったと思われる。

この話では、天童が定照の船を捧げて河を無事に渡したのを見て、周囲の人々は「見る人皆感歎を生じて、涙を流して随喜せり」という状態であったのに対して、危機を救われた当事者の定照は「僧都示して云はく、これ法華の十羅刹、天童に変じ現じて我を渡すらくのみといへり」とあるのみで、十羅刹女に対して全く感嘆の様子を示しておらず、あたかも十羅刹女の守護を予想していたかのような態度である。

巻中第七十九「仏蓮上人」（以下「仏蓮の話」とする）

給仕の人（引用者注：これは普通に給仕する人間）あり、三時の湯を沸すに、その心疲れ倦みて、厭ひ離れて去りぬ。二の童子あり、自然に出で来りて、上人に白して言はく、我等二人、聖人に奉仕せむ。一は黒歯と名づけ、一は華歯と名づく。十羅刹女の身を変じて来るのみといへり。この二の童子、強力勇健にして、薪を荷ひ水を汲みて湯を沸し、菓を拾ひて食を設け、里に出で山に入りて、供給走使せり。聖人世の務を知らず、諸の攀縁を離れて、偏に法華を誦せり。この二の童子、滅期に至るまで、更に相離れず、心を専らにして給仕せり。入滅の後、悲び歎きて喪送《(ママ)》(引用者注：原文は「哀逗」)し、四十九日を勤修して、即日に去りぬ。[14]

ここでは十羅刹女が変じた二人の童子が登場する。「黒歯」は十羅刹女の中の五番目、「華歯」は四番目である。その役割は「法空の話」と同じく「供給走使」や「給仕」、つまり奉仕である。二人の童子は「強力勇健にして」と記されるが、容貌についての記述はなされていない。

巻上第十七「持法沙門・持金法師」(以下「持法と持金の話」とする)では十羅刹女は直接姿を見せず、須菩提と持法の言葉の中にのみ登場する。話の内容を簡単に示すと以下のようになる。

法華経を受持する持法と金剛般若を受持する持金がいた。持金は日々自然の膳を得て世を送っていた。持法は乞食などをして暮らしていた。持金は驕慢の心を起こして、持法の弟子の童子(筆者注：これは普通に人間の童子)に向かって持法を謗った。数日すると持金の所に自然の食が届かなくなった。後悔した持金の夢に須菩提が現れ、持金は未だ諸天の供を得るに至らないことを知らせ、怨恨の心を諌めた。持金が自然の食は誰が送ってくれていたのかを問うと、須菩提は「これ法華聖、慈悲の心をもて汝を憐愍す。故に十羅刹女をその使者として、呪願の施食をもて毎日に施を送れるのみ」などと述べた。後悔した持金は持法のもとに行って許しを乞い、なぜこの数日は食を送ってくれないのかと尋ねた。すると持法は「頃日失念して施食を説かず、十羅刹に勅せざりき。今この言あり。即ち童子に命じて食を調へしめむ」と言い、その後、前のように持金に自然の食が届けられた。[15]

この話の中での十羅刹女は、持金に自然の食を届ける役割をしている。それは『法華経』を受持している持法の「使者」として、持法に命じられての行動である。持金は僧ではあるが、『金剛般若経』を受持しており、『法華経』持経者ではない。その上、須菩提の言葉によると、持金は未だ自然の食を得られるほどの境地には達していない未熟な僧であるといえる。つまり本来持金は十羅刹女が食を届けるような存在ではありえない。それにもかかわらず、十羅刹女は持法の命に従って、日々持金に食を届けているのである。この話における十羅刹女の役割は奉仕・使役であり、十羅刹女は持経者の命によって動く「使者」であるといえる。

また、持法の言葉「十羅刹に勅せざりき(不勅十羅刹)」の「勅す」とは、「天子が命じる、みことのりを下す」という意味であるが、『広辞苑』では例文として「閻王また冥官に勅してのたまはく」(『平家物語(六)』)があげられており、天子や王のような存在が下位の者に命じる時に用いられている。つまり、ここでは持法が十羅刹女に命じるわけであり、上下関係が如実に示されているといえる。

本文は「童子に命じて食を調へしめむといへり。その後、前のごとくに自然の食あり[16]」と、持法の言葉に続く形で自然の食について記述している。それゆえ、話の前半で持金から験徳を自慢された持法の弟子の童子が、その場で普通の食事を調えて持金に与えたというのではあるまい。そもそも持法は乞食によって自身の食を得ており、その場で普通の食事を用意するというのは不自然である。おそらくここでの「童子」とは自然の食を用意する存在であり、持法が調えるように命じた食とは毎日の自然の食であるとみなすべきであろう。

須菩提の言葉によれば、持法の使者として食を毎日送るのは十羅刹女である。持法は十羅刹に命じるべきことを「童子に命じて」と言っており、十羅刹女と童子を別の存在と考えると矛盾が生じる。仏蓮の話・定照の話の二例で十羅刹女が童子に変じる点を断定している点を思い合わせると、持法の言葉の中の「童子」とは十羅刹女を言い換えたものであり、十羅刹女が童子に変じて役割を果たしていると考えられよう。

二　『今昔物語集』における十羅刹女

本節では『今昔物語集』における十羅刹女説話をみてゆくが、その前に、『拾遺往生伝』に「定照の話」が収録されているので、まずそれを掲げておく。

『拾遺往生伝』巻上第六話「大僧都定照」（原漢文）

僧都急の事ありて、俄にもて上洛せり。淀河泛灔して、風厲く波嶮し。僧都一身にて船に乗る。衆人驚怖せり。時に天童十許人、河の中より出でて、船を捧げて渡る。然して後に天童還りて河の中に入りて失せぬ。僧都示して云はく、法花経の十羅刹、反り現じて我を渡すなり、云々といへり。(17)

記述は『法華験記』とほぼ同じである。十羅刹女が天童に変じて現れたという記述は『法華験記』ほど明確ではないが、「法花経の十羅刹、反り現じて（法花経十羅刹。反現）」と、今までと違った状態になるという意味の「反」の字が用いられており、問題なく意味は通じる。

さて、『今昔物語集』には十羅刹女の登場する話が五話ある。うち四話は『法華験記』を出典とする。「定照の話」だけは落ちており、収録されていない。まず四話を出典との相違部分を中心にみてゆくことにしよう。

巻第十二第四十話「金峰山薊嶽良算持経者語」(18)（良算の話）

①此ノ身ハ此レ水ノ沫也。命ハ亦朝ノ露也。然レバ、我レ此ノ世ノ事ヲ不思ズシテ、後世ノ勤メヲ労マム。

②其ノ間、初ハ鬼神来テ持経者ヲ擾乱セムト為ト云ヘドモ、持経者此レニ不怖ズシテ一心ニ法花経ヲ誦ス。後ニハ鬼神、経ヲ貴ムデ、菓・蓏ヲ持来テ聖人ヲ供養ス。加之、熊・狐・毒蛇等モ皆来テ供養ス。亦タ、聖人、幻ノ如クニ見レバ、形端正ニシテ身微妙ノ衣服ヲ着セル女人、時々来テ廻テ礼拝シテ返去ヌ。覚テ、持経者、「此レ十羅刹ノ中ノ皐諦女也」ト疑フ。

①部分で『法華験記』にみられた「羅刹の供を受くる」という部分がなくなっている。そのため、②部分では『法華験記』と同様に、「鬼神」「熊・狐・毒蛇等」に続けて「形端正ニシテ身微妙ノ衣服ヲ着セル女人」について記すが、『法華験記』に比してそれらの関連性が弱まっているといえよう。

また、『法華験記』では地の文で断定していた十羅刹女は、ここでは持経者が幻の如くにみた存在であり、十羅刹女の出現自体が曖昧な表現となっている。かつ女人が皐諦女であることは持経者の判断となっている。

巻第十三第四話「下野国僧、住古仙洞語」（法空の話）

偏ニ法花経ヲ誦読シテ年月ヲ経ル間、忽ニ端正美麗ノ女人出来テ、微妙ノ食物ヲ捧テ持経者ヲ供養ス。法空此レヲ怖レ怪ブト云ヘドモ、恐レ此レヲ食フニ、其ノ味ヒ甘美ナル事無限シ。法空女人ニ問テ云ク、「此レハ何ナル女人ノ何レノ所ヨリ来リ給ルゾ。此ノ所ハ遥ニ人気ヲ離タリ。甚ダ怪ブ所也」ト。女人答テ云ク、「(A)我レハ此レ、人ニハ非ズ、羅刹女也。汝ガ法花ヲ読誦スル薫修入レルガ故ニ、自然ラ我来テ供給スル也」ト。法空此レヲ聞クニ、貴キ事無限シ。（中略）

其ノ時ニ、世ニ一人ノ僧有リ、名ヲバ良賢ト云フ。（中略）

良賢此ノ女人ノ端正美麗ナルヲ見テ、「此ハ只郷ヨリ持者ヲ貴ビテ食物ヲ持来ル女人ゾ」ト思ケルニヤ、忽ニ愛欲ノ心ヲ発ス。

其時ニ、羅刹女空ニ良賢ガ心ヲ知テ、聖人ニ告テ宣ハク、「破戒无慙ノ者、寂静・清浄ノ所ニ来レリ。当ニ現罰ヲ与ヘテ、其ノ命ヲ断ム」ト。聖人答テ云ク、「現罰ヲ与ヘテ殺ス事不可有ズ。只、身ヲ全クシテ人間ニ可返遣シ」ト。其ノ時ニ、羅刹女忽ニ端正美麗ノ形ヲ棄テ、、本ノ忿怒・暴悪ノ形ト成ヌ。良賢此ヲ見テ、怖レ迷フ事無限シ。而ルニ、羅刹女良賢ヲ提テ、数日ヲ経テ出ル道ヲ一時ニ人里ニ将出デ、捨置テ返リ給ヌ。良賢絶入タルガ如クニシテ暫ク有テ悟メ驚テ、（中略）
(B)豈ニ、此レ、守護ノ善神也ト可知キ也トゾ語リ伝タルトカヤ。

十羅刹女が法空の前に登場する場面が異なっており、『法華験記』では地の文で記していたのに対し、ここでは法空の問いかけに対して十羅刹女が答えている。『今昔物語集』にみられる問答形式に関しては、池上洵一氏が『今昔物語集』は原話からイメージを具体化、拡大化する時に会話の設定と詳細化を頻用し、状況説明の添加が特に目立つと指摘している。[19]『法華験記』の十羅刹女登場の場面では、説明が足りないと考えられたのであろう。

また『法華験記』では法空が十羅刹女の出現に歓喜している様子は全くみられないが、『今昔物語集』では出現時の十羅刹女の言葉に対して、傍線(A)に十羅刹女を尊ぶ気持ちが付加されている。そして話末評語部分の傍線(B)から、『今昔物語集』編者は十羅刹女を「守護ノ善神」と捉えていることがわかる。

巻第十三第二十三話「仏蓮聖人、誦法花順護法語」（仏蓮の話）
而ルニ、此ノ人毎日ニ三時必ズ湯ヲ浴ム。此レ常ノ事也。然レバ、被仕ル、下僧等此ノ事ヲ侘テ皆去ヌ。其ノ時ニ、自然ラ二人ノ童出来レリ、其ノ形皆美也。聖人ニ申シテ云ク、「我等二人有テ、聖人ニ随テ奉仕セムト思フ」

ト。聖人ノ云ク、「汝等何レノ所ヨリ来レルゾ、何ノ故有テ奉仕セムト思フゾ。亦、名ハ何ニ」ト。童ノ云ク、「我等師ノ懃ニ法花経ヲ誦スルヲ貴ビテ、奉仕セムト思フ也。(A)名ハ一人ヲバ黒歯ト云ヒ、一人ヲバ花歯ト云フ」ト。聖人此レヲ聞テ。(B)「此レ皆ナ十羅刹ノ御名也。若シ十羅刹ノ身ヲ変ジテ来リ給ヘルニカ」ト疑フト云ヘドモ、只彼等ガ為ルニ任セテ仕フニ、二人ノ童力強ク心疾クシテ、薪ヲ拾テ湯ヲ沸シテ毎日ニ三度聖人ニ浴ス。亦、常ニ菓ヲ拾テ聖人ニ奉ル。如此トク、里ニ出デ山ニ入リ、聖人ニ奉仕スル事隙無シ。然レバ、聖人世ヲ不知シテ、少モ嗔ル心無クシテ、只法花経ヲ読誦ス。

然ル間、聖人年漸ク傾テ入滅ノ剋ニ至ルニ、此ノ二人ノ童不離ズシテ昼夜ニ奉仕ス。遂ニ聖人失ヌレバ、此ノ童部泣キ悲テ聖人ヲ葬シツ。其ノ後、七々日ニ至マデ滅後ノ事ヲ営テ、四十九日畢テ二人乍掻消ツ様ニ失ケリ。其後、其ノ二人ノ童ヲ尋ヌルニ、遂ニ誰ト不知デ止ヌ。(C)護法ノ奉仕シ給ヒケル也トナム人疑ヒケル。

『法華験記』は童子が自ら出現の理由と、十羅刹女の身を変じて現れたことを述べているのに対し、『今昔物語集』では法空の話と同様、問答形式になっている。現れた童子の答えは傍線(A)であり、十羅刹女の中の黒歯と花歯の名を名乗ってはいるが、十羅刹女であるとは言っておらず、傍線(B)のように童子が十羅刹女であることは持経者の判断にゆだねられている。そしてこの傍線(B)の仏蓮の心中の言葉には、「十羅刹ノ御名」、「来リ給ヘル」と十羅刹女への敬意の表現がみられる。

注目すべきことは、『法華験記』には「護法」という言葉は出ていないにもかかわらず、『今昔物語集』では「仏蓮聖人、誦法花順護法語」という表題及び、話末評語部分傍線(C)の記述からわかるとおり、仏蓮に奉仕する二人の童子を「護法」と捉えている。

巻第十三第四十一話「法花経金剛般若経二人持者語」（持法と持金の話）では、須菩提の言葉は、

其レハ法花ノ持者ノ持法聖ノ送レル食也。彼ノ聖慈悲ノ心ヲ以テ汝ヲ哀ブガ故ニ、十羅刹女ヲ使トシテ呪願ノ施食ヲ毎日ニ送レル也。

と、『法華験記』とほぼ同様であるが、持金が持法に許しを乞いに来た場面が異なり、

「我レ思忘レテ施食ヲ不取ズシテ、十羅刹ニ不申ザリケリ」ト。其ノ時ニ、即チ童子出来テ、食ヲ調ヘテ供養ス。

と、童子が現実に姿を現している。

そして、『法華験記』では「十羅刹の勅せざりき」と持法が十羅刹女に命令していたのに対し、ここでは「十羅刹ニ不申ザリケル」と謙譲表現に変えられている。『法華験記』と同様に持法が十羅刹女を「使」としていたことは須菩提の言葉の中に確認できるが、持法の言葉からは持法と十羅刹女の上下関係が微妙になっていることが理解できる。

以上が『法華験記』を出典とする話である。次に、巻第十二第三十四話「書写山性空聖人語」（以下、「性空の話」とする）は、中核的出典が『性空上人伝』及び『法華験記』巻中第四十四話であるが、十羅刹女の記述がある八段から十二段は出典未詳とされている。(20)

円融院が重病にかかった時、性空を召して祈らせることになった。性空のもとへ出発した使者がその夜、梶原寺の僧坊に泊まると、枕上に法華経陀羅尼品の「悩乱説法者　頭破作七分」という部分が落ちてきた。翌日書写山に行き性空に加持を頼むと、性空は「我レ大魔障ニ値タリ。助ケ給へ、十羅刹」と泣き叫んだ。恐ろしくなった使者が逃げ帰る途中、院の下部がやってきて、院が性空を召してはならないという夢を見たため、性空を召すことは中止になったと語った。

十羅刹女の役割は話の展開から考えると、院の使者の枕上に陀羅尼品の一部を落として警告したこと、院に夢告をしたことであり、持経者に「供給走使」する十羅刹女とは別の側面が認められる。そしてより重要なのは、性空が十羅刹女に助けを求めていることである。その場面は次のようである。

聖人、仏(引用者注：普賢菩薩の絵像)ノ御前ニ居テ、金ヲ打テ申サク、「我レ大魔障ニ値タリ。助ケ給へ、十羅刹」ト音ヲ挙テ叫テ、木蓮子ノ念珠ノ砕ク許轢テ、額ノ破ル許額ヲ突テ、七八度許突キ畢テ、臥シ丸ビ泣ク事無限シ。

この性空が十羅刹女に助けを求めた時の行動・様子と、法華経信仰と不動明王信仰という相違はあるものの、ほぼ同型を示すのが、『今昔物語集』巻第二十第六話「仏眼寺仁照阿闍梨房託天狗女来語」(21)における、天狗の託いた女に悩乱された仁照が不動明王に助けを求める場面である。

阿闍梨、仏ノ御前ニ行テ、申シテ云ク、「不量ザル外ニ、我レ魔縁ニ取リ籠ラレタリ。不動尊、我ヲ助ケ給へ」ト云テ、念珠ノ砕ク許ニ擬テ、額ヲ板敷ニ宛テ、破許ニ額ヲ突ク。

その結果、天狗の託いた女は、

其時ニ女、二間許ニ投ゲ被去テ、打チ被伏レヌ。二ノ肱ヲ捧テ、天縛ニ懸テ、転べク事、独楽ヲ廻スガ如トシ。暫許有テ、音ヲ雲井ノ如ク高クシテ叫ブ。其ノ間、阿闍梨念珠ヲ攤入テ、仏ノ御前ニ尚低シ臥タリ。女四五度許叫テ、頭ヲ柱ニ宛テ、、破レヌ許打ツ事、四五十度許也。其後、「助ケ給へ〳〵」ト叫ブ。

という状態になっている。性空の話の院の使者も、自身がこのように打ち責められることを、そして揚句の果ては前夜の忠告のごとく「頭破作七分」となることを想像して、恐れ逃げ帰ったことと思われる。

性空は「仏」の前に行き、「十羅刹」に助けを求めている。性空の書写山の房の様子を記した文に、「持経者ノ房ニ行テ見レバ、水浄キ谷迫ニ三間ノ萱屋ヲ造リ、一間ハ昼ル居ル所ナメリ。地火炉ナド塗タリ。次ノ間ハ寝所ナメリ。

薦ヲ懸テ廻ラカシタリ。次ノ間ハ普賢ヲ懸奉テ他ノ仏不在セズ。行道ノ跡、板敷ニ窪ミタリ」とあるところから、「仏」とは「普賢菩薩」の絵像であることがわかる。この時代「普賢菩薩十羅刹女像」という、普賢菩薩と十人の羅刹女を組み合わせた図像が盛んに作られた。性空が普賢菩薩の前に行き、十羅刹女に助けを求めたということは、性空の房にかけたあった図像も「普賢十羅刹女像」であったかもしれない。

『今昔物語集』には、上記の巻第二十第第六話で仁照が「不動尊、我ヲ助ケ給ヘ」と言ったように、「本尊助ケ給ヘ」（巻第二十第二十五話）、「観音助ケ給ヘ」（巻第十二第二十八話）などの表現が頻出しており、性空が「助ケ給ヘ、十羅刹」と叫んだことは、十羅刹女が信仰の対象としてレベルが上がっていることを示している。この性空の話全体をみると、性空は「験世ニ彼レニ過ル者不有ジ」と験力が知れ渡っており、そのために円融院病気加持に召されそうになったことが記されている。ほかにも毘沙門天から賜った眷属の使役ほか、さまざまな験が示されている。その性空が十羅刹女に対しては、『法華験記』の持経者にみられた奉仕や使役という役割を果たす存在に対する態度ではなく、助けを求める祈願という方法をとっている点は、『今昔物語集』における十羅刹女の性質を如実に示しており、『法華験記』の内容を継承した前述の「法空の話」においても、『法華験記』にはみられない十羅刹女を尊ぶ気持ちが付加されている点が納得できよう。

三　『宇治拾遺物語』『古今著聞集』における十羅刹女

『宇治拾遺物語』(22)には巻第十第十「海賊発心出家の事」（以下、「海賊の話」とする）がある。船旅の途中で海賊に襲われた僧が海に投げ入れられるが、海賊の目には、美しい、みづらを結った、白い楚を持つ二、三人の童子が僧をささえているのが見えたため、僧を船に引き上げて助け、その後、海賊は発心して出家するという話である。

屋形の上に、廿斗にてひわづなる僧の、経袋くびにかけて、夜昼経読みつるを取りて、海にうち入つ。（中略）此僧の水に浮かびたる跡枕に、うつくしげなる童の、びづらゆひたるが、白きすはへを持ちたる、二三人ばかり見ゆ。僧の頭に手をかけ、一人は経をさゝげたる腕をとらへたりと見ゆ。（中略）近くなれば、此童部は見えず。（中略）「これより返しやりてんとす。さても、うつくしかりつる童部は、何にか、かく見えつる」と語れば、(A)この僧、あはれに尊くおぼえて、ほろ〳〵と泣かる。(B)「七つより法華経を読み奉て、日比も異事なく、物のおそろしきまゝにも読み奉りたれば、十羅刹のおはしましけるにこそ」といふに、

僧は船に引き上げられ、童子のことを尋ねられた時、傍線(A)のような状態になり、傍線(B)のように答えている。十羅刹女に救われたという認識を持っており、十羅刹女に対して歓喜を示し尊んでいる。しかし、十羅刹女と実際に姿を現し僧を救った童子との関係は説明されていない。

『古今著聞集』(23)には次の二話がある。

巻第二「釈経」（四十九）「一乗院大僧都定昭法験の事」

これは前述の『法華験記』「定照の話」と同内容である（『法華験記』『拾遺往生伝』では「定照」であるのに対して、『古今著聞集』では「定昭」となっているが、「定照の話」と統一する）。

又舟に乗て上洛しける時、天童十人出現して、舟をになひて岸に着しけり。僧都は、「是十羅刹の我を救給ぞ」と申ける。

『法華験記』では僧都の言葉で十羅刹女が天童に変じて現れたという点を明確に示していたのに対し、ここでは傍

線部分の記述のみで、僧都を救った存在が十羅刹女であることは僧都によって説明されているが、『法華験記』のように、十羅刹女の変じた天童であるとは語っていない。

また『法華験記』の「天童我を渡すらくのみ（天童渡我耳）」という定照の言葉が、ここでは「我を救給ぞ」とあり十羅刹女に救われたという意識と敬意が表現されるものとなっている。

巻第十七「変化」（六〇四）「大原の唯蓮房法験に依りて天狗の難を遁るる事」（以下、「唯蓮房の話」とする）

これは、写経中の唯蓮房がたびたび天狗に妨げられ、ある時さらわれて酒や肴をすすめられるが、白装束で楚を持った二人の童子によって救われ、本房へ連れて帰ってもらう、という話である。

いよ〳〵深く祈念をいたす処に、竹の戸のかたに、人のをとするを見やりたれば、しら装束なる童子二人、すはへをもちておはします。これをこの天狗法師うち見るより、やがてうせにけり。さしもおくのかたにひしめきの〻しりつるをとなひども、すべて息をともせずなりぬ。木の葉を風のさそひていぬるがごとし。其時唯蓮房心神やすくなりて、恐る〻事なし。あまりのふしぎさに、家のおくざまに行て見めぐるに、すべて人なし。(A)十羅刹のたすけ給にこそと、たうとくかたじけなきこと限なし。（中略）其童子聖をよびて、「恐思ふことなかれ」とて、一人はさきにたち、一人はうしろにたちておはします。始きたりつる時は、はる〴〵と野山を越、空をかけり、や〻ひさしかりつるに、この童子の御うしろにしたがひて、只須臾のあひだに、本房に行つきにけりとなむ。これさらにうきたる事にあらず。(B)末代といひながら、信力にこたへて、法験のむなしからざる事かくのごとし。

引用部分以外にも、「た〻十羅刹を念じたてまつりて」、「さきのごとく他念なく、十羅刹を念じたてまつりて」と、唯蓮房の十羅刹女に対する信仰が強調されており、傍線(A)のように、唯蓮房自身十羅刹女の助けであることを認識している。しかし、やはり「海賊の話」、『古今著聞集』の「定照の話」と同様、童子と十羅刹女の関係は説明されていない(傍線(B)については後掲)。

天狗という悩乱者に襲われた際に、唯蓮房が十羅刹女を念じている点は、『今昔物語集』「性空の話」で性空が円融院の加持に召されそうになった時に、十羅刹女に助けを求めたのと同様であり、窮地に陥った時に助けを求める存在、祈願の対象としての十羅刹女であり、十羅刹女を尊ぶ様子がみられ、『今昔物語集』と同様の傾向を示している。また、「定照の話」の主人公である定照は、「海賊の話」の僧や「唯蓮房の話」の唯蓮房とは異なり、不動明王が現れて定照と語り合う(『法華験記』)とか、枯れた橘の木を大仏頂真言を誦しての加持によりたちまちにして蘇らせた(『法華験記』『拾遺往生伝』『古今著聞集』)などというすぐれた験力を示す僧である。その定照が『古今著聞集』では十羅刹女が救ってくれたという意識を持ち、敬意を示している点も、「性空の話」と傾向を同じくしているといえよう。

以上みてきたように、『宇治拾遺物語』『古今著聞集』には『法華験記』にみられた「供給走使」の役割を持つ十羅刹女はみることができなくなっている。「海賊の話」「唯蓮房の話」にみられる、信仰対象としての十羅刹女は、『今昔物語集』の傾向と一致している。説話中における十羅刹女像が変容しているといえるだろう。そして『宇治拾遺物語』『古今著聞集』の三話は、十羅刹女と童子という二つの要素を含みながらも、『法華験記』のように十羅刹女が童子に変じたという記述が一切ない。これは一体どういうことなのであろうか。これらの童子は十羅刹女ではないと認識されていた可能性が出てくる。それならば、これらの童子は何者であると考えられていたのであろうか。その点に着目して、次節以降ではそれが十羅刹女に対する信仰の変化とどのように関わっているのかを考えてみたい。

四　現実社会における十羅刹女信仰の高揚

これまで説話からみてきた、十羅刹女が「供給走使」の役割から脱却し、祈願や礼拝の対象へと信仰が変容していく点は、平安末期以降の十羅刹女信仰の高揚と無関係ではないだろう。十二世紀になると多くの十羅刹女の図像が制作されるようになる。十羅刹女像の最古の遺例は鶴林寺太子堂内陣四天王柱絵であり、西南柱上辺に二菩薩（薬王・勇施）、下方に十羅刹女、さらに下方に神将形七軀が配置されているものであり、この壁画は太子堂が造営された天永三年（一一一二）と同時期のものとみられている。(24)

さらに十二世紀後半の京都廬山寺本を現存最古の遺例として、以後「普賢十羅刹女像」と呼ばれる図像が多数制作・供養されるようになる。「普賢十羅刹女像」とは、普賢菩薩が白象に乗り、『法華経』を信仰する者の許に現れる姿とともに、薬王・勇施の二菩薩、毘沙門・持国の二天王、及び十羅刹女・鬼子母が描かれた絵画である。日本以外の地域において作例が確認されていないことから、日本において成立した図像である可能性が高いとされている。(25)「普賢十羅刹女像」に描かれる十羅刹女は、多くは唐装をなすが、「女房装束」の和装姿のものもあり、いずれも美しい女性の姿で描かれている。和装の羅刹女を一体ずつ描いたとされるものに、仁平二年（一一五二）の制作とされる「扇面法華経冊子」表紙絵、及び長寛二年（一一六四）頃の「平家納経」のうち「従地涌出品」と「観普賢経」の見返絵があり、十羅刹女の和装化は十二世紀半ばには既に行われていたといわれている。(26)

この時期の十羅刹女に対する信仰は、験力を持つ僧侶による信仰というより、「普賢十羅刹女像」の図絵・供養に代表されるとおり、貴族、特に女性が中心たる担い手であった。(27)験力を持つ僧や持経者にとって使役の対象ともなり得た十羅刹女は、験力を持たない人々にとっては、祈願や礼拝する信仰の対象として受け入れられているといえよう。

験力を持つ僧ではなく一般の人々の十羅刹女信仰を示すものとして、次のような文献記述を掲げておく。『吾妻鏡』[28]文治五年（一一八九）九月十六日条には、降人となった樋爪俊衡が法華経を読誦するほかは一言も発しなかったため、罪名が定められず、本所「比爪」を安堵されるに至った場面に、

　知家参二進御前一申二俊衡入道転経事一。二品自二往日一令レ持二此経一給之間。不レ被レ定二罪名一。可レ安二堵本所比爪一之由。令二下知一給。是併奉レ優二十羅刹女照鑒一之旨。被二仰含一云々。

とある。『法華経』読誦といえば十羅刹女を連想するほど、十羅刹女信仰が広がっていたのであろうか。そしてここでは、「十羅刹女照鑒」とあり、神仏などが明らかに見給うことという意味の「照鑒」という表現を使っている。あるいは時代が下るが、『とはずがたり』[29]で正応四年（一二九一）の出来事として、熱田宮にて宿願の写経を供養した様子が、

　華厳経の残り三十巻を、これにて書きたてまつりて供養し侍しに、導師などもはか〴〵しからぬゐ中法師なれば、何のあやめ知るべきにもあらねども、十羅刹の法楽なれば、さま〴〵供養して、又京へ上り侍ぬ。

とある。ここでは十羅刹女が法楽の対象となっていることが確認できる。作者である二条には五部大蔵経（華厳・大集・般若・法華・涅槃）を書写し、諸方の神前ないし御陵に奉納する宿願があった。[30]ここでは二条の法華経信仰、そしてそれに基づく十羅刹女信仰が垣間見られよう。[31]これらの記述には「海賊の話」「唯蓮房の話」の十羅刹女を崇める様子と同じ傾向がみられ、この時代における十羅刹女に対する信仰と意識をみることができよう。

さて、「普賢十羅刹女像」や「扇面法華経冊子」「平家納経」に描かれた十羅刹女は、いずれも美しい女性の姿であり、美しい女性としての十羅刹女のイメージが一般的となったことが知られる。[32]このような女性形が絵画イメージに

定着する時期に至って、十羅刹女説話に童子が登場しても、『法華験記』のような童子に変じて現れる十羅刹女を想起させるのは無理があると思われる。

本来『法華経』には十羅刹女の姿形が一切記されていない。これに対して、十羅刹女の姿が記されている経典として有名なものが、訳者・年代不明の密教経典である『法華十羅刹法』(大正21, No.1292)である。その内容は、十羅刹法の印、十羅刹女の姿形、十羅刹本心呪を記すものである。十羅刹女の姿を簡単に述べると、①「藍婆」は薬叉の如く、②「毘藍婆」は龍王の如く、③「曲歯」は天女仙の如く、④「華歯」は尼女の如く、⑤「黒歯」は神女の如く、⑥「多髪」は童子の如く、⑦「無厭足」は頂経の形の如く、⑧「持瓔珞」は吉祥天女の如く、⑨「白幸帝(皐諦のことであろう)」は頂鳴の如くして女形、⑩「奪一切衆生精気」は梵王・帝釈女の如く、となっている。[33]

しかしながら、これが鎌倉中期の比叡山僧承澄(一二〇五〜一二八二)の『阿娑縛抄』(十三世紀成立)第百七十一「十羅刹」[34]では、藍婆が「如薬叉女」、毘藍婆が「如龍王女」、曲歯が「如天女」、華歯が「如尼女」、黒歯が「如神女顔」、多髪が「如乾達女」、無厭足が「如頂経女之形」、持瓔珞が「如吉祥天女」、皇帝(皐諦)が「如頂鳥女形」、奪一切衆生精気が「如帝釈女」と記されている。『法華十羅刹法』では藍婆は「薬叉」の如く、毘藍婆は「龍王」の如くと表現されているのに対して、『阿娑縛抄』ではそれぞれ「薬叉女」「龍王女」の如くと「女」の語がつけ加えられている。奪一切衆生精気に関しても『法華十羅刹法』の「梵王・帝釈女」の如くとあるのに対し、『阿娑縛抄』は「梵王」の部分を除き「帝釈女」の如くとのみ記している。そして注目すべきは多髪である。『法華十羅刹法』では「形如童子満月肉色。乾達女右手銅環取。左手如舞長跪居」とある。「乾達女」とあるものの、冒頭において形は「童子」の如くとされている。それが『阿娑縛抄』では「如二乾達女一。右手銅鈸ヲ取。左手如レ儛。長跪居也」とし、「〈童女満月也。肉色如。イ本〉」を割注としている。「童子」という表現は消え去って女性であることを強調しており、十羅刹女が童

子の姿をとるという点に否定的であるといえよう。(35)

五　童子信仰と十羅刹女信仰

さて、護法信仰と童子信仰については小山聡子氏のすぐれた成果がある。(36) 護法童子とは、験力のある僧に使役される霊的存在の童子であり、平安時代末期に護法が童子形で表現されるようになり成立したとされる。小山氏は以下のような点を指摘している。①「護法」と「童子」はそもそも異なる存在であった、②「童子」には法華経信仰によるものと不動信仰によるものがある、③「護法」は修験の影響を強く受けており、僧の験力によって動く存在である、④法華経信仰の童子は僧の験力ではなく、『法華経』の経力によって動く存在である、⑤「護法」は『日本霊異記』にみられるように、即座に悪人を殺すような荒々しい性質を持つ、それゆえ病気治療において悪しき霊的存在を屈伏させる役割を示すようになる、⑥法華経信仰の童子には荒々しい性質は希薄である、⑦不動明王の二童子のうちの制多迦童子は荒々しい性質を持つ、⑧性質の類似から「護法」が制多迦童子と重ねあわされるようになる、などである。また時期に関しては、「護法」は十一世紀初頭頃より、童子は十二世紀初頭頃より治病の役割を担わされるようになり、十二世紀末には「護法」はしばしば童子形で表されはじめたとする。(37)

小山氏の説を参照しつつ、ここでは童子形を持つものが、僧に対して従属的であるか、僧に対して自立的であるかを目安として考えてみたい。(38) 小山氏の指摘する『法華経』の経力によって動く童子は、僧に従属するわけではなく自立的である。そして、経力によって動く童子と同様のものに、神仏の命によって動く童子がある。神仏の使としての童子は既に『法華験記』において、巻中五十八では「普賢の使」の「天童」(持経者に因縁を教える)、巻下八十三では「弥勒菩薩の使者」の「二の天童」(兜率天へと迎摂しようとする)、巻中七十では賀茂明神に遣わされた「四の天童」「二の天童」(蘇生させるため冥途に迎えに来る)、巻上二十一では八幡宝倉から出てくる「天童八人」〈八幡の使か?〉(法華経を誦する持経者を讃歎し、舞い遊ぶ)、をみることができる。

これらの童子(いずれも「天童」と記される)は、神仏の言葉や意志を伝える役目を果たしており、その目的のためにのみ突発的に出現する。神仏や経典といった絶対的な聖なるものに従属するが、僧には従属せず、僧に対して自立的なタイプの童子である。そして「海賊の話」「唯蓮房の話」に登場する童子にも、同様の自立性を認めることができる。つまり、この二話の童子は、より上位にある聖なる存在に従属し、それらの命を受けて動いているのである。

さて、ここで今までみてきた十羅刹女信仰の変容を、童子との関係をも含めて整理し、箇条書きに示してみる。

〔現実社会〕

十羅刹女の信仰が高揚することによって、信仰の担い手は貴族女性など一般人が中心となり、十羅刹女の画像の普及から美しい女性としての十羅刹女のイメージが定着する。

〔説話記述〕

①「護法」は十二世紀末には童子形で表されるようになる。

②十羅刹女と童子という要素を含む場合、十羅刹女が変じて現れた童子であることが記されなくなる。

③「供給走使」などの奉仕や使役の役割を果たしていた十羅刹女が、祈願・礼拝の対象となる。

④僧は十羅刹女の奉仕・守護・使役を当然のことのように受け止めていたのに対して、十羅刹女に感謝し、十羅刹女に対する敬意や、十羅刹女を崇める態度がみられるようになる。

⑤十羅刹女説話において、特別な験力を持たない僧が危険から突発的に救われる話がみられるようになり、その場

合に助けに現れた童子は僧に対して自立的である。

⑥十羅刹女に対する態度の変化は、特別な験力を持たない僧だけでなく、すぐれた験力を持つ僧にも同様にみられる。

以上のような点を総合して考えると、『宇治拾遺物語』や『古今著聞集』の十羅刹女説話では、十羅刹女の変じた童子ではなく、十羅刹女と童子は別の存在であり、十羅刹女が使者としての童子を遣わした話となっているのではないかと推測することができる。十羅刹女には不動明王のように八大童子、あるいはセイタカ・コンガラの二童子などのような眷属の童子を伴うという信仰はみられない。但し、『法華経』「陀羅尼品第二十六」の記述によれば、「この十羅刹女は鬼子母并にその子及び眷属と倶に仏の所に詣り（是十羅刹女。与鬼子母。并其子。及眷属。倶詣仏所）」とあるので、「眷属」の存在が想定されたとしても不思議ではない。

「海賊の話」「唯蓮房の話」では、十羅刹女に救いを求めた結果として童子が現れて救ってくれる。主人公は、前者が日夜の法華経読誦、後者が大原における五種行を行っているが、山中における難行苦行によって験力を得る山林修行者とは性格を異にし、特別な験力を有するとは考えにくい。「海賊の話」における僧や「唯蓮房の話」における唯蓮房を救った童子は、僧や唯蓮房に従属しているわけではなく、突発的に現れて危険を救う存在であり、僧に対して自立的である。神仏の使いとしての童子、つまり十羅刹女の使者という風に捉えることができる可能性がある。

「唯蓮房の話」の最終部分傍線(B)では、法験は信心によって超越的存在から与えられるものという認識が示され、『法華験記』の持経者の、あたかも自身の修行の結果の験力として、十羅刹女の出現を当然のこととして捉えていたかのような態度とは、全く異なっている。突発的に現れて危険を救うという点では「定照の話」も同様ではあるが、『法華験記』の定照の伝には類まれなる験力を示す話が記されており、十羅刹女の奇瑞もその一環とみなすことができる点で相違がある。そして時代が下るとともに、験力を持つ僧ではあっても十羅刹女を崇める態度が認められるのは、『今昔物語集』の「性空の話」や『古今著聞集』の「定照の話」にみられたとおりである。

それらを前提として「持法と持金の話」を再度みてみると、次のように捉えることができるのではないだろうか。『法華験記』では十羅刹女と童子は持法の言葉の中のみに登場していた。それに対して『今昔物語集』では、実際に食を整えて供養する童子を出現させることで、童子の存在を明確にし、『法華験記』に示された「供給走使」や持経者に使役されるという十羅刹女の役割を、十羅刹女とは別の童子へと移し変えているのではないだろうか。『法華験記』では持法は十羅刹女に命じることを童子に命じると言っており、二者が別の存在であるとすると矛盾が生じていた。しかし『今昔物語集』では、突然の童子の出現によって、十羅刹女と童子が別の存在であるとしても矛盾せず、十羅刹女が行うべきことを、十羅刹女の使いとしての童子が行ったと捉えることもできる記述になっているといえよう。

同様に『今昔物語集』に関しては、「法空の話」では女性の姿で現れた十羅刹女を「守護の善神」と表現し、持経者が十羅刹女を尊ぶ気持ちが付加されているのに対し、童子の姿で現れた「仏蓮の話」では「護法」と表現され、尊ぶ気持ちが付加されていないのは、十羅刹女が童子形をとっていることによって、尊ぶべき信仰対象の十羅刹女というより、験力を持つ僧が使役する護法童子としてのイメージが強く持たれたためではないだろうか。後の『宇治拾遺物語』や『古今著聞集』の説話にみられるように、十羅刹女と童子が分離し、別の存在として認識されつつあったのかもしれない。「護法」という語によって童子形、いわゆる「護法童子」をイメージする、「護法」の童子形イメージの固定化が起こるのは十二世紀末といわれるが、十二世紀前半成立とされる『今昔物語集』は既に過渡期であったのかもしれない。(39)

おわりに

『法華験記』では持経者に対して「供給走使」、つまり奉仕や使役の役割を果たし、時には童子の姿に変じて現れた十羅刹女が、『今昔物語集』では童子に変じる点が曖昧な表現になり、『宇治拾遺物語』『古今著聞集』では十羅刹女と童子という二つの要素が含まれるにもかかわらず、十羅刹女と童子の関係を全く説明しない記述状態になったという変化をみた。

『法華験記』の十羅刹女が持経者に「供給走使」し、持経者の使者として働くことを主な目的としていたがために、童子に変じて現れる場合があったとすれば、『今昔物語集』以下『宇治拾遺物語』『古今著聞集』では信仰の高揚によって「供給走使」の役割を失い、童子の姿に変じる必然性も失われたといえよう。そして、美しい女性形としての十羅刹女像の浸透と、十羅刹女の信仰対象としてのレベルの上昇によって、童子は十羅刹女が変じたものではなく、十羅刹女の使者として別の存在と捉えることができる話になったといえよう。

註

（1）唐鎌聡子「『法華験記』における羅刹女について」（永藤靖編『法華験記の世界』、三弥井書店、二〇〇五年）を参照した。

（2）岩波文庫『法華経　下』（坂本幸男・岩本裕訳注、岩波書店、一九六七年）、二八二頁。以下『法華経』「陀羅尼品」はこれによる。

（3）菊竹淳一「普賢十羅刹女像の諸相」、有賀祥隆「法華寺横笛堂仏後壁画普賢菩薩影向図について」、松浦正昭「寒河江・慈恩寺の法華彫像(上)」(以上、『仏教芸術』一三二、一九八〇年)など。

なお近年、増記隆介氏が美術作品の作例だけではなく、天台・真言の事相書などを用いて多くの新知見を一連の論文にて発表している。増記隆介「普賢十羅刹女像の成立をめぐる諸問題」(『特別展　国宝寝覚め物語絵巻』展覧会図録、大和文華館、二〇〇一年)。増記隆介「奈良国立博物館所蔵普賢十羅刹女像について」(奈良国立博物館研究紀要『鹿園雑集』五、二〇〇三年)。増記隆介「和装十羅刹女像の図像形成に関する研究」(『鹿島美術研究』年報二一別冊、二〇〇四年)。増記隆介「普賢菩薩画像論」(『特別展　普賢菩薩の絵画　―美しきほとけへの祈り―』展覧会図録、大和文華館、二〇〇四年)。増記隆介「和装羅刹女像の生成　―宋と日本への二つのヴィジョン―」(東京大学大学院人文社会系研究科編、『死生学研究』一六、二〇一一年)。

(4) 宮崎英修「日蓮教説における鬼子母神・十羅刹女」、池上尊義「日蓮における十羅刹女信仰の位置」(以上、民衆宗教史叢書『鬼子母神信仰』、宮崎英修編、雄山閣出版、一九八五年)、池上尊義「日蓮宗成立の前提　―十羅刹女信仰にみる日蓮における持経者の系譜―」(『歴史教育』一四―九、一九六六年)など。

(5) 唐鎌聡子前掲「『法華験記』における羅刹女について」。

(6) 説話以外で日本文学系の十羅刹女に関する研究としては、マイケル・ジャメンツ氏が貴族の日記を中心に普賢十羅刹女像の作成や供養に関する史料を多く提示し、安居院の僧たちが普賢十羅刹女像を本尊とする法会に多数導師として説経していることを明らかにしている(マイケル・ジャメンツ「安居院流唱導における国文学と美術史の連絡　―普賢菩薩・十羅刹女像を中心として―」、『国際日本文化研究集会会議録(第一九回)』、国文学研究資料館、一九九六年)。

(7) 以下『法華験記』は日本思想大系『往生伝　法華験記』(井上光貞・大曽根章介校注、岩波書店、一九七四年)による。

(8) 原文は「常作是観。身是水沫不堅之身。命復朝露即滅之命。若宝翫愛護。非受羅刹供哉。」である。

（9）原文は「最初鬼神現可畏形。擾乱聖人。不以為怖。後以草蔵而来供養。熊狐毒蛇亦復如是。端正天女時々来至。三匝囲遶。頭面礼敬而以退去。又十羅刹中皐諦女耳。」である。

（10）前掲『法華経　下』、一一六頁。

（11）新日本古典文学大系『今昔物語集　二』（今野達校注、岩波書店、一九九九年）、九三頁注（34）、九四頁注（15）、二八三頁注（30）を参照した。

（12）原文は「山鳥熊鹿。纔来為伴。妙法薫修。自然顕現。十羅刹女現形。供給走使。有一比丘。名曰良賢。（中略）慮外迷山路。至此仙洞。即見聖人。生奇特希有念。頃日寄住。見羅刹女端正美麗。生欲愛心。羅刹女白聖人言。此破戒無愧類。来至清浄善根境界。当与現罰損其身命。聖人答曰。吁莫作是説。当加守護送遣人間。一羅刹女忽現本形。甚可怖畏。提僧将去。数日行路一時飛去。投捨人間還来。良賢心神不例。僅得存身命。」である。

（13）原文は「僧都有急事。従山階寺上京着淀河。悪風頻吹河浪極高。船不能往還。僧都依急事乗船渡河。衆人驚怖皆言。船漂倒則僧都当沈水。歎恐之間。天童十人計出来河中。捧船泛水。不寄浪安穏着岸上竟。即天童還入河中。不知所去。見人皆生感歎。流涙随喜。是未曾有也。僧都示云。是法華十羅刹変現天童渡我耳。」である。

（14）原文は「有給仕人。沸三時湯。其心疲倦。厭離而去。有二童子。自然出来白上人言。我等二人奉仕聖人。一名黒歯。一名華歯。十羅刹女変身来耳。此二童子強力勇健。荷薪汲水沸湯。拾菓設食。出里入山。供給走使。聖人不知世務。離諸攀縁。偏誦法華。是二童子至于滅期。更不相離。専心給仕。入滅之後。悲歎哀逗。勤修四十九日。即日而去矣。」である。

（15）傍線のある箇所の原文を示すと「是法華聖以慈悲心憐愍汝。故十羅刹女為其使者。以呪願施食。毎日送施耳。」、「頃日失念不説施食。不勅十羅刹。今有此言。即命童子調食。」である。

(16) 原文は「命童子調食。其後如前有自然食。」である。

(17) 前掲『往生伝　法華験記』所収。原文は「僧都有急事。俄以上洛矣。淀河泛灩。風厲波嶮。僧都一身乗船。衆人驚怖。于時天童十許人出於河中。捧船而渡。然後天童還入河中而失。僧都示云。法花経十羅刹。反現渡我也云々。」である。

(18) 以下、特に断らない限り『今昔物語集』は新日本古典文学大系『今昔物語集　三』(池上洵一校注、岩波書店、一九九三年)による。

(19) 池上洵一「『今昔物語集』の方法 ―原話と『今昔』とを分けるもの―」(神田秀夫・国東文麿編『日本の説話2　古代』、東京美術、一九七三年)。

(20) 前掲『今昔物語集　三』一七〇頁の当該説話注釈、及び一七三頁注(27)を参照した。

(21) 新日本古典文学大系『今昔物語集　四』(小峯和明校注、岩波書店、一九九四年)。

(22) 新日本古典文学大系『宇治拾遺物語　古本説話集』(三木紀人・浅見和彦・中村義雄・小内一明校注、岩波書店、一九九〇年)。

(23) 以下、『古今著聞集』は日本古典文学大系『古今著聞集』(永積安明・島田勇雄校註、岩波書店、一九六六年)による。

(24) 有賀祥隆『日本の美術二六九　法華経絵』(至文堂、一九八八年)。なお、有賀氏同書によると、文献上で確認できる最も古い十羅刹女像の記録としては、「実綱朝臣法成寺塔供養願文」による、承暦三年(一〇七九)に再建なった法成寺釈迦堂の扉に、十六羅漢、多聞持国天、散晦鬼神、堅牢地神、迦毘羅神とともに描かれた十羅刹、哥梨底母(＝鬼子母神)の例であるという。

(25) 以上、増記隆介前掲「奈良国立博物館所蔵普賢十羅刹女像について」。

(26) 同右。

（27）貴族女性による「普賢十羅刹女像」の制作・供養、「普賢十羅刹女像」を本尊とする法会などを記す文献史料については、マイケル・ジャメンツ前掲「安居院流唱導における国文学と美術史の連絡」に詳しい。

（28）新訂増補国史大系『吾妻鏡』。

（29）新日本古典文学大系『とはずがたり　たまきはる』（三角洋一校注、岩波書店、一九九四年）。

（30）同右、一九〇頁注（29）参照。

（31）同右、二〇六頁注（3）は、「ここは、「若有伺求法師短、令不得便」と誓う十羅刹女のため、法師への不満をおさえたことをいう」としている。

（32）時代をさかのぼると、忿怒形の恐ろしい姿としての十羅刹女像のイメージが存在した可能性がある。増記隆介氏は興然（一一二一〜一二〇三）の『五十巻鈔』（建仁三＝一二〇三年奥書）第一二の「或口伝云。法花十人女形。是レ往古ノ如来也。是ハ此レ十如来之変化身也。此ノ女皆忿怒形也。此大師空□（海カ）御説ノ様也。又慈覚大師ノ様皆柔辱ノ女形ニシテ。為下乗二生類物一形上也。」（『真言宗全書』巻二十九、二四七頁）を示し、十羅刹女の姿には忿怒形の空海様と、柔辱女形で「生類物」に乗る形をなす円仁様の二種があったとしている。但し、空海や円仁に十羅刹女に関連する請来品があったことは知られていないらしい（以上、増記隆介前掲「普賢十羅刹女像の成立をめぐる諸問題」）。この『五十巻鈔』の説が正しいと仮定すれば、天台宗では当然、円仁請来の柔辱の女性としての十羅刹女像が重んじられたことであろう。真言宗では法華経信仰に関する十羅刹女自体を、天台宗ほど重要視して用いないと思われる。そういった経緯で自然と空海様はあまり顧みられなくなり、恐ろしい忿怒形の十羅刹女の姿は失われていったということができるかもしれない。

（33）『大蔵経全解説大事典』（雄山閣出版、一九九八年）「法華十羅刹法」の項における福田亮成氏の解説を参照した。なお、原文は以下のとおりである。

十羅刹形様　藍婆形如薬叉。衣色青。右手独股当右肩。左手持念珠。即立左膝当居彼上。面肉色也　毘藍婆。形如龍王如円満月也。如向大海。右手把風雲。左手把念珠也。衣色碧緑也。面色白前立鏡台也　曲歯形如天女仙。衣色青面伏低。前捧香花長跪居。半跏坐也　花歯。形如尼女。衣色紫色也。右手把花。左手把花盤面少低也　黒歯。形如神女。衣色都妙色也。右手取叉左手軍持也。猶如守護之形半跏坐也　多髪。形如童子満月肉色。乾達女右手銅環取。左手如舞長跪居　無厭足形如頂経之形。恒守護衣色浅嘔也　持瓔珞。形如吉祥天女。左右之手持瓔珞也。衣色金也。面色肉色結跏趺坐也　白幸帝。形如頂鳴。女形衣色紅青也。右手把裳。左手持独股。如打物形立膝居也　奪一切衣衆生精気。形如梵王帝釈女。帯鎧伏甲。出頂馬頭也。忿怒形。右手持杵左手持三股。衣色楝雑色也。結跏趺坐也。（大正21, No.1292, pp.377b21‒c11）

なお、皐諦（白幸帝）は「頂鳴」の如くして「女形」とあり、「頂鳴」というのがよくわからない。ちなみに「扇面法華経冊子」の表紙絵においては「無厭足」の「頂経」というのは、合掌低頭の姿で表されているとのことである（増記隆介前掲「奈良国立博物館所蔵普賢十羅刹女像について」）。

（34）大正、図像部第九巻、五五五～五五六頁。原文は以下の通りである。

一。藍婆形。如二薬叉女一。色青。右手持二独股一当レ肩。左手持二念珠一。即立二左膝一。当二彼上一居。血肉色也。

二。毘藍婆形。如二龍王女一円満月也。如レ向二大海一。右手把二風雲一。左手括衾持也。衣色碧緑也。面色白。前ニ鏡台ヲ立也。

三。曲歯形。如二天女一。衣色青。面伏低。少前捧二香花一。長跪居。半跏坐也。

四。花歯形。如二尼女一。衣色紫雲也。右手把二花戯一。左手把二花盤一。左方面少低居也。

五。黒歯形。如二神女顔一。衣色都妙色。右手持レ叉。左手軍持也。猶如二守護之形一也。半跏坐。

六。多髪（形）如二乾達女一。右手銅鈸ヲ取。左手如レ儛。長跪居也。〈童女満月也。肉色如。イ本〉

七。無厭足形。如二頂経女之形一。恒守二護経籍一。前花鎖立居。衣色浅緑也。

八。持瓔珞形。如二吉祥天女一。左右之手持二瓔珞一也。衣金生面色肉色。結跏趺坐也。

九。皐帝形。如二頂鳥女形一。衣色紅青也。右手把レ嚢。左手持二独股一。如二打レ物之形一。立膝居也。

十。奪一切衆生精気形。如二帝釈女一。帯鎧伏早於頂馬類也。忿怒形。右手持レ杵。左手持二三股一。衣色綵雑也。

（35）なお、「仏蓮の話」で童子の姿で現れたのは多髪ではなく、『法華十羅刹法』では尼女の如くとされる華歯と、神女の如くとされる黒歯である。これには何か意味があるのかもしれないが、残念ながら今は明らかにしえない。

（36）小山聡子『護法童子信仰の研究』（自照社出版、二〇〇三年）。小山聡子「護法童子信仰の成立と不動信仰」（磯水絵編『論集　文学と音楽史―詩歌管弦の世界―』、和泉書院、二〇一三年）。

（37）以上、小山聡子前掲「護法童子信仰の成立と不動信仰」及び、小山聡子「護法童子信仰の成立」（前掲書、第二章）。

（38）一応の目安として二パターンに分けたが、例外も多く明確にできない場合も多い。単純に分類できない例としては次のようなものがある。『今昔物語集』巻十二第三十四話「書写山性空聖人語」に登場する性空のもとに毘沙門天から遣わされた眷属の童子は、性空に対して従属的な態度を示しているが、基本的に毘沙門天の命によって性空に仕えており、トラブルを起こして性空に追い出されることを怖れるのは、毘沙門天から叱責されるためである。『拾遺往生伝』巻下第一話「相応和尚」には、相応の師である円仁から相応に仕えるように命じられた「金剛童子」がやってくるが、「上人の威勢いまだ我を使ふに及ばず」と言って相応のもとから帰ってしまう。これは相応に対して自立的であり、円仁に対してもその命に必ずしも従わないという部分で自立性がみられる。しかも、これらの童子は「金剛童子」であり、一般的に自立性が強くみられる法華経信仰の童子ではなく、不動信仰によるものである。『宇治拾遺物語』巻十五ノ六「極楽寺僧、施仁王経験事」では、極楽寺の僧が仁王経を読むことによって、病者の夢中に「びんづら結ひたる童子の、すはえ持たる」が現れて鬼どもを打ち払うが、その童子は自分のことを「その経(引用者注：仁王経)の護法」と言っており、僧の験力によって動くというよりも仁王経の経力によって動く童子の可能性が高いと思われる。

(39) 院政期の往生伝には既にその過渡的な状況が示されている。小山聡子氏の研究によると、『続本朝往生伝』(一一〇一～一一一一)「僧正遍照」では「護法」と「総角」(童子)が別の存在として書き分けられているものの、「総角」(童子)も「護法」と同様に病気治療の場において病気原因の悪しき霊的存在を退治する役割を持たされるようになっているとする(小山聡子前掲「護法童子信仰の成立」、前掲書、一〇〇～一〇一頁)。

〔補記〕 本稿脱稿後に、増記隆介『院政期仏画と唐宋絵画』(中央公論美術出版、二〇一五年十二月)が出版されていることを知った。本付論にて引用した増記氏の論考は、第三部「普賢菩薩増と呉越国 ―北宋の天台仏教―」、第四部「普賢十羅刹女像の成立と東アジア」にほぼ収録されている。

なお、同書第四部第三章「益田家旧蔵『普賢十羅刹女像』について」は、初出論文を見落としていた。本付論註(33)で『法華十羅刹法』の記述に関して、「皐諦(白幸帝)は「頂鳴」の如くして「女形」とあり、「頂鳴」というのがよくわからない」と記したが、増記氏のこの論考によると、「かたち頂鳴の如し」を示す作例として皐諦の頭頂に鳥をあらわしたものがあり(常忍寺本・大和文華館本ほか)、鎌倉時代の十羅刹女像の図像が平安時代のそれに比べ、細部にわたり『法華十羅刹法』に忠実となっていく(増記前掲書、三九二頁)とのことである。

第六章　相応伝に記された阿尾奢法　―その背景と「縛」の概念―

はじめに

日本の説話記述においておそらく「阿比舎之法」（阿尾奢法）と唯一明記されているのが、周知の如く相応（八三一～九一八）の伝記『天台南山無動寺建立和尚伝』（以下、相応伝とする）である。そして、この相応伝が参照したと考えられるのが、空海著『秘密曼荼羅教付法伝』（『広付法伝』）巻二「恵果伝」である。[1]

相応伝の阿尾奢法記述については古くから注目されてきたものの、疑問点や未解明な部分が多く残されている。それらの疑問を解明するだけの力量は全くもって持ち合わせていないのではあるが、阿尾奢法が主要なテーマとなっている本書において、相応伝に触れずにおくわけにはいかない。そこで本章では、推測に推測を重ねることを承知の上で、相応伝と恵果伝の阿尾奢法記述を比較することによって、相応伝の記述の背景を探るとともに、「縛」の概念についても若干の考察を行ってみたい。

一　相応伝の阿尾奢法についての解釈

まず、相応伝と恵果伝の阿尾奢法記述部分をあげておく。

『天台南山無動寺建立和尚伝』(2)（句点は筆者が付した）

同三年（引用者注：貞観三＝八六一年）八月。貞観天皇遣勅使請和尚。難背勅命未竟三年参入内裏。有勅行阿比金〔舎〕之法。誦呪未及十遍之間呪縛於二人之童子。即和尚問云何物哉。答我是松尾之明神也。爰皇帝近御其所。而即令堀河左大臣問叡情所疑之事。明決数事尤有徴云々。其後典侍藤原ム子出来問他事。明神不答矣。戯罵云不知所問若是狐狸歟。小時ム子俄得頓病。罷出私宅。歴四箇日已以率去。爰有頼〔勅〕賜度者并御衣等。和尚固辞以謙退不当其賞。

『秘密曼荼羅教付法伝』（『広付法伝』）巻二「恵果伝」(3)

年甫十五。稍得二霊験一。代宋皇帝。聞レ之迎入。命レ之曰。朕有二疑滞一。願為解レ之。和尚即令下両三童子依レ法加持。請中降摩醯首羅天上。法力不思議故。即遍二入童子一。和上白レ王言。法已成。随二聖意一請問。皇帝下レ座問レ天。則説二三世事一。委告二帝王暦数一。皇帝歎曰。龍子雖レ小。能起二雲雨一。釈子幼ナリト云ヘトモ法力降レ天。入瓶小師。於レ今見矣。即賜二絹綵一以旌二神用一。

恵果伝の方は阿尾奢法の名称は記されていない。空海の師である恵果が唐の代宗皇帝の前で童子二、三人を加持、「摩醯首羅天」を呼び出し、「三世事」など皇帝の疑問に答えさせたとある。漢訳密教経典の『速疾立験魔醯首羅天説阿尾奢法』では、この法を説くのが「魔醯首羅天」、童子に入り込んで語るのは迦楼羅使者であるが、恵果伝では「摩醯首羅天」が童子に入り込んでいる。その点は経典記述とは異なるが、「摩醯首羅天」が登場する点は経典の影響と思われ、恵果伝が記す法が『速疾立験魔醯首羅天説阿尾奢法』に依拠する阿尾奢法であることは明らかである。

それに対して、相応伝が伝える阿尾奢法については、漢訳密教経典に説かれている三世一切の善悪吉凶を知る予言の法であるのか、あるいは鎌倉初期以前には認識されていたヨリマシを用いる病気治療加持であるのか、という問題が発生している。[4] 相応伝においては、相応の阿尾奢法によって松尾明神が現れるが、そこには「呪縛於二人之童子」と「呪縛」の語が明記されている。文面上は病気治療とは無関係であるが、この「呪縛」の語が記されていることによって、小山聡子氏は疫病との関係を推測し、平安期には神が祟って病気をもたらし、神が験者にしばしば「呪縛」される例があることから、相応の阿尾奢法は病因を特定するために行われた可能性があるとする。小山氏は、相応が清和天皇の勅命によって宮中で阿尾奢法を行ったという貞観三年（八六一）八月は、『三代実録』貞観三年八月条によると赤痢が流行していた時期であることを指摘し、赤痢流行は雷神、怨霊的性格をもつ松尾明神の祟りであり、また「典侍藤原厶子」が童子に「呪縛」された松尾明神を疑って罵詈したことにより病死に至ったのも、松尾明神の神罰だと考えられるとしている。[5]

この小山氏の説は、相応の阿尾奢法によって現れた存在がなぜ松尾明神なのかという、理由の解明を試みたものであるといえる。但し、この説に関して上野勝之氏は「小山氏は相応の阿尾奢法を、この年に赤痢が流行した原因を探るためのものであった可能性があるとするが、この伝承をそのまま史実と見なすことは無理であろう。災害に対してはまず神祇官か陰陽寮の占が行われるはずである」[6] とし、相応伝の阿尾奢法自体についても、「おそらくは恵果伝に倣った伝承であろう」とする。[7]

確かに、相応伝と恵果伝の阿尾奢法記述は、帝王の命によって行われた点、帝王の疑問に答えさせている点、[8] 複数の童子を用意している点、帝王からの褒美の授与が記される点など、話の枠組みが類似しており、確実ではないものの、相応伝が恵果伝を参照して書かれたであろうとは推測される。

ただ、上野氏はこれが史実ではなく伝承である点を強調しているが、小山氏は伝承が作られた背景に目を向けているように思われる。実際、小山氏が阿尾奢法に関して明らかにしているさまざまな点を考慮すると、小山氏がなぜこの相応の阿尾奢法を病気治療と結び付けたのかが理解できる。それは阿尾奢法の伝承がなぜ相応であるのかという点にもつながっている。後述する「呪縛」の問題は措き、ここでそれ以外の点をあげてみると以下の三点となる。

①『秘抄』などにおける阿尾奢法は円仁の口決であるとする記述

『三宝院流洞泉相承口決』第一七「作法集口決」に「阿尾捨行　秘抄ニハ云慈覚大師口決云々」とあり、『作法集』「験者作法」に記された一つ目の阿尾奢法（ヨリマシを用いない）は、天台の円仁の口決によるものであるとされている（一つ目は『秘抄』にみられるが、二つ目は『秘抄』には記されない）。[9][10] 相応は円仁の弟子であるとされている。

②『四十帖決』の阿尾奢法に関する記述

台密谷流の祖である皇慶（九七七〜一〇四九）の口授を弟子の長宴（一〇一六〜一〇八一）が筆録した『四十帖決』（十一世紀成立）には阿尾奢（阿尾舎・阿尾捨・阿毘遮）に言及した部分が六箇所あるが、そのうちの巻十四の寛徳二年（一〇四五）四月二十二日の説に「師曰。辟㆓除セン阿尾舎等ヲ㆒之時ニハ。随テ㆑要ニ以㆓三部主ノ印真言ヲ㆒辟㆓除セヨ之㆒」とあることから、小山氏は「阿尾舎等」を人間の体内に呪縛された後に辟除されて遠くへ追いやられる、病をもたらす霊的存在を指すとしている。そして、『四十帖決』を口授した皇慶は慈覚流に属しており、円仁の弟子とされる相応の思想と近いとする。[11]

③阿尾奢法が不動明王関連である点

阿尾奢法は『四十帖決』巻八、長久三年（一〇四二）九月下旬の説では『底哩三昧耶不動尊威怒王使者念誦法』と、[12]

『阿婆縛抄』（十三世紀成立）巻第一一六「不動本」では『不動立印軌』（『金剛手光明灌頂経最勝立印無動尊大威怒王念誦儀軌法品』）と関係づけられている。[13]『作法集』「験者作法」に記された二つ目の阿尾奢法でも「誦慈救呪」とあり、不動明王の呪文である慈救呪を用いている。[14]これらの史料に記された阿尾奢法とは病気治療加持を意味している。特に『四十帖決』『阿婆縛抄』といった天台系の史料で、阿尾奢法が不動明王経典と結び付けられている点が顕著である。そして、周知の如く相応には篤い不動明王信仰が伝えられている。

現実には上野氏が明らかにしているように円珍が『速疾立験魔醯首羅天説阿尾奢法』実修を模索しており、それを裏付けるかのように、摂関期における高位の人物へのヨリマシを用いる加持においては、寺門系が卓越した立場にあった。[15]また、円仁には不動信仰がみられず、相応を円仁の弟子とすることにも疑念がもたれている。[16]しかし、①から③にみたとおり、伝承世界において病気治療としての阿尾奢法は円仁の口決であるとされるとともに、現に円仁の流れをくむ皇慶の口伝に阿尾奢法を病気治療加持と捉えられる記述がみられ、さらに天台宗で病気治療としての阿尾奢法が不動明王経典と結び付けて説かれていた。そして相応伝の中では、相応が円仁の弟子とされ続けてきたことも事実である。相応と病気治療としての阿尾奢法が結び付く要素は多い。小山氏はこのような伝承世界が相応伝の背景にあると考えた上で、相応の阿尾奢法を病気原因を探るためのものであったと想定したのであると思われる。

二　「呪縛」の概念と「縛」の用例

ところで、小山氏の説に対する上野氏の反論は、疫病流行時における原因の判定方法と、伝承が史実ではないという点に比重が置かれており、「呪縛」の問題に関しては触れていない。しかし、小山氏は相応の阿尾奢法における「呪縛」という記述を重視して論を展開していると思われる。

恵果伝と相応伝では、前者は「即遍入童子」と「遍入」の語を用いており、「縛」とは表現されない。後者は「呪縛於二人之童子」と「縛」の語を用いている。この差異によって、前者が予言の法であり、後者は病気治療におけるヨリマシを用いる加持と関係するのではないか、という疑問が出てくるのである。そこで「呪縛」あるいは「縛」の概念について考えてみたい。

まず、小山氏と酒向伸行氏の「呪縛」について述べた箇所を引いておく(上野氏は「呪縛」について特に言及していない)。いずれも、相応伝の阿尾奢法を論ずる文脈において述べられているものである。

小山氏の呪縛概念(以下、傍線は引用者)

呪縛とは、病気などの危害をもたらすものに対して呪術を用いて拘束することである。病気をもたらした霊的存在は、呪縛されることによって懲らしめられ屈服させられるのである[17]。

次に、酒向氏の「呪縛」概念については要約すると微妙なニュアンスが失われるため、長文にわたるが引用しておく。

酒向氏の呪縛概念①

これ(引用者注：相応伝の阿尾奢法)によれば、相応は呪を誦することにより、童子の体内に松尾明神を憑入させたというのであるが、これを「呪縛」と記述している。すると「呪縛」とは、験者の意思により霊的存在を人間の体内に憑入させることを意味しているということになる。したがって、先の二例の治病記事(引用者注：相応による西三条女御と染殿后の治病)においても、病者の近くに存在し病者に憑着し悩ませている悪しき霊的存在を、誦呪によって病者自身の体内に憑入させることを同じく呪縛、あるいは結縛と記述していると考えられる。そして霊的存在は、病者の体内に呪縛されることによりその正体が顕れ、行動の自由をも奪われ、結果として、験者に屈服せざるをえなくなる。[18]

酒向氏の呪縛概念②

人間界と霊界とを自由に移動する霊的存在が、験者の誦する仏呪の力によって、病者の体内に閉じ込められる。これは験者の祈禱にしたがい、病者の体が自由を失い硬直したり、不随意運動、あるいは異常な跳躍をおこしたりすることからの連想といえよう。そして、病者の体内に閉じ込められた霊的存在は、病者の口を借りて屈服の詞を述べる。これは験者の与える暗示によってもたらされるトランス・スピーチが、そのような方向へと誘導された結果といえよう。しかし、人々はそれを霊的存在そのものの言葉と信じたのである。祈禱性精神病の発病期間、およびトランスの継続時間は短期であり、しかもしばしば健忘を残すため、病者は祈禱終了とともに平癒し、この間の自己の言動については一切忘れてしまうことになる。以上のような過程を、「呪縛」と記述しているのである。[19]

小山氏は傍線部のとおり「呪縛」を「拘束」と捉えている。酒向氏は、呪縛概念②の最後の傍線部において、病気治療呪術の全ての過程が「呪縛」であるという認識を示しているが、基本的には呪縛概念①②の傍線部をみてわかるとおり、やはり「呪縛」により体内に閉じ込められる、行動の自由が奪われるという、拘束と捉えているといえるだろう。

注目したいのは、酒向氏は呪縛概念①の二重傍線部において、呪縛とは験者の意思により霊的存在を人間の体内に「憑入」させる（入り込ませる）ことを意味しているとしている点である。但し、この「呪縛」概念を裏付ける例として酒向氏があげているのは、ある種特殊とも思える相応伝の阿尾奢法の一例のみである。

果たして、霊的存在が人間の体内に入り込むこと自体を「縛」、あるいは入り込んだ状態自体を「縛」ということはできるのであろうか。

日本の説話で「縛」が入り込むこと自体を指している可能性があるものとしては、『古今著聞集』[20]巻第二（釈教第二）（四六）「浄蔵已が前生の骸骨を見る事」がある。修入と浄蔵の験くらべで、「其比は石に護法をばつけゝり」という方法が行われていた様子が記されている。浄蔵が命じると「ばくの石」が飛び出て、おちあがること鞠の如くであり、修入が命じると石の動きが静まる。浄蔵が命じると再び石は動き踊って、最後に中より割れて二人の前に落ちた。この「ばくの石」は『大法師浄蔵伝』[21]では「縛石」とあり、呪縛された石と考えられる。[22]つまり、護法がついた石を「ばくの石」と呼んでいるわけである。

護法を石につけるとは、僧・修行者が護法に命じて行うのであり、護法を拘束するのであるとは考え難い。「つく」という表現は霊的存在が何らかの影響を与えるという意味でも用いられるので、この説話の場合、護法という霊的存在が石の外部から作用して石を動かしている（酒向伸行氏の表現を借りれば「憑着」）と捉えることも可能であるが、護法が石の中に入り込んで飛び上がっている（酒向氏の表現を借りれば「憑入」）とも捉えられ、明確な判断ができない。但し、ヨリマシを用いる加持においては、護法はヨリマシの身体の中に入り込んでいる点、さらに漢訳密教経典の阿尾奢法では、護法と類似する性質を持つ使者的な霊的存在が、人間のみならずさまざまな物質に入り込む点を考えるならば、護法が石の中に入り込んでいると捉えてもよいのではないだろうか。ただ、日本の説話において霊的存在が入り込むこと自体を「縛」と表現している確定的な例は、管見の限りではほかにも見当たらない。

漢訳密教経典の記述に目を移してみると、霊的存在が入り込むこと自体を「縛」と表記していると思われる例は存在するが、多くはないようである。第三章で一部示した『不空羂索神変真言経』巻第二十七「神変阿伽陀薬品第六十三」の呪法は、その一列である。

①秘密主（引用者注：執金剛秘密主菩薩）若欲縛人。先自沐浴著浄衣服。塗曼拏羅布粉界道。置香水瓶飲食華香。焼安悉香而為供養。末香塗手結印誦念。縛人浄浴著浄衣服。華鬘厳頂令坐壇側。手捧鉢盂満盛飯〔飲〕食。持薬散身言縛即縛。所問三世一切之事悉皆具説。②若縛病人散病者頂。言縛即縛問作鬼病而皆説之。放如故者以水灑之。（大正20, No.1092, pp.377a20–a26）

②は病気治療であろう。①の部分では呪法に用いられる人物は、二重傍線で示したように「縛人」と呼ばれている。霊的存在の何らかが「縛人」に入り込むと明記はされていないものの、呪法の次第や様子（「縛人」に沐浴させ、浄衣服を着せる点など）をみれば、童子を用いて使者的な霊的存在を入り込ませて予言をさせる、阿尾奢法と同種であるとみなしてよいであろう。注意すべきは、①の予言の阿尾奢法でも、②の病気治療呪法と全く同様の「言縛即縛」という表現がとられていることである。すると、悪しき霊的存在を懲らしめる場合のみに「縛」の用語が用いられるのではないということである。ここでの「縛」は霊的存在が入り込むこと自体を示している。

同様の「縛」はほかに、『聖迦柅忿怒金剛童子菩薩成就儀軌経』巻中に、

又法欲得縛撲問事。一日一夜不食念誦。其法即成。或童子或童女。令澡浴著新浄衣。塗拭円壇令坐。縛問過（去）未来事皆悉得知。[23]（大正21, No.1222, pp.109c23–c25）

『摩醯首羅大自在天王神通化生技芸天女念誦法』に、

又法若欲縛人問事。無問大小浄与不浄。心想本尊至心念誦。応時即縛問知三世之事。一切皆説無所不知。非但能縛一人。乃至百千万人至心誦之。随心応念一時即縛（大正21, No.1280, pp.341b18–b21）

などがある。二重傍線部にみられるように、「人」を「縛」して問うという形の法である。問うところの「三世一切

之事」や「過去未来事」を説かせることが明記され、霊的存在を入り込ませる予言の阿尾奢法の場合に「縛」の語が用いられている。

また、『仏説金剛香菩薩大明成就儀軌経』巻下には、

若欲令宿曜来降入痦者。行人如前専注持誦数満。復立身如舞勢。結金剛鉤印。観想吽字変為金剛杵。熾焰遍満已。焼安息香誦大明彼宿曜在百千由旬外。聞召即至。即誦金剛鎖大明令住。然後使入痦説諸善悪。説事已即焼沈香。誦氷誐羅大明加持水。灑宿曜身即解縛令去。（大正20, No.1170, pp.703b21-c02）

とある。ここでは「百千由旬外」に存在する「宿曜」を「来降入痦」させ、「諸善悪」を説かせるとあるが、最後は「灑宿曜身即解縛令去」と「解縛」の表現が用いられている。[24] ただ、日本において以上のような「縛」概念が一般的であったかどうかは不明である。

ところで、そもそも「阿尾奢」の「アーヴェーシャ」とは、「乗り移らせる」の意があり、一般には「遍入」「召入」などと訳されるという。[25] しかし、日本での聖教は、「阿尾奢」を「遍入」とするものもあるものの、「縛」（「縛」「摂縛」「取縛」）であるとする見解が目立つ。ごく一例で、時代もかなり下るものではあるが、「阿尾奢」の意味についての記述をあげてみる。

〔天台宗関係〕

『四十帖決』（皇慶（九七七～一〇四九）の口決を長宴（一〇一六～一〇八一）が筆録）

師曰。阿尾捨ト者遍入ノ義也云云。便即阿尾奢云云何ン　師曰。遍入也。（大正75, No.2408, pp.901b01-b02）

『瑜祇経聴聞抄』（澄豪（一二五九～一三五〇）の口決を弟子が筆録）巻下「金剛吉祥大成就品第九」「百八明讃事」

此阿尾舎ト者爰ニハ取縛ト翻ス。詫ニ宣シテ行者ニ示ス一切ノ事ヲ也。一切ノ事ヲ示シ及以三界主タラン云ニ有ニ二義一。

一云三界云〔主〕成ト云義。一ニハ三界ノ主ノ摩醯首羅ヲ入テレ身。阿尾舎セント云義有リ。（『続天台宗全書』密教2　経典注釈Ⅰ、一九八八年、三二六頁）

『渓嵐拾葉集』（光宗、一三一一～一三四八年成立）

阿尾捨法事〈此云取縛ト。又遍入ノ義也〉示云。此法ハ如レ文以二無病童男童女ヲ一清浄ニ洗浴セシメテ著セテ二新浄之衣一於テ二道場ノ中一以二不動ノ真言ヲ一作二阿尾捨法ヲ一也。以二真言加持一童男童女ノ心體ニ遍入テ召請セント思天神地祇称二其名一彼童男童女ノ心中ニ請入テ一切ノ事ヲ問ヘハ皆答也。世間ニ雙法ノ筥ト云是也。若委知レ之可レ勘蘇婆呼経也。（大正76, No.2410, pp.614c02–08）

〔真言宗関係〕

『作法集』（成賢（一一六二～一二三一）作）「験者作法」

阿尾奢行。唐云摂縛行。（平成版真言祈禱大系Ⅲ『成賢作法集』、川崎一洋編、四季社、二〇〇三年、二三六頁）。

『瑜祇経口決』（道範（一一八一～一二五二）。一二四一年成立）第五「大金剛焔口降伏一切魔怨品第十二」

阿尾捨ト者或経註云レ縛ト。是全摂〔令〕二縛悪霊等ヲ一之義歟。又験者ノ法ヲ云二阿尾捨ノ法ト一。是レ令レ験二知三世一切ノ事ヲ一之義也。（『真言宗全書』第五巻、一九三五年、一一九頁）

『薄双子口決』（醍醐寺三宝院流・成賢作『薄双子』初重に対する、報恩院流祖・憲深（一一九二～一二六三）の口決を頼瑜（一二二六～一三〇四）が筆録。一二六二年成立）巻第十四

私云。阿尾捨者。或経注云レ縛。是令レ摂縛怨霊等一義也。[26]（大正79, No.2535, pp.262c19–c21）

『瑜祇秘要決』（性心（一二八七～一三五七）、一三五七年成立）巻第十二「降伏魔怨品第十二」

速令阿尾捨ト者。千光眼経ニ云。阿尾捨〈摂縛〉文。（前掲『真言宗全書』第五巻、四一九頁）

などがある。

『四十帖決』は「遍入」のみを記すものの、『渓嵐拾葉集』は「取縛」と「遍入」の両方を記し、その他の史料はいずれも「縛」であるとしている。そのうちの澄豪の『瑜祇経聴聞抄』は単に霊的存在が入り込むこと自体を「縛」とすると解釈できそうな例である。但し、他例をみると、道範や頼瑜の著作では悪霊などを「摂縛」する意味であると述べており、拘束の意味を含むと考えられる。『作法集』「験者作法」では冒頭の「阿尾奢行。唐云摂縛行」に続けて病気治療加持を詳しく説明しているように、当時実際に行われていたであろう阿尾奢法とは、ヨリマシを用いる病気治療加持であったためである。

道範はその著作において、「阿尾捨」とは悪霊を摂縛することとともに、三世一切の事を知る法であるとも記す。ヨリマシを用いる病気治療加持だけでなく、漢訳密教経典にみられる予言の法も阿尾奢法であるという認識は存在した。但し、「阿尾捨」を悪霊を縛する意と述べた後に、「又験者ノ法ヲ云二阿尾捨ノ法ト一」として予言の法を述べている点から、同じ阿尾奢でも別の法という認識であったのかもしれない。『渓嵐拾葉集』では病気治療法は記載されておらず、予言の阿尾奢法の説明のみとなっている。そこでは「阿尾捨法」の意味として「取縛」と「遍入」を記するものの、「此云取縛ト。又遍入ノ義也」と「又」という語を入れており、単純な並列ではない。そして、予言の阿尾奢法の説明部分においては「縛」という語は用いず、「遍入」「召請」「請入」という表現が用いられている。これらの記述からは、「阿尾捨」はイコール「縛」、「阿尾捨」はイコール「遍入」であるということは確実に知ることはできるが、「縛」がイコール「遍入」であるとしているかどうかまでは確実ではない。病気治療のヨリマシを用いる加持の方を「取縛」、予言の法の方を「遍入」として、別個に分けて捉えていた可能性もある。

「阿尾捨」を「摂縛」とするのは、性心の『瑜祇秘要決』の傍線部に示したように、『千光眼経』即ち『千光眼観自在菩薩秘密法経』によるものと思われる。そこで『千光眼観自在菩薩秘密法経』に目を転じてみると、さまざまな目的に応じた「観自在菩薩像」を用いる呪法を列挙する中に、「アーヴェーシャ」という真言に対して「摂縛」と訳する部分が二箇所ある。

①若人為摂縛一切逆賊者。当修戟鞘法。其破賊観自在菩薩像。相好荘厳如前無異。但左手挙上執戟鞘長等身。右手開散押右腰。画像已。其印相左手作三鈷印挙上振之。右拳安腰。真言曰

（中略）阿尾捨〈摂縛〉（後略）（大正20, No.1065, pp.123c10–c16）

②若人欲使令一切鬼神者。当作髑髏法。其縛鬼観自在菩薩像。相好荘厳如前所説。唯右手執髑髏杖。左(手)拳安腰。画像已。其印相左拳安腰。右手屈臂挙上作金剛拳。以印作召勢。真言曰

（中略）訶〈一切鬼〉阿吠捨〈摂縛〉（後略）（大正20, No.1065, pp.124a05–a12）

①は「阿尾捨〈摂縛〉」とし、②は「阿吠捨〈摂縛〉」とする。傍線で示したように、①は文脈から、一切逆賊を「摂縛」することとイコール賊を「破」ることと解釈でき、賊を痛めつけて破滅させる法といえる。②は一切鬼神を「使令」（命令して人を使うこと）することとイコール鬼を「縛」すことと解釈でき、鬼を使役する法であろう。②は使者使役法と結び付く点で予言の阿尾奢法に近いといえるが、「鬼」という病気原因ともなり得る霊的存在を「縛」すという点で、病気治療と結び付く可能性を持つ。いずれにしても阿尾奢法と近いのは②の方であるが、真言宗系史料では「阿尾捨」の解釈に①を用いているらしい。性心の『瑜祇秘要決』では「阿吠捨」ではなく「阿尾捨」となっているため、引用しているのは①であろう。すると成賢『作法集』や道範・頼瑜の著作で「摂縛」という語を用いているのも、おそらくこの①の部分を念頭に置いていると考えられる。

①のこの文脈でこの真言が出てくるということは、「一切逆賊」を「摂縛」することも「阿尾奢」だと言っている

ことになる。入り込ませる（憑入）が関係しなくとも、単に「縛る」状態になることも「阿尾奢」なのであろうか。その点は不明ではあるが、少なくとも中世日本においては、「阿尾捨」の解釈として①の、拘束して痛めつける「縛」という意味を重視していたという点がうかがえる。それゆえ、道範や頼瑜の記述にあるような、悪霊を拘束するのが「阿尾捨」であるとする説が口決として伝えられていたのであろう。

三　相応伝と恵果伝の相違から考えられる点

ここで再度、相応伝と恵果伝の記述に戻って、さらに詳しく検証してみよう。先に相応伝と恵果伝は類似しているとした。相応伝はそれゆえ少なくとも表面上は予言の阿尾奢法の形をとっている。

恵果伝の阿尾奢法で入り込む「摩醯首羅天」（大自在天）は天部に属する。神仏習合の過程で日本の神々は仏教の守護神として位置づけられたため、仏教受容後の比較的早い段階から「神」と呼ばれた梵天・帝釈天・四天王などの天部に属する諸尊と、日本の神祇は同じ機能を果たすものとして抵抗なく融合していったといわれる[27]。それゆえ、相応伝が恵果伝を参照した際に、「摩醯首羅天」を日本の神に置き換えることは的外れではない。相応の阿尾奢法がなぜ松尾明神に特定されるのかという疑問は残るが、予言の阿尾奢法に日本の神を用いることに関しては、特に無理があることだとはいえない。

そして相応伝の典侍藤原ム子頓死のエピソード[28]に目を向けてみよう。「其後典侍藤原ム子出来問他事」と、典侍が他事を問いかけたが松尾明神が答えなかったため、「戯罵云不知所問若是狐狸歟」と典侍は神を罵って頓死した。よくある神罰説話のパターンであり、これも上野勝之氏によって「もちろん史実とは見なしがたく[29]」と評されている。

不信の人間に対して即座に死に至る病を神罰として下すという点で、松尾明神の威力を改めて示し、そしてその強力な神さえ自在に操ることができる相応の験力を、強調するために付加されたものであろう。但し、仮に相応の呪術によって松尾明神が病気原因として文字通り「縛」されて現れたのならば、天皇が病気の原因（祟り）を神に問うことがあったとしても、典侍が「他事」を問うということはないのではなかろうか。典侍が個人的に知りたいことを問うたと思われ、この点からはこの法が予言の阿尾奢法であることを想像させる。

それでは相応伝の阿尾奢法は完全に予言の法であり、ここでの「縛」は松尾明神が入り込むこと自体を指すといえるのであろうか。しかし、先にみたように「縛」が入り込むこと自体を確実に示している例は多くない。阿尾奢の意として「縛」と「遍入」をあげる聖教類においても、「縛」をイコール「遍入」と規定していたかどうかは不明である。事相書や経典注釈書といった聖教類は、難解な部分に対しての弟子の質問と、それに答える師の口決で成り立っており、理論上において「縛」を入り込むことであると捉える記述があったとしても、それと説話や伝承を同列に考えてよいであろうか。

平安から鎌倉期にかけての説話をみると、悪人（強盗や、僧・修行者に危害を加える者）に対する「呪縛」では、二本の腕が縛られたような形になったり、全く身動きがとれなくなったりしており、縛る、拘束するという状態を示している。病気治療呪術に関しても、表現はさまざまであるものの、やはり病気原因の霊的存在が病者やヨリマシの身体に閉じ込められ、捕えられている様子を示している。

相応伝の中でみても、阿尾奢法以外における「縛」の用例は、西三条女御病気治療と染殿后病気治療であり、いずれも病気原因の悪しき霊的存在を屈伏させる場面において用いられている。[30]「縛」イコール拘束という事例の多い説話や伝承といった媒体において、「縛」が入り込むこと自体を指すという、さほど一般的ではないと思われる表現を用いるであろうかという疑問が生じる。そもそも恵果伝を参照したと思われる相応伝では、なぜわざわざ「遍入」を「縛」に変えているのであろうか。予言の法であるならば、そのまま「遍入」を使用した方が文意は通りやすい。ここにはそのまま「遍入」としたのでは表現できない何らかの理由があったのではないだろうか。

先に恵果伝と相応伝の類似部分をあげたが、実は「遍入」と「縛」という語だけでなく、恵果伝と相応伝では細部にはさまざまな相違があり、それが重要な意味を持っている可能性がある。注目すべきは、①童子に入り込んだ存在への対処の差、②三世の事を説くという記述の有無、そして③相応伝では複数の霊的存在出現の可能性がある点、である。

①に関しては、恵果伝の方は「和尚即令両三童子依法加持。請降摩醯首羅天」とあり、最初から降ろす対象が「摩醯首羅天」と決まっていたと思われる。「命之曰。朕有疑滞。願為解之」と、皇帝に不明なことが知りたいという目的があって恵果に命じた点が明記されており、恵果がその目的によく適うものとして、予言の阿尾奢法を選んで行ったと思われる。そして「摩醯首羅天」に対しては、神仏などに祈り、たのみ求めるという意の「請う」という表現を用いている。対して相応伝では、「即和尚問云何物哉」と相応が童子に入り込んだ存在に尋ねている。入り込んだ存在に何物であるかという問いかけは、不本意にも悪しきものが降りてくる場合があるためか、降ろす対象が決まっている『蘇婆呼童子請問経』の阿尾奢法にも、「尊者是何類神」（大正18, No.895, pp.728c10–c11）とみられる。

但し、『蘇婆呼童子請問経』では「尊者」「神」という呼びかけ方から確認のためのものと思われ、降ろす存在への敬意が示されている。それに比べると相応伝の「何物哉」は、日本の説話類では僧が神より上位に立つ場合がしばしばみられる点を差し引いても、かなりぞんざいな言い方である。第二章であげた『真言伝』の「家宗妻の話」では、家宗は突然何物か（実は住吉大明神）に憑依されてやって来た義母に対して「タソ」と問うている。このような例から考えると、相応伝では松尾明神が名乗るまで相応は何物が現れたのかわかっていない可能性があり、降ろす対象が決まっていたとは思い難い。

②に関しては、恵果伝では「和上白王言。法已成。随聖意請問。皇帝下座問天」と目的どおり皇帝が天に問い、「則説三世事。委告帝王暦数」と答えを得ている。三世の事や帝王の暦数（命数）などといった予言の阿尾奢法の最も特徴的な事項が、入り込んだ存在（ここでは「摩醯首羅天」）によって説かれたという記述が明確である。相応伝では「叡情所疑之事。明決数事尤有徴」と、天皇の疑問に松尾明神が明確に答えたことが記される。この記述自体は予言の阿尾奢法を想像させるものである。但し、法の目的は記していない上、何を問うたのか、どんな答えを得たのか、具体的な記述がない。恵果伝とは異なり、「三世の事」を説くという予言の阿尾奢法を表す重要な要素が欠如しているのである。

③に関してはやや説明が必要になる。恵果伝では「令両三童子依法加持」と三人の童子を用いているが、「即遍入童子」という記述からは、一人の童子に遍入したのか、複数の童子に遍入したのか不明である。この点は経典記述にみられる予言の阿尾奢法と同様である。『速疾立験魔醯首羅天説阿尾奢法』『蘇婆呼童子請問経』には、阿尾奢法を行うにあたって複数の童子を用意することが記されている。そしてやはり、実際に目的の霊的存在が入り込んだのが一人の童子なのか、複数の童子なのかについては何ら記されていない。断言はできないが、法が対象とするのは一尊格であるため、複数の童子の中で最も資質のある（入り込まれやすい）一人の童子に入り込むのであろうと思われる。

一方の相応伝は「呪縛於二人之童子」となっている。この記述を文字通りに捉えるならば、二人の童子の中にそれぞれに霊的存在が入り込んだということであろうか。すると、一人の童子には松尾明神が、もう一人の童子には別の霊的存在が入り込んだという可能性が出てくる。複数の霊的存在が同時に登場するとなると、予言の阿尾奢法ではなく病気治療呪法を想像させる。古記録が記すヨリマシを用いる病気治療加持では、多数の霊的存在が現れ、複数のヨリマシにかり移される場合がある。その場合、何らかの神仏の祟りの表出、特定人物の悪霊の出現、あるいは、現れた霊的存在が重要な意味を持つ言葉を発するなどといった場合は記録されるが、特別な事柄がなければ、邪気をヨリマシにかり移したことが記録されるのみで終わる。相応伝の「呪縛於二人之童子」という一文は、そういった病気治療加持における状況を、暗示しているのかもしれないのである。

おわりに

相応伝の記述が予言の阿尾奢法であることを確実に否定するような部分は見出せない。しかし、呪法の名称を記さないにもかかわらず、予言の阿尾奢法であることが明確にわかる恵果伝に比して、相応伝では予言の阿尾奢法を示すキーワードともいえる「三世の事」が記されていないという点は重要であろう。相応伝は全体的に曖昧な点や不整合な部分があるといえる。

ここからは全くの推測にすぎないのだが、相応伝の曖昧さは、予言の阿尾奢法としての形をとってはいるものの、厳密に言えば予言の法[31]としては読めないような、即ち、予言の法の形をとりながら、病気治療との関係をうかがわせるような記述から生じているのではないかと思われる。

説話や伝承はそこに語られている人物の時代を必ずしも反映しているわけではなく、説話成立時代の社会や状況が無意識のうちに入り込んできている。当然それは相応伝にも当てはまるだろう。相応伝には相応の生きた時代(九世紀半ばから十世紀初頭)や史実ではなく、相応伝成立時(十一世紀半ば以降)の阿尾奢法観が反映されているのではないだろうか。おそらく阿尾奢法は予言の法と病気治療法の両方の意味が知られていたと思われる。しかし、相応伝成立当時、実際に「阿尾奢(捨)法」として行われていたのは、病気治療のヨリマシを用いる加持であったのであろう。予言の阿尾奢法は恵果伝や経典からの情報、あるいは師の口伝などという、知識としてのみその存在が知られていたのではないだろうか。恵果伝の予言の阿尾奢法記述に、当時現実に行われていた病気治療加持としての阿尾奢法の概念を混在させたため、矛盾をはらんだ相応伝の阿尾奢法伝承は作られ、伝えられてきたのではないだろうか。

註

(1) 鈴木昭英「麓山信仰と修験道」(『霊山曼荼羅と修験巫俗』、法蔵館、二〇〇四年、二一一頁、初出は一九六四年)、酒向伸行「憑祈禱と智証門流」(『憑霊信仰の歴史と民俗』、岩田書院、二〇一三年、七一～七二頁。初出は一九八三年)など。

(2) 山本彩「『天台南山無動寺建立和尚伝』の諸本について」(『人間文化研究科年報』一四、一九九九年)所収、龍谷大学本。

(3) 大日本仏教全書一〇六『真言付法伝外七部』。

(4) その認識がいつまで遡れるのかは不明である。

上野勝之氏は『阿娑縛抄』第百七十五「験者作法」にある「厳範阿闍梨験者次第可用之」の記述から、「厳範」とは源信の孫弟子にあたる十一世紀前半の僧であることを示し、ヨリマシ加持と阿尾奢法の関係は院政期より以前に遡らせることができるとする(上野勝之「ヨリマシ加持の登場 ―その成立と起源―」、『夢とモノノケの精神史 ―平安貴族の信仰世界―』、二〇一三年、第二章、九〇頁)。

(5) 小山聡子「憑祈禱の成立と阿尾奢法 ―平安中期以降における病気治療との関わりを中心として―」(『親鸞の水脈』五、

二〇〇九年）。

（6）上野勝之前掲「ヨリマシ加持の登場」（前掲書、一一二頁注（21））。

（7）上野勝之前掲「ヨリマシ加持の登場」（前掲書、八五頁）。

（8）相応伝のこの部分において天皇を「皇帝」と表現しているが、相応伝全体をみても「天皇」と「皇帝」の表現が混在しており、ここでの「皇帝」の表現は恵果伝の影響ということはできないと思われる。

（9）小山聡子前掲「憑祈禱の成立と阿尾奢法」。小山聡子「病気治療における憑座と憑依」（『親鸞の信仰と呪術—病気治療と臨終行儀—』、吉川弘文館、二〇一三年、三四頁・六九頁注（82））。『秘抄』は醍醐寺座主勝賢（一一三八～一一九六）が授けた折紙を守覚法親王（一一五〇～一二〇二）が集成したものであり、『作法集』は勝賢の弟子の成賢（一一六二～一二三一）が『秘抄』を増補改訂したものである。

なお、『秘抄』の注釈書で東寺亮禅（一二五八～一三四一）の口授を弟子の亮尊が筆録した『白宝口抄』でも、「験者作法」は慈覚大師円仁の次第であり自宗（真言宗）に特別な口伝はないとする点が、森本仙介「天皇の出産空間—平安末・鎌倉期—」（岩波講座　天皇と王権を考える８　『コスモロジーと身体』、岩波書店、二〇〇二年）、上野勝之前掲「ヨリマシ加持の登場」（前掲書、八六頁）によって指摘されている。

（10）小山聡子前掲「病気治療における憑座と憑依」（前掲書、三〇頁）。

（11）小山聡子前掲「憑祈禱の成立と阿尾奢法」。

（12）小山聡子前掲「憑祈禱の成立と阿尾奢法」。

（13）小山聡子前掲「病気治療における憑座と憑依」（前掲書、三六頁）。小山聡子「護法童子信仰の成立と不動信仰」（磯水絵編『論集　文学と音楽史—詩歌管弦の世界—』、和泉書院、二〇一三年）。

(14) 小山聡子前掲「憑祈禱の成立と阿尾奢法」。小山聡子前掲「病気治療における憑座と憑依」（前掲書、三二頁）。

(15) 上野勝之前掲「ヨリマシ加持の登場」（前掲書、九六頁）。

(16) 上野勝之前掲「ヨリマシ加持の登場」（前掲書、九六頁）。また、相応について酒向伸行氏は、「本来、法相宗の流れをひき比良山中で修行する兜率上生信仰を有する行者であった相応が、後には慈覚大師円仁の弟子と位置付けられ、その法流は叡山において重要な位置を占めるようになっていく。そのような流れのなかで、意図的に創出されたのが『和尚伝』である」（酒向伸行「染殿后治病譚と相応」、前掲書、第二章第三節、九八頁）と述べている。

(17) 小山聡子前掲「憑祈禱の成立と阿尾奢法」。

(18) 酒向伸行「治病儀礼と護法の機能」（前掲書、第三章第二節、一二九～一三〇頁）。

(19) 同右（一三〇～一三一頁）。

(20) 日本古典文学大系『古今著聞集』（永積安明・島田勇雄校注、岩波書店、一九六六年）。

(21) 『大法師浄蔵伝』（続々群書類従　史伝部　三）。

(22) 前掲『古今著聞集』八二頁注(18)。

(23) 同巻下にも「聖迦抳忿怒金剛童子縛撲印法」として、「七八歳童男或童女」を用いて「問其吉凶三世之事一一皆実」という同様の法が記されている（大正21, pp.114c22–115a05）。

(24) なお、さらに明確ではない例もあげておくと、次のようなものもある。

『降三世忿怒明王念誦儀軌』

若欲縛男女令問顕一〔万〕辞。取柘榴木一丈二尺加持一万遍。然後(到)別処。以枝〔杖〕一呪一打。打人二七処。即万事随問皆顕語。即想意計〔許〕被解縛。（大正21, No.1210, pp.42a05–08）

病気には触れておらず、おそらく予言の阿尾奢法と思われるが、加持した杖もしくは枝でその人間を打つという部分が病気治療と類似しており、気になる。

『不空羂索神変真言経』「神変真言品第三十八」

若加持安悉香。焼熏華鬘与人頭載加持。是人便自縛之問者皆説。（大正20, No.1092, pp.331a25-a26）

華鬘を頭に載せて加持をすると、その人は自ずから「縛」となり、問えば皆答える、とある。

『西方陀羅尼蔵中金剛族阿蜜哩多軍荼利法』「序品第一」

「立験軍荼利縛呪」の中に「阿尾捨阿尾捨」とあり、

若欲得縛丈夫婦人童男童女誦呪七遍。焼安悉香。無問有病無病。悉皆被縛。（大正21, No.1212, pp.53b01-b02）

「縛」が本当に入り込むことを意味している文脈かどうかわからず、何かを語るのかどうかも不明である。しかし、呪中に「阿尾捨」とあることから、もし阿尾奢法の一種であるとすれば、「無問有病無病。悉皆被縛」が非常に意味を持つ。病のあるなしを問わず「丈夫婦人童男童女」を縛すというのは、予言でも病気治療でも用いることができることを示しているのではないかと思わせる。

(25) 乾仁志「金剛界マンダラを通して見た密教の特色 ―特に金剛鈴菩薩を中心として―」（『日本仏教学会年報 ―仏教と智慧―』七三、二〇〇八年）。

(26) 頼瑜『瑜祇経拾古抄』巻下「大金剛焔口品第十三」（『増補改訂日本大蔵経』第三三巻　密教部章疏八、八四頁）にもほぼ同様の記述がある。

(27) 佐藤弘夫「怒る神と救う神」（『神・仏・王権の中世』、法蔵館、一九九八年、第Ⅳ部第二章、三六〇頁）。

(28) このエピソードは『拾遺往生伝』巻下第一話「相応和尚」には収録されていない。

（29）上野勝之前掲「ヨリマシ加持の登場」（前掲書、八五頁）。

（30）相応伝の西三条女御病気治療と染殿后病気治療の本文と「話の基本構成パターン」は、本書第四章註（16）に掲げている。なお、日本の説話における神が対象となる「縛」に絞ってみれば、第二章でもみたとおり、役小角の一言主神、『筥崎宮紀』における諸神、仁和寺性信の住吉大明神の例がある。

役小角の一言主神の場合は、『日本霊異記』（新日本古典文学大系『日本霊異記』、出雲路修校注、岩波書店、一九九六年）では「彼の一語主大神は役行者に呪縛せられ、今の世に至るまでに解脱かれず」（原漢文）とあるのみだが、『本朝神仙伝』（日本思想大系『往生伝　法華験記』、井上光貞・大曽根章介校注、岩波書店、一九七四年）では「即ち一言主神を縛ひて、澗の底に置く。今見るに、葛の纏るところ七匝なり。万方すれども遂に解けず、呻び吟く声、年を歴れども絶えず」（原漢文）であり、一言主神は実際にその身体を葛で縛られている。

『筥崎宮紀』（石清水八幡宮史料叢書　二『縁起・託宣・告文』、続群書類従完成会、一九七六年）では、日本を討とうとした新羅から送り込まれてきた僧は、「神呪」によって「縛諸神霊入瓶中」と、日本の諸神を瓶の中に入れて拘束している。

仁和寺性信の話においては病気治療呪術であり、住吉大明神を「縛」したことにより病気が快癒している点、住吉大明神が「辟除」（悪しき霊的存在を放逐する儀礼）を求めている点により、性信が病気原因の住吉大明神を拘束していることが明らかである。

これら三例はいずれも拘束されている点が明らかで、特に役小角と新羅僧の場合の「縛」は、取り籠められて身動きができない描写が非常に具体的なものになっている。このような例から考えると、日本における霊的存在に関する「縛」の概念とは、やはり単なる入り込むことではないように思われる。

（31）恵果伝に関しても『速疾立験魔醯首羅天説阿尾奢法』に依拠したとすると、入り込む存在が「迦楼羅使者」から法を説く側の摩醯首羅天に変わっており、厳密な意味での『速疾立験魔醯首羅天説阿尾奢法』ではない。但し、『速疾立験魔醯首羅天説阿尾奢法』以外の予言の阿尾奢法では、さまざまな存在（使者や尊格）が入り込まされており、予言の阿尾奢法の形態としては全く問題ない。ちなみに、中国文献で恵果の弟子の撰述と思われる唐の宝暦二年（八二六）成立『大唐青龍寺三朝供奉大徳行状』の当該部分では、

年二十五。特奉恩旨詔命入内。於長生殿。当時有勅喚。対問。師有何功効。夾天云。微僧未有功効。奉　勅便誠当時。喚童子八人。考召加持　恩命所問。尽皆成就転瓶合竹。并得成就。　帝乃大喜。（大正50, No.2057, pp.295a15-a20）

となっている。

〔補記〕憑霊とは関係しないテーマの著作ではあるが、スティーブン・トレンソン『祈雨・宝珠・龍 ―中世真言密教の深層―』（京都大学学術出版会、二〇一六年三月）の四四六頁注（7）には、金沢文庫保管称名寺所蔵聖教118.10.2『別尊要記〈理性第三〉』の「避蚍法事、口伝云、蚍ヲ去リト読事コトハ甚タ非也、此ハ梵語也、阿尾沙ノ法ヲ略㆓阿字ヲ㆒如㆑是云也、調伏也、（後略）」が掲げられている。この史料によると、阿尾奢は調伏と捉えられていることになる。

終章　夢見 ―予言の阿尾奢法にかかわるもの―

本書においては、説話に記される呪術の内容を理解するために、かなりの部分において積極的に漢訳密教経典を参照するという方法をとった。説話には断片的にしか描かれない呪術を復元するためには、儀軌類・事相書のみならず漢訳密教経典を用いることも有効であると考える。今後この方法を継続することによって、今まで解明されなかった呪術的側面に対する糸口を見出すことができれば幸いである。それとともに、漢訳密教経典の受容やその理解、あるいは、聖教を集積する寺院、経典や儀軌類を自らの知識として取り込む人々の思想の明確化といった点も、視野に入れなければなるまい。こういった点に関しては、近年の歴史学の成果(1)を参照しつつ、考えていきたいと思っている。今後の課題としたい。

さて、以上の章でみてきたとおり、密教僧・修行者が強盗などの悪人や、病気治療の場における病気原因の悪しき霊的存在を「縛」する場合には、「護法」が関与している。そして、漢訳密教経典では三世一切の善悪吉凶を知る予言の法として説かれている「阿尾奢法」は、日本では少なくとも鎌倉時代初期にはヨリマシを用いる病気治療加持であると捉えられており、「縛」(投げ出す等も含める)と「護法」と「阿尾奢法」は全てが関連する。

「護法」が「縛」する役割・機能を持つことは酒向伸行氏によって以前から指摘されていた(2)。そして『宇治拾遺物語』上五三(巻第四第一話)「狐、人ニ付テシトギ食事」では、出現した病気原因である霊的存在を追い払うのも「護法」であることが、小山聡子氏の研究によって明らかになっている。[3]さらに、病気治療の話ではないが、『後拾遺往生伝』巻中第十二話「潮海寺住僧」では、強盗の「縛」を解く場合も「護法」が行ったと考えられるため、[4]病気治療の場合の「縛」を解くのも当然「護法」であろう。つまり、「護法」は病気治療における「縛」「解縛」「辟除」(「追放」)という一連の全てを行っているといえ、「護法」という存在の重要性を改めて知ることができる。

　また、阿尾奢法に関して言えば、予言の阿尾奢法は日本では殆どみられないものの、漢訳密教経典が説く予言の阿尾奢法の周辺にある関連・類似の呪法が、日本における呪術に影響を与えており、その痕跡が多くみられることも理解できた。この点は、日本の密教呪術における漢訳密教経典記述の受容と変容のプロセスを考える上で、重要視してよいと思われる。

　但し、「縛」とは何か、この点についてはここに至っても未だ答えが出せない。第六章では漢訳密教経典における「縛」の用例で入り込むことを意味する場合もみた。それらの数は決して多くはなく、かつ明確なものではなかったのであるが、気にかかる点は存在する。第六章に示した『不空羂索神変真言経』巻第二十七「神変阿伽陀薬品第六十三」における予言の法では「縛人」(人を縛す)、それに続く病気治療では「縛病人」(病人を縛す)と表現されている(大正20, No.1092, p.377a20, a22, a25)。『摩醯首羅大自在天神通化生技芸天女念誦法』でも「縛人」(大正21, No.1280, p.3B18)である。「縛」の対象となっているのは入り込まされる側の人間であって、入り込む霊的存在を「縛」するとは表現していない。「縛人」という表現は『古今著聞集』「大法師浄蔵伝」の「縛石」につながるのではないだろうか。「大法師浄蔵伝」では「縛」の状態になっているのは、ついている(つけられている)護法ではなく石であるとされる点に注意したい。これらの例から考えれば、「縛」とは何らかの霊的存在を入り込まされた対象(人間・物体など、〈器〉となる側)の状態を表現しているのであろうか。

加えて、行者による使者使役法はさらに考えてみたい課題である。第五章でみたように、漢訳密教経典記載の使者使役法は予言の阿尾奢法の関連呪法である。使者使役法には「鬼神」「羅刹」といった人間に害をもたらすものを用いる場合もある。その場合、痛めつけ屈伏させることによって使役するわけであり、この時点で文字通り拘束するという「縛」の必要性が出てくる。予言の阿尾奢法は霊的存在を何らかの〈器〉に入り込ませて知りたい情報を語らせる法であるため、「鬼神」などを〈器〉に入り込ませて、〈器〉の中に拘束(＝「縛」)することができれば、予言の阿尾奢法の形をそのまま用いることができることになろう。

「縛」の概念・実態のみならず、未だ不明な点はあまりに多い。個別の事象としては些細なことだと思いがちであるが、疑問をさまざまな方向から検証することにより、呪術の全体像がおぼろげながらも見えてくるのではないかと思う。今後もそういった方針で作業を進めつつ、呪術・祭祀・儀礼の枠組みを見据えていきたい。

本書の最後に、夢見の問題について若干触れておきたい。

日本で予言の阿尾奢法が発展しなかったのはなぜなのか。[5] 日本では「僧尼令」[6]で、僧尼が吉凶を占うことが禁止されている。『続日本紀』養老元年(七一七)四月壬辰(二十三日)条には、僧尼による巫術が「逆に吉凶を占」うものとして禁止されているほか、[7] 平安前期に至るまで、都の内における「巫覡之徒」などによる禍福を陳べる託宣や活動は禁令が出されている。[8] 経典に説かれている呪法とはいえ、僧侶が予言の阿尾奢法を取り入れ実行しやすい環境にあったとは思えない。

また、摂関期の古記録には、しばしば密教僧による病気治療加持の際に、病気原因である神がヨリマシにかり移されたり、あるいは神が自発的に現れたりする場合がみられるが、当時の一般的通念として神が原因の病と判明すれば密教僧の加持は忌避された。[9]そういった背景があるため、僧の意思により密教の呪法を用いて神（漢訳密教経典では「神」や「使者」が用いられる）を意図的に入り込ませることには消極的であったかと思われる。

そして、予言の阿尾奢法に代わるものが存在した。夢での神仏の啓示や神の憑依・託宣である。夢に関して言えば、[10]人間には知り得ないことを知る方法の一つとして古代から存在した。記紀に記述がある「神牀」「祈ひ寝」は、一定の祭儀をこらした上で、夢の中で神の啓示を得ようとして寝ることを意味する。[11]「神牀」「祈ひ寝」は天皇といった特殊な人々に限られたが、後代になると夢において予言を得ることは、一般人へと広がっていったようである。ここでは説話記述からその様子をみてみたい。

『日本霊異記』[12]上巻十八縁に、『法華経』の一部分を覚えられない僧が観音に悔過することにより、夢中に人が現れて覚えられない理由である前世の因縁を語るというものがある。その後、『大日本国法華経験記』[13]（『法華験記』）には『法華経』の一部分を覚えられないという話型に加えて、何らかの理由により前世を知りたいと祈り、夢に聖なる存在の啓示を受ける話が登場する。中でも巻上第二十四・巻上第二十六・巻中第五十八・巻中第七十七・巻下第九十三では、夢中において前世の因縁のみならず、来世の予言も語られている。

巻上第二十四「頼真法師」（以下『法華験記』は原漢文）

自分が牛のようであることを悩んだ僧が、比叡山根本中堂で「先生の果報を知らしめたまへ」と祈念すると、夢の中で声がして、僧の前世は牛で、『法華経』を負って運んだ功徳によって人間に生まれたという因縁と、「今生法華を読誦するの功徳薫習して、生死を遠離し涅槃を証すべし」と告げる。

巻上第二十六「黒色の沙門安勝」

色の黒い僧がそれを歎いて長谷寺に詣でて、「観音の神通にて宿世を知らしめたまへ」と祈念すると、夢に貴女が現れて、僧の先身が黒色の牛であり、来世は「天上に昇り、慈氏尊に見えて、三菩提を得む」と告げる。

巻中第五十八「廿七品の持経者蓮尊法師」

法華経の一部分を覚えられない僧が、普賢菩薩の前で一夏九旬難行苦行し、祈禱・祈念すると、夢に普賢の使いの天童が現れて、僧の先世は子犬であったという前世の因縁と、「後世また当に諸仏に値遇して、この経を拝むことを得べし」と告げる。

巻中第七十七「行範法師」

法華経の一部分を覚えられない僧が、覚えられるようにと三宝に祈請すると、夢に神僧が現れ、僧の先世は馬であったという前世の因縁と、「来世は任運にこの経を了に達りて、大菩提を証せむ」と告げる。

巻下第九十三「金峰山の転乗法師」

法華経の一部分を覚えられない僧が、蔵王菩薩の宝前に参詣し、一夏九旬六字の閼伽・香・灯を献じて、毎夜礼拝すること三千遍に及び、覚えたいと祈願すると、夢に夜叉の形の人が現れ、僧の先世が毒蛇であったという前世の因縁と、「現前には最勝の悉地を成就し、後世にはまた生離を出離することを得む」と告げる。

特に注目すべきは巻上第二十四の本文中に「夢覚めて明かに前世後世の善悪の果報を知りぬ」とある点である。日本では阿尾奢法という特別な法を知らずとも、傍線部で示したように、参籠などといった自分にとって考えられる範囲の祈りや行によって、夢中に三世の事を知ることができたということになる。それはつまるところは、夢中の阿尾奢法のみならず、童男・童女を用いる予言の阿尾奢法も特に必要がないということになろう(14)。

中世の説話になると、身近な事柄を知るために祈る例や、俗人が世俗社会での栄達の予言を神仏から告げられる例が登場する(15)。

『宇治拾遺物語』[16] 巻八ノ三「信濃国聖事」（『信貴山縁起絵巻』で著名）

主人公の命蓮を探しにやって来た姉の尼君が、東大寺大仏の御前にて「此まうれん（筆者注：命蓮）が所、教へさせ給へ」と一晩中祈り、大仏が夢に現れて命蓮の居場所を教える。

『古事談』[17] 巻第五ノ四一（『十訓抄』六ノ二八に同内容の話あり）

粟田左大臣藤原在衡が文章生の時、鞍馬寺に参詣して眠ると、天童の装束の童が御帳の中から出てきて、「官ハ右大臣、歳ハ八二」と告げた。その後、八十三歳になった在衡が再び鞍馬に詣で、「往日右大臣八十二之由、雖示現、今已如此」と申すと、夢に毘沙門天が現れて、「官ハ右大臣ニテアリシニ、依奉公労至左、命ハアシクミタリケリ、八十七」と言い、果たして八十七歳で没した。

本書では各所に「話の基本構成パターン」を用いた。これが単に説話の構造を示すのみならず、そこに記された呪術の流れを示すことも可能であることについては、幾度か言及した。これに若干の変更を加えた「呪術の構成パターン」として、いくつかの漢訳密教経典の呪術事例にも用いた。つまり、説話という枠をはなれて、呪術そのものの形態についても適用できる部分があるのである。ここで試みに、漢訳密教経典に記された予言の阿尾奢法を一般化した形を「呪術の構成パターン」に当てはめてみると、次のようになる。

(a) 三世一切吉凶などを知りたい。《発端》
(b) 阿尾奢法を行う。《呪術A》
(c) 童子に聖なる霊的存在が入り込む。《呪術Aの結果》
(d) 霊的存在が童子の口を通して三世一切吉凶などを語る。《霊的存在の言葉》
(e) 発遣を行う。《呪術B》

(f)霊的存在がもとの世界へ帰り、童子が通常の状態に戻る。《呪術Bの結果》

さらに、説話における夢中の啓示を求める場合を「話の基本構成パターン」に当てはめると、次のようになる。

(a)三世一切吉凶などを知りたい。《発端》

(b)行・起請・参籠などをして眠る。《呪術A》

(c)夢中に仏菩薩などが現れる。《呪術Aの結果》

(d)夢中に現れた仏菩薩などが知りたいことを教える。《霊的存在の言葉》

(e)なし。《呪術B》

(f)なし。《呪術Bの結果》

これが夢中の出来事ではなく、神社への参籠においての巫女の託宣における場合ならば、

(a)吉凶などが知りたい。《発端》

(b)神社で祈る。《呪術A》

(c)巫女に神が憑依する。《呪術Aの結果》

(d)巫女に憑依した神が知りたいことを教える。《霊的存在の言葉》

(e)なし。《呪術B》

(f)神が巫女から離れ、もとの状態に戻る。《託宣の終了》

となる。夢中に啓示を得る場合は「呪術B」部分が欠如するが、阿尾奢法の場合も知りたいことを神仏から得る日本の説話の場合もほぼ同じ構造で、目的や結果も同様であるといえる。

第四章で示したように、予言の阿尾奢法には童男童女に霊的存在を入り込ませて語らせる法とともに、行者の夢中

に聖者が現れて語るという法もある。夢中の阿尾奢法として最も著名なものは『金剛峯楼閣一切瑜伽瑜祇経』(『瑜祇経』)(大正18, No.867)で、鎌倉時代の明恵(一一七三～一二三二)が行ったと伝えられている。[18] おそらくこれは中期密教の行者自身が聖者と一体となる法と共通する面があると思われ、密教系の僧侶に比較的抵抗なく行われたのであろう。前者の阿尾奢法は巫女による神降し・託宣、後者の阿尾奢法は参籠などにおける夢の啓示が代わりの役割を果たしていたといえる。阿尾奢法という呪術を行わずとも、阿尾奢と同様の結果を得る方法が存在したということである。ここには、特別な呪法を知る密教僧だけでなく、一般の俗人にでも可能な呪術の簡略化と広がりをみることができる。その背景には、佐藤弘夫氏が論じている、〈命ずる神〉(突如出現して一方的に祟りを下す)から〈応える神〉(人間の言動に応じて応報を示す)へという、古代から中世への神観念の変化[19]があると思われる。佐藤氏は日本の神祇に加えて、東大寺の大仏や長谷寺の観音といった特定の場に存在する仏像をも同一概念であったとして、〈応える神〉のカテゴリーに入れている。[20] 先に示した説話、命蓮の姉の尼君が祈った東大寺大仏も、藤原在衡の鞍馬寺も、同じ機能を果たすのは、それらがいずれも人間の信不信によって〈応える神〉だからであろう。

註

(1) 一例をあげれば、白河院政期における、北宋や遼の密教導入による、新修法の考案・実修といった点を論じる上川通夫氏の諸論考(上川通夫『日本中世仏教史料論』(吉川弘文館、二〇〇八年)、第三部第二章「東密六字経法の成立」、第三部第三章「如意宝珠法の成立」。上川通夫『日本中世仏教と東アジア世界』(塙書房、二〇一二年)、第Ⅱ部第三章「如法尊勝法聖教の生成」、第Ⅱ部第四章「尊勝陀羅尼の受容とその転回」など)。

(2) 酒向伸行「平安朝における憑霊現象 ―「もののけ」の問題を中心として―」(『御影史学論集』七、一九八二年。後に、『憑霊信仰の歴史と民俗』、岩田書院、二〇一三年、第二章第一節「「もののけ」と憑祈禱」として収録、六六頁)。

(3) 小山聡子「病気治療における憑座と憑依」(『親鸞の信仰と呪術 ―病気治療と臨終行儀―』、吉川弘文館、二〇一三年、第一章第二節、四五～四六頁)。

(4) 『大法師浄蔵伝』には、浄蔵が護法に命じて盗賊を痛めつけたり、狂乱の抜刀男を拘束したりしており、それを許す時にも護法に命じている(本書、序章、註(39))。

(5) 但し、寺門の祖・円珍が『速疾立験魔醯首羅天説阿尾奢法』の実修を試みていたことは、唐の知恵輪三蔵に質問するためにまとめた『円珍疑問』の記述から、上野勝之氏が明らかにしている。上野氏は九世紀の確実な阿尾奢法の形跡は、この円珍の記事のみと考えられるとする(上野勝之「ヨリマシ加持の登場 ―その成立と起源―」、(『夢とモノノケの精神史 ―平安貴族の信仰世界―』、京都大学学術出版会、二〇一三年、第二章、九六頁)。

(6) 日本思想大系『律令』(井上光貞・関晃・土田直鎮・青木和夫校注、岩波書店、一九七六年)。

(7) 新日本古典文学大系『続日本紀　二』(青木和夫・稲岡耕二・笹山晴生・白藤禮幸校注、岩波書店、一九九〇年)。

(8) 『続日本紀』宝亀十一年(七八〇)十二月十四日条(新日本古典文学大系『続日本紀　五』、青木和夫・稲岡耕二・笹山晴生・白藤禮幸校注、岩波書店、一九九八年)、『類聚三代格』巻十九「禁制事」大同二年(八〇七)九月二十八日「太政官符」(新訂増補国史大系『類聚三代格　弘仁格抄』)、『日本後紀』弘仁三年(八一二)九月二十六日条(新訂増補国史大系『日本後紀　続日本後紀　日本文徳天皇実録』)など。巫術の禁令については、大江篤「「巫覡」と厭魅事件」(『日本古代の神と霊』、臨川書店、二〇〇七年、第三章第二節、一五六～一五九頁)を参照した。

(9) 繁田信一「平安中期貴族社会における陰陽師 ―とくに病気をめぐる活動について―」(印度学宗教学会『論集』一八、一九九一年。後に、『陰陽師と貴族社会』、吉川弘文館、二〇〇四年、第三章「病気と陰陽師」として収録)。谷口美樹

「平安貴族の疾病認識と治療法 ―万寿二年の赤斑瘡流行を手掛りに―」、『日本史研究』三六四、一九九二年）。

（10）夢に関する研究の一部をあげておく。西郷信綱『古代人と夢』（平凡社、一九七二年）。酒井紀美『夢語り・夢解きの中世』（朝日新聞社、二〇〇一年）。河東仁『日本の夢信仰 ―宗教学から見た日本精神史―』（玉川大学出版部、二〇〇二年）。倉本一宏『平安貴族の夢分析』（吉川弘文館、二〇〇八年）。また近年では、上野勝之『夢とモノノケの精神史 ―平安貴族の信仰世界―』（京都大学学術出版会、二〇一三年）第一章「平安貴族社会の夢観念」や、荒木浩編『夢見る日本文化のパラダイム』（法蔵館、二〇一五年）が出ている。

（11）「神牀」「祈ひ寝」については、河東仁前掲『日本の夢信仰』、四三頁を参照した。

（12）新日本古典文学大系『日本霊異記』（出雲路修校注、岩波書店、一九九六年）。

（13）日本思想大系『往生伝　法華験記』（井上光貞・大曽根章介校注、岩波書店、一九七四年）。

（14）神の託宣に関しては、神降しといった儀礼を行う場合もみられるが、神社に参詣して祈るだけで神社の巫女に神の憑依・託宣が下る場合も多くみられ、より簡便に知りたいことを知ることができたと思われる。以下に一例として『古事談』（新日本古典文学大系『古事談　続古事談』、川端善明・荒木浩校注、岩波書店、二〇〇五年）巻第五ノ三三をあげておく。

平清盛が厳島に詣でると、「巫女ニ託宣シテ云、君ハ可至従一位太政大臣云云」と、また同行の能盛後藤太（藤原能成）にも「同託宣ニ云、汝モ可為当国守云云」とあり、いずれも誤りがなかった。

なお、この部分は、『源平盛衰記』では厳島内侍（巫女）に明神が託き、『平家物語』では夢に天童が現れる（前掲『古事談　続古事談』、五〇九頁注（19）参照）。

（15）説話事例としては中世のものとなったが、実際にはこういった現象はより早い時期から出現していた。

『更級日記』「鏡のかげ」では、母親が孝標女の代わりに僧侶を初瀬（長谷寺）へ参籠させ、鏡を奉納させる。僧侶の夢に女が現れ、奉った鏡にうつった様子を見せるのだが、孝標女は鏡にうつった様子を予言と解釈している。これはまるで鏡を用いる阿尾奢法のようで興味深い。

藤井恵介氏によれば、平安時代初期から仏堂の前方に日本固有の「礼堂」という施設が設けられるようになったという。そこから藤井氏は、奈良時代末から平安時代初期にかけて、人々の仏への距離感、礼拝方法に大きな転換があり、仏との交感を通して夢見を求める礼拝方法が誕生、急速に広まっていったことを推測している（以上、『更級日記』の事例も含め、藤井恵介「夢見と仏堂　―その礼堂発生に関する試論」、空間史学研究会編、空間史学叢書1『痕跡と叙述』、岩田書院、二〇一三年、を参照した）。

（16）新日本古典文学大系『宇治拾遺物語　古本説話集』（三木紀人・浅見和彦・中村義雄・小内一明校注、岩波書店、一九九〇年）。
（17）前掲『古事談　続古事談』。
（18）山田昭全「明恵の夢と「夢之記」について」（『金沢文庫研究』一七―一、一九七一年）。
（19）佐藤弘夫「祟り神の変身　―祟る神から罰する神へ―」（『日本思想史学』三一、一九九九年）。佐藤弘夫「神と死霊のあいだ」（『起請文の精神史　中世世界の神と仏』、講談社、二〇〇六年、第二章）。
（20）佐藤弘夫「垂迹する仏たち」（前掲『起請文の精神史』、第三章）。

初出一覧

序　章　新稿。

第一章　『北野天神縁起』霊験譚における仏教説話的要素

「説話にみる僧の験力 ―報いと護法―」（『宗教民俗研究』六、一九九六年）、及び、「呪術的行為における僧と本尊と神 ―『北野天神縁起』霊験譚における密教僧の活躍を手がかりとして―」（九州龍谷短期大学『仏教文化』一二、二〇〇二年）を改稿・改題。

第二章　神を「縛」する話 ―病気治療における仁和寺性信と住吉大明神―

「「縛」と「法楽」―仁和寺性信の伝記に見られる病気治療呪術―」（九州龍谷短期大学『仏教文化』一〇、二〇〇〇年）を改稿・改題。

第三章　「解縛」と「辟除」―異常な状態を終結させる呪術―

「病気治療における「解縛」と「辟除」―異常な状態を終結させる呪術に関する一考察―」（『宗教民俗研究』一二、二〇〇二年）を改稿・改題。

第四章　阿尾奢法の日本的受容 ―予言の法から病気治療呪法へ―

「日本における「阿尾奢法」受容に関する一試論 ―予言の法から病気治療呪法へ―」（『御影史学論集』四〇、二〇一五年）を改稿・改題。

第五章　阿尾奢法と使者童子

「阿尾奢法に関する一考察 ―像を用いる呪法と護法童子―」（『宗教民俗研究』二一・二二合併号、二〇一三年）を改稿・

改題。

付論　十羅刹女信仰の変容　―説話中における童子との関係を中心に―

「十羅刹女信仰の変容　―説話中における童子との関係を中心に―」（『御影史学論集』二二、一九九七年）を改稿。

第六章　相応伝に記された阿尾奢法　―その背景と「縛」の概念―

新稿。

終　章　夢見　―予言の阿尾奢法にかわるもの―

新稿。一部に「日本における「阿尾奢法」受容に関する一試論　―予言の法から病気治療呪法へ―」（『御影史学論集』四〇、二〇一五年）を使用。

あとがき

この「あとがき」に、極めて個人的なことを書くことをお許し頂きたい。

私にとって論文は唯一の言葉であり、論文を書くという行為は無二の表現方法である。とにもかくにも、自分の意思を口に出して表現することが苦手である。そして、もしほかに何かできることがあったとしたら、おそらく論文を書くという表現方法をとっていなかったであろう。

物心ついた子供の頃から、何事においても人と同じ速度で物事を習得することができなかった。他の子供が普通にできることが自分にはかなり困難だった。運動は一切できない。走らせるといつもビリ。自転車は乗れない（運転免許を取ろうなどという無謀な考えは持ったこともない）。泳げない（平泳ぎで私の場合は手と足が逆に動いているらしい。沈んでしまう）。球技などはどう動いていいのかわからない。ルール自体が理解できていない。バスケットボールやバレーボールでは顔面でボールを受けることもしばしば。運動だけではない。幼稚園から七年間習ったピアノは最後まで幼児用の入門者用教本から脱却できず、先生から早くやめるようにと日々言われていた（やめる直前まで自分がやっているのが幼児用の教本であることに気付かなかった）。算数は小学校一年生で脱落した。現在でも九九は全部言えないし、答が二桁になる足し算（七＋八とか）は、えーっと、状態である。二〇％オフや二割引の計算は最近やっと理解できるようになった（正確な計算はできない）。英語は全くできない。単語は多少覚えられたが、文法が全く理解できない。中学一年生レベルに達しているかどうか怪しい。とにかく、勉強というものに対して「わかる」とか「理解する」とかいうことがわからなかった（「わかる」という概念自体が自分の中になかった）。中学一年生までは自分なりに頑張ったが、必死になってやっても親や教師は「やればできるのにやらない」と言うし、学校では普通にやっていたら「ふざけている」と怒られる始末である（勉強だけではなく、生活態度なども含めて）。

中学二年生の時に、教師に反発的であった私は、何か気に障るようなことを言ったのだろう。皆がいる教室で教師に「負け犬！　負け犬！」と大声で罵倒された。それ以後、私は「負け犬人生」から脱却できていない。私にはそもそも成功体験がないので、「負け犬」感覚が全くもって抜けないのだ。

その上、太っていた。自分が太っていることにも気付かなかったのだが（非常に鈍感で大体たいていのことには気付かない）、小学校の保健の授業で指摘されショックを受け、それからもどんどん太った。性格は極めて陰気だった。陰気さは年をとるに従って増し、友達はほとんどおらず、高校では、朝「おはよう」、帰り「バイバイ」以外は口を開かなくなった（授業中あてられても答がわからないから無言である。そもそも、今どの問題をやっているのかさえわかっていない）。数学は常に〇点、物理も追試を受け、英語も三〇点くらい取れればいい方だった（水泳の授業は全てサボった。卒業させてくれた高校に感謝する）。大体、何かの問いかけに対して即答できない。言葉が出てこない。いじめらしいいじめにあわなかったのが不幸中の幸いだ。但し、いじめに気付かなかっただけなのかもしれない。椅子の上に画鋲を置かれていても、座ったら画鋲の針が折れていただけだった!!のだから。

だが実は、こんなさまざまな失敗が私を研究に導いてくれた（のかもしれない）。絵を描くのが好きだったので高校卒業後にデザイン専門学校に入学したが、全くついてゆけず（好きだけでは駄目なのだ！）三ヶ月ももたず退学した。親の進めもあり、次の春に地元の短期大学の国文学科に進学した。もともと国語系に関しては、何も勉強しなくても普通にできたので、そこで初めて勉強というものの面白さがほんの少しわかった。卒業後、小さな会社の事務員に就職したが、日々一二〇%の力を使い果たしても普通に仕事がこなせなかった（お金を払う習い事でさえお金を払ってもらっている側にやめろといわれるのだから、お金を貰う仕事が満足にできるはずがない）。周囲から他人の仕事ぶりやプライベートまで比較されて鬱状態になった。何か自分にできることが一つでもほしいと思い、習い事などもしたが、やはり周囲のペースについてゆけず、私だけ別メニューであるとか、やめることを勧められたりとかした。ほとほと劣等感の塊となりながら、高校時代、日本史の授業で仏教美術に興味を持ったことや、短期大学での古典文学や民俗学の勉強が面白かったことから、佛教大学通信教育課程に編入学した。私には仕事と学業は到底両立できず、精神状態はボロボロになって仕事を辞めた。母親からはボロクソに罵倒され、大学だけは石にかじりついてでもやり遂げろと言われた（今は亡きその母も、その後、学業を応援し続けてくれた）。

こういった人物及び状態であるゆえ、大学以後の研究生活でお世話になった先生方には感謝しても感謝しきれない。まずは、佛教大学時代の指導教官である今堀太逸先生、伊藤唯眞先生（現浄土門主・知恩院門跡）、このお二人の先生は私が非常に苦境にある時に手を差し伸べてくださった。今堀先生から「古文書も漢文も読めないから説話をやれ」と言われ、（漢文は多少は読める、と心中で反発しつつも、）元来好きだった説話を素材とできたことは幸いであった。そして、修士課程をなんとか修了したものの、博士課程の受験で不合格となった失意の私に、今堀先生は日本宗教民俗学会や仏教文学会といった、歴史学とは異なる学会を紹介してくださった。伊藤先生は修士課程では指導教官ではなかったにもかかわらず、再度博士課程を受験するように勧めてくださり、その後、指導教官になってくださった。伊藤先生には阪神淡路大震災の際にも非常にお世話になった。博士課程満期退学後も変わることなく気にかけてくださって、浄土門主になられた現在でも、論文の抜き刷りを送ると必ず丁寧な自筆のお返事をくださる。

学外の研究活動の中で巡り合った人たちにも大変恵まれた。二〇〇八年に二松学舎大学の小山聡子先生と知り会えたことは非常に大きかった。小山先生にはその後、学会でしばしばお目にかかるだけでなく、メールでのやりとりも通じてさまざまなことをご教示いただいている。

田中久夫先生、酒向伸行先生をはじめとする御影史学研究会の諸先生方には、大学院在学中から口頭発表や論文執筆の機会を与えていただいている。

そして、本書を「日本宗教民俗学叢書」の一冊として出版させてくれた日本宗教民俗学会の諸先生方には、博士課程入学以前より今に至るまで、お世話になり続けている。今堀先生から紹介していただいた橋本章彦先生には、史料引用方法や論文の書き方といった初歩的なことから教えていただいた。そして、特に本書が一書を成すにあたっては、数年前より出版を勧め続けてくださって、さまざまな方法を模索してくださった本林靖久先生、そして、出版する意義があるのだろうかと悩む私の相談にのってくださった金城学院大学の船田淳一先生に感謝したい。

ほかにも、ここには一々に名前をあげることができないが、多くの先生方に発表の機会をいただき、ご教示をいただいた。

また、出版不況が言われる中、このような到底売れる見込みのなさそうな(?!)本書を出版してくださった岩田書院の岩田博氏に心からの謝意を表したい。校正作業のやりとりを通じて、出版社の仕事とは、いかに根気のいるものであるのかということを垣間見た気がした。

そもそも「負け犬人生」から脱却という不純な動機で大学院に進学した私である。佛教大学の博士課程の受験に不合格になった時、そしてその後の博士課程在学中に、佛教大学の諸先生方から「博士課程は学会(学界?)をリードしていく立場なのに、お前は一体何だ!」と言われても意味がよくわからなかった。大学院当時は、ただ何かが(無から有が)でき上がることが楽しく、自分の言葉を得たことが嬉しかった。しかし、博士号を取得されて第一線で活躍している周囲の研究者の方々の姿が見えてきて、なるほど、先生方が言っていたのは正しかったのだ…、この差なのだな…、と最近ようやく理解できてきた。

学界に寄与するでもなく、大学という場で学生を指導できる能力もない私は、常に自分のやっていることは自己満足に過ぎないのではないかという思いがつきまとう。自己満足では終わりたくない、と意気込んで始めた執筆であったが、実際は…、「負け犬人生」からの脱却もおぼつかないが、これも一つの通過点と捉えて、残りの（少ない）人生も歩いて行けるだろうか…、というところでこの「あとがき」を終えることにしよう。

二〇一六年八月

小田　悦代

著者紹介

小田 悦代（おだ えつよ）

1964年 兵庫県生まれ。
1991年 佛教大学通信教育課程文学部卒業。
1994年 佛教大学大学院文学研究科日本史学専攻修士課程修了。
1998年 佛教大学大学院文学研究科日本史学専攻博士課程満期退学。
1998～2000年 佛教大学通信教育課程非常勤講師
1999～2008年 大阪外国語大学（現・大阪大学外国語学部）留学生日本語教育センター非常勤講師

論文 「大江匡房の見た仁和寺性信―『後拾遺往生伝』巻上第三話「入道二品親王」と散逸『大御室御伝』から―」（『佛教文学』29. 2005年）

呪縛《じゅばく》・護法《ごほう》・阿尾奢法《あびしゃほう》 ―説話にみる僧の験力―　日本宗教民俗学叢書 9

2016年（平成28年）10月　第1刷　300部発行　**定価［本体6000円＋税］**

著 者　小田 悦代

発行所　有限会社岩田書院　代表：岩田　博　http://www.iwata-shoin.co.jp
〒157-0062 東京都世田谷区南烏山4-25-6-103　電話03-3326-3757 FAX03-3326-6788
組版・印刷・製本：新日本印刷

ISBN978-4-86602-973-3 C3339 ¥6000E